आधुनिक भाषाविज्ञान

आधुनिक भाषाविज्ञान

कृपाशंकर सिंह
चतुर्भुज सहाय

वाणी प्रकाशन

वाणी प्रकाशन

4695, 21-ए, दरियागंज, नयी दिल्ली 110 002

फ़ोन : +91 11 23273167 फ़ैक्स : +91 11 23275710

शाखाएँ

अशोक राजपथ, पटना 800 004, बिहार

कॉफ़ी हाउस कैम्पस, महात्मा गांधी मार्ग, इलाहाबाद 211 001, उत्तर प्रदेश

महात्मा गांधी अन्तरराष्ट्रीय हिन्दी विश्वविद्यालय, वर्धा 442 001, महाराष्ट्र

www.vaniprakashan.com
marketing@vaniprakashan.in
sales@vaniprakashan.in

Aadhunik Bhashavigyan
by Kripashankar Singh, Chaturbhuj Sahay

ISBN : 978-81-8143-702-0
Linguistics

संस्करण 2008
द्वितीय संस्करण 2022

मूल्य : ₹ 495

आर.के. ऑफ़सेट, शाहदरा, दिल्ली-110 032 में मुद्रित

वाणी प्रकाशन का लोगो मक़बूल फ़िदा हुसेन की कूची से

भूमिका

इस पुस्तक की रूपरेखा बनाते समय हमारे ज़हन में यह बात थी कि इसके दायरे में ऐसे विषय और उन विषयों को ऐसे ढंग से रखा जाए जिससे इसके पढ़ने वालों की सीमा में भाषाविज्ञान के लोग तो आएँ ही साथ ही हिंदी भाषा पर सामग्री चाहने वाले लोग भी आ जाएँ और साहित्यकार भी रुचि ले सकें। इसीलिए भाषाविज्ञान के सिद्धांतों के साथ न केवल हिंदी भाषा के उदाहरण ही मिलेंगे वरन् अनेक बार पाठक को ऐसा भी लग सकता है जैसे वह हिंदी भाषाविज्ञान से संबंधित कोई पुस्तक पढ़ रहा है।

समूची पुस्तक में हमारा उद्देश्य भाषा की उन जटिलताओं को खोलना है जिनका सामना हर प्रबुद्ध आदमी को करना पड़ता है। यह प्रयत्न किया गया है कि गुत्थियों को सुलझाने के प्रयास में दूसरी गुत्थियाँ न बन जाएँ। यह भी उद्देश्य रहा है कि जो भाषा हममें रसी-बसी है, हमारे चारों ओर के संसार में समाई हुई है, उस भाषा के आंतरिक आश्चर्य-जगत की थोड़ी झलक मिले।

यहाँ इस बात की चर्चा करना संभवतः असामयिक और अनुचित नहीं होगा कि आज हिंदी क्षेत्र के विश्वविद्यालयों में भाषाविज्ञान और विशेष रूप से हिंदी-भाषाविज्ञान के अध्ययन-अध्यापन की जो स्थिति है वह निहायत असंतोषजनक है। इधर हाल में हुए हिंदी के भाषावैज्ञानिक कार्यों को देखते हुए इसे दुर्भाग्यपूर्ण ही कहना चाहिए कि जहाँ दूसरे क्षेत्रों और अन्य सामाजिक विषयों में हिंदी में अध्यापन और कार्य करने की रुचि आज पहले से काफ़ी बढ़ी है, वहीं पर भाषाविज्ञान के क्षेत्र में इस दिशा में कोई ख़ास प्रगति नहीं हुई। यही नहीं बल्कि यह भी कहना अनुचित नहीं होगा कि कामताप्रसाद गुरु और कुछ दूसरे विद्वानों ने हिंदी व्याकरण के लेखन में जो पहल की थी और एक स्तर पर उसे लाने में जो सफलता हासिल की थी वह न केवल समाप्त ही हो गई वरन् नए सिरे से हिंदी व्याकरण पर अंग्रेज़ी ज़बान का मुलम्मा चढ़ गया। विश्लेषण का हाल यह है कि यदि यह कहा जाए कि हिंदी व्याकरणिक विश्लेषण कामताप्रसाद गुरु को बहुत पीछे नहीं छोड़ पाया, अर्थात् तब

से कोई विशेष गुणात्मक प्रगति नहीं हो पायी, तो ऐसा कहने में आज के अध्ययन के मूल्यांकन को कम करना नहीं होगा।

हिंदी-भाषाविज्ञान की इस ह्रासोन्मुखी और दयनीय अवस्था का एक बहुत बड़ा कारण यह है कि हिंदी क्षेत्र के जिन विश्वविद्यालयों में भाषाविज्ञान के अध्ययन की समुचित व्यवस्था है, उनमें से अधिकतर में इस विषय के अध्ययन-अध्यापन का माध्यम अंग्रेज़ी है। हमारे तथाकथित ऊँचे भाषा-वैज्ञानिकों की यह आम धारणा है कि हिंदी माध्यम से भाषाविज्ञान जैसे गंभीर विषय को पढ़ाया ही नहीं जा सकता। हालाँकि अंग्रेज़ी माध्यम से धुआँधार पढ़ाई के बावजूद आज तक हिंदी क्षेत्र के इन विश्वविद्यालयों से, सालों की पढ़ाई के बाद, एक भी ऐसा आदमी नहीं निकला जिसने भाषाविज्ञान के क्षेत्र में कोई ख़ास काम किया हो। हिंदी भाषा को अंग्रेज़ी माध्यम से पढ़ाने की असफलता का इससे बड़ा उदाहरण और क्या हो सकता है। ऐसी दुर्भाग्यपूर्ण स्थिति अभी न जाने कब तक चलती रहेगी। हम यहाँ निवेदन करना चाहते हैं कि हिंदी क्षेत्र के विद्वान् इस क्षेत्र के विश्वविद्यालयों में भाषाविज्ञान के अध्ययन को सार्थक और व्यावहारिक बनाने के लिए कदम उठाएँ। उसे केवल मानसिक विलास का विषय न रहने दें। समाज और देश के लिए भाषा की महत्त्वपूर्ण भूमिका को पहचानें और भाषयिक समस्याओं को सुलझाने में सहयोग करें। यह सब तभी संभव हो सकता है, जब कम-से-कम हिंदी क्षेत्र के विश्वविद्यालयों के भाषाविज्ञान विभाग सुविधा-परस्ती को छोड़कर अंग्रेज़ी के भ्रमजाल से अपने को मुक्त कर लें और हिंदी के प्रति ईमानदार तथा उचित रवैये को अपनाएँ।

ऐसा कहते हुए हमें इस बात का भी आभास है कि हिंदी को सिर्फ़ ऊपर से अपना लेने का भ्रम पैदा कर देने भर से कुछ ख़ास नहीं होने वाला। सिर्फ़ ऊपर से अपना लेने भर से ऐसा हो सकता तो हिंदी माध्यम वाले विश्वविद्यालयों में अब तक काफ़ी कुछ हो चुका होता, परन्तु ऐसा नहीं हुआ। जिन विश्वविद्यालयों में हिंदी माध्यम है या फिर ऐम.ए. हिंदी में भाषाविज्ञान का जो पाठ्यक्रम है उसका हाल भी कुछ अच्छा नहीं है। अधिकतर स्थानों में अभी भी वही विषय पढ़ाए जा रहे हैं जो पिछले तीस सालों से लगे हुए हैं और हर दृष्टि से निरर्थक हैं। यह एक विडंबना ही है कि कुछ अपवादों को छोड़कर अन्य सब स्थानों में अभी भी भाषा की उत्पत्ति, संसार की भाषाओं का वर्गीकरण, ध्वनिपरिवर्तन और अर्थपरिवर्तन की दिशाएँ और कारण जैसे विषय बदस्तूर पढ़ाए जा रहे हैं। जो अधकचरे या विषय से बिलकुल ही अनभिज्ञ प्राध्यापक एम.ए. हिंदी के भाषाविज्ञान को पढ़ाते हैं उनका सही-सही वर्णन करना तो हमारे बूते से बाहर है।

इस तरह हिंदी क्षेत्र के विश्वविद्यालयों में भाषाविज्ञान की पढ़ाई के दो छोर हैं—एक ओर अंग्रेज़ीदाँ लोग हैं जो हिंदी के नाम पर अपने लिए हर सुविधा को जुटाते हैं, हिंदी की विभिन्न कमेटियों में आने के लिए हरदम चौकस रहते हैं परंतु

ऊपर से हिंदी के नाम पर नाक-भौं सिकोड़ते हैं और हिंदी में पढ़ाना अपनी जूठन अंग्रेज़ी शान के ख़िलाफ़ समझते हैं। दूसरी ओर वे अधकचरे लोग हैं जिनकी किसी भी तरह की भाषाविज्ञान की शिक्षा नहीं हुई और न उन्होंने ठीक से इसे पढ़ने का कभी प्रयास ही किया। वे विषय की प्रगति से बेख़बर अपनी कूपमंडूकता में मग्न रहते हैं।

भाषाविज्ञान के प्राध्यापकों की अधिकतर संख्या इन्हीं दो वर्गों में विभाजित है। परंतु कुछ ऐसे सजग लोग भी अवश्य हैं, जो भाषाविज्ञान और विशेष रूप से हिंदी-भाषाविज्ञान को सही दिशा देना चाहते हैं। हमारी शुभेच्छा है कि ऐसे लोगों की संख्या बढ़े और दूसरे लोगों से अनुरोध है कि वे अपने-अपने दायरों को छोड़कर भाषाविज्ञान और हिंदी भाषा की पढ़ाई को संगत और सार्थक बनाने में अपना योगदान दें। उचित प्ररिप्रेक्ष्य के अभाव में कोई भी अध्ययन प्रभावहीन हो जाया करता है।

प्रस्तुत पुस्तक को लिखते समय हमने यह कोशिश की है कि फ़ालतू विषय इसमें घुसने न पाएँ और विषय को सहज और साफ़-सुथरे ढंग से पेश किया जाए। हम नहीं जानते कि हम लोग इस प्रयास में कहाँ तक कामयाब हो सके हैं। इसका फ़ैसला तो आप ही कर सकते हैं।

—कृपाशंकर सिंह

नवंबर, 1977 —चतुर्भुज सहाय

अनुक्रम

1. भाषा 11
2. ध्वनि-अध्ययन के आयाम 17
3. प्रसरणिक ध्वनिविज्ञान 24
4. श्रवणात्मक ध्वनिविज्ञान 36
5. ध्वनियों का विभाजन 40
6. स्वनिम 45
7. व्याकरणिक संरचना 53
8. मूलांश और प्रत्यय 62
9. सन्निहित अवयव विश्लेषण 74
10. शब्द-भेद 84
11. भाषा-वर्णन के दो मॉडल 90
12. आंतरिक और बाह्य संरचना 101
13. आश्रित उपवाक्य 113
14. वाक्य के प्रकार 124
15. व्याकरणिक कोटियाँ 135
16. वाक्य रचना 144
17. आधुनिक भाषाविज्ञान का विकास 147
पारिभाषिक शब्दावली 170

1

भाषा

अक्सर कहा जाता है कि भाषा हमारे सांस्कृतिक और सामाजिक व्यवहार में आदान-प्रदान का एक माध्यम है। समस्त सामाजिक संबंधों की केंद्रबिंदु है। वह सूत्र है जिससे समाज बँधता है।

भाषा के संपूर्ण व्यापार का रहस्य यह है कि किसी भी भाषा-भाषी समुदाय के लोगों में आपस में पदार्थ, बिंब और प्रतीक का सामरस्य बना रहता है। अर्थात् पदार्थ, बिंब और प्रतीक का जो सहसंबंध स्थापित होता है उसका ज्ञान सभी को रहता है और सभी उसके व्यवहार से परिचित रहते हैं। भाषा-भाषी समुदाय के सभी सदस्य अर्थात् एक भाषा के बोलने वाले सभी लोग बिंब और प्रतीक के आपसी संबंध को मानने के लिए बाध्य हैं।

पदार्थ (और भाव) के अंतर्गत ठोस और द्रव पदार्थ तथा संसार की समस्त बाह्य चीज़ें आती हैं। भाव में क्रोध, स्नेह, घृणा, जुगुप्सा आदि सभी भाव हैं। इन पदार्थों और भावों को देखने[1] के बाद इनके बिंब अर्थात् अक्स हमारे मस्तिष्क में आ जाते हैं। ठोस और द्रव पदार्थों और भावों के बिंब हमारे मस्तिष्क में बने रहते हैं। भाषा का इस्तेमाल इन्हीं बिंबों के प्रतीक के रूप में होता है। भाषा-प्रतीक वस्तुओं और भावों के बिंबों को वक्ता के पास से ले जाकर सुनने वाले तक पहुँचाते हैं। सुनने वाले तक ध्वनि-तरंगों के रूप में पहुँचकर भाषा-प्रतीक वही बिंब श्रोता के मस्तिष्क में उभारते हैं। वक्ता जिन वस्तुओं और भावों के बारे में श्रोता को बताना चाहता है, श्रोता उसे ग्रहण कर लेता है। इस तरह पदार्थ, बिंब और प्रतीक का सहसंबंध स्थापित होता है। जहाँ यह सहसंबंध वक्ता और श्रोता में स्थापित नहीं हो पाता,

1. भाव को देखने का अर्थ है उस भाव को व्यक्त करते हुए आदमी को देखना। जैसे क्रोधित होते हुए व्यक्ति को देखना क्रोध के भाव को देखना है। क्रोध में आए हुए व्यक्ति का चेहरा तमतमा जाता है, आँखों में लाल डोरे उभर आते हैं, कपोलों पर लाली दौड़ने लगती है, नासारंध्र फड़कने लगते हैं, ओठ और कपोल थरथराने लगते हैं। यह क्रोध का भाव है।

वहाँ भाषा संचरित नहीं हो पाती। उदाहरण के लिए वक्ता और श्रोता में से यदि एक केवल हिंदी जानता है और दूसरा केवल तमिल, तो परिणाम यह होता है कि हिंदी में किसी पदार्थ या भाव का जो प्रतीक है, हिंदीभाषी उसका इस्तेमाल करता है परंतु तमिलभाषी उस पदार्थ या भाव और उस प्रतीक के सहसंबंध को न जानने के कारण उनको आपस में जोड़ नहीं पाता और प्रतीक को अच्छी तरह सुनने के उपरांत भी उससे किसी बिंब को नहीं उभार पाता। अर्थात् प्रतीक और बिंब का सहसंबंध स्थापित नहीं हो पाता। और भाषा का कार्य रुक जाता है। क्योंकि तमिल में उस भाव या पदार्थ के लिए दूसरे प्रतीक इस्तेमाल किए जाते हैं। एक उदाहरण लीजिए, हिंदी का एक शब्द है—कमल। कमल के उच्चारण के समय वक्ता उस फूल को मस्तिष्क में रखता है, जो पानी में उत्पन्न होने वाले बड़े-बड़े गोल आकार के हरे-हरे पत्तों वाले पौधे से जन्म लेने वाला एक लंबा सुडौल फूल है। जिस फूल की पंखुड़ियाँ सामान्यतया गुलाबी रंग की होती हैं, और जिसकी गंध भीनी-भीनी होती है। कमल शब्द के उच्चारण के समय वक्ता के मस्तिष्क में फूल विशेष की ये सारी विशेषताएँ मौजूद हैं, फूल विशेष का बिंब उसके मस्तिष्क में है। श्रोता के मस्तिष्क में कमल शब्द के उच्चारण से इसी बिंब को उभारना उसका उद्देश्य है। अगर श्रोता हिंदी जानता है—अर्थात् कमल शब्द और कमल के फूल के बिंब के सहसंबंध का उसे पता है तो कमल शब्द को सुनने के बाद इसी फूल का बिंब उसके मस्तिष्क में उभरेगा और अगर प्रतीक और बिंब का सहसंबंध उसके मस्तिष्क में नहीं है तो कमल शब्द को सुनकर भी उसके मस्तिष्क में किसी तरह का बिंब नहीं उभरेगा। तमिलभाषी के संदर्भ में यही होगा।

इस तरह भाषा की व्यवस्था का ताना-बाना प्रतीकों का है। और प्रतीकों में ही भाषा का अर्थ निहित है।

भाषा-प्रतीकों पर विचार करते हुए एक मुख्य बात यह ध्यान में रखने की होती है कि भाषा-प्रतीक ध्वनि-प्रतीक होते हैं। अर्थात् भाषा-प्रतीकों को ध्वनित होना चाहिए। उन्हें बोला और सुना जाना चाहिए। पर बात यहीं ख़त्म नहीं होती। अगर हम यह मान लें कि सभी ध्वनित प्रतीक भाषा के अंग हैं तो अनेक उलझनों का सामना करना पड़ेगा। मान लीजिए आप कक्षा में पढ़ा रहे हैं। अपने व्याख्यान के मध्य आप देखते हैं कि कोई दो लड़के आपस में खुसर-फुसर कर रहे हैं। आप अपने व्याख्यान में बाधा डाले बगैर अपनी मेज़ पर उँगली से खट-खट की आवाज़ कर देते हैं, जिसे सुनकर बात करने वाले छात्र सावधान हो जाते हैं और फिर से आपके व्याख्यान को ध्यान से सुनने लगते हैं। यह क्योंकर हुआ? आपकी उँगली की खट-खट की आवाज़ की वजह से। आप उन्हें चुप करने के लिए एक दूसरा तरीका भी अपना सकते थे। वह यह होता कि आप अपने व्याख्यान को रोककर उन्हें चुप रहने के लिए कहते और फिर व्याख्यान को आगे बढ़ाते। पर आपने कहने की अपेक्षा खट-खट

की आवाज़ से उन्हें सावधान कर दिया। तो इस तरह खट-खट की आवाज़ चुप रहने के लिए कहने के स्थान पर आई और चूँकि यह ध्वनित हुई, इसलिए यह कहा जा सकता है कि खट-खट की आवाज़ एक ध्वनि-प्रतीक है, जो यहाँ पर चुप रहने के आदेश के रूप में व्यवहृत हुई। दूसरा उदाहरण लीजिए, आप अपनी मोटर चलाते हुए जा रहे हैं। आगे एक चौराहा आता है, आप चौराहे के समीप पहुँचते हैं कि तभी आपके सामने लाल बत्ती हो जाती है, पर आप उसकी परवाह किए बगैर निकल जाना चाहते हैं, कि तभी पुलिस के सिपाही की सीटी की आवाज़ सुनाई पड़ती है। आपका दायाँ पैर अपने आप एक्सिलरेटर से हटकर ब्रेक पर पड़ जाता है और आप गाड़ी को बाएँ करके रोक देते हैं। ऐसा सीटी की आवाज़ की वजह से हुआ। सीटी बजना इस बात का प्रतीक था कि आप कृपया रुक जाएँ, आगे न बढ़ें। यह प्रतीक भी एक ध्वनि-प्रतीक है।

सवाल उठता है कि जब हम भाषा-प्रतीकों को ध्वनि-प्रतीक कहते हैं तो मेज़ की खट-खट और सीटी की आवाज़, जो निश्चित रूप से ध्वनि-प्रतीक है, भाषा के अंतर्गत आएगी या नहीं? यह सभी जानते हैं कि ये ध्वनि-प्रतीक भाषा के अंतर्गत नहीं आते। भाषा के अंतर्गत आने वाले ध्वनि-प्रतीकों के लिए यहीं पर एक अन्य शर्त लगा दी गई है कि उनके लिए वागिंद्रियों से उच्चरित होना जरूरी है। वे ध्वनि-प्रतीक भाषा के अवयव होंगे, जो मनुष्य के गले और मुख में स्थित अवयवों द्वारा उत्पन्न होंगे।

भाषा-प्रतीकों के बारे में एक बात यह भी महत्त्वपूर्ण है कि भाषा के प्रतीक यादृच्छिक होते हैं। भाषा के संदर्भ में यादृच्छिकता का अर्थ यह है कि प्रत्येक भाषा-समुदाय में पदार्थों और भावों के लिए प्रतीक उसके अपने होते हैं, जो बहुधा दूसरे भाषा-समुदाय से भिन्न होते हैं। उदाहरण के लिए संसार-भर के मनुष्यों के अंगों की संख्या एक ही है और थोड़े-बहुत हेरफेर के साथ उनकी बनावट भी समान है। कोई आदमी चाहे भारत का हो या अमरीका का, उसके पास दो ही हाथ होंगे। ऐसा नहीं होता कि भारत के मनुष्यों के पास एक हाथ में पाँच उँगलियाँ हों और पेरू के मनुष्यों के पास एक हाथ में छः हों। इसी तरह संसार-भर के मनुष्यों की नाक की मूलभूत बनावट समान है। यह दूसरी बात है कि भारत के लोगों की नाक ज्यादा खड़ी हो और चीनी की नाक ज्यादा चपटी। लेकिन इन अवयवों के लिए प्रतीक (या नाम) भिन्न-भिन्न भाषाओं में भिन्न-भिन्न हैं। केवल भारत में ही नाक को व्यक्त करने के लिए भिन्न-भिन्न भाषाओं में कुल मिलाकर पचीसों प्रतीक होंगे। हर भाषा का अपना प्रतीक होगा। इसी तरह क्रोध को चाहे कोई हिंदी भाषा-भाषी व्यक्त कर रहा हो या कोई तमिलभाषी, उसके चेहरे को देखकर क्रोध के भाव को समझ लेना कोई मुश्किल नहीं होगा। पर क्रोध के लिए हिंदीभाषी जो प्रतीक इस्तेमाल करेगा उसमें और तमिलभाषी जो इस्तेमाल करेगा उसमें कोई तालमेल नहीं होगा।

ये दोनों क्रोध के अपनी-अपनी भाषा के प्रतीक इस्तेमाल करेंगे। यही भाषा की यादृच्छिकता है।

अंत में एक बात और भी रह जाती है। हमने अनेक बार 'भाषा की व्यवस्था' पदबंध का यहाँ प्रयोग किया है और कहा है कि भाषा एक व्यवस्था है। इस व्यवस्था में स्वनिम, रूपिम, शब्द और वाक्य जैसे उसके विभिन्न स्तरण हैं। इन स्तरणों की व्यवस्था का ज्ञान भाषा को इस्तेमाल करने वालों को होता है। आदमी जितनी भाषाएँ जानता है, उन सभी की व्यवस्थाएँ उसके मस्तिष्क में रहती हैं।

हमारा कान उन भाषाओं को भी उसी रूप में ग्रहण करता है जिन्हें हम समझ नहीं पाते जिस रूप में उन भाषाओं को जिन्हें हम समझते हैं।[1] परंतु जिन भाषाओं को हम नहीं जानते हैं उनके संकेतों को हमारा दिमाग पकड़ नहीं पाता। उनके प्रतीकों को सुनते हुए भी बिंबों से उन्हें जोड़ नहीं पाता। दोनों का आपसी तालमेल नहीं बिठा पाता। इसलिए ये प्रतीक हमारे लिए निरर्थक हो जाते हैं।

भाषा की व्यवस्था से अर्थ उसकी आंतरिक और बाह्य व्यवस्थाओं से लिया जाता है। हर भाषा की अपनी एक आंतरिक व्यवस्था होती है। मसलन हिंदी की आंतरिक व्यवस्था यह है कि उसके वाक्य की रचना में पहले संज्ञा या सर्वनाम आता है, इसके बाद अगर दूसरी कोई संज्ञा हो तो वह आती है, फिर मुख्य क्रिया आती है और अंत में सहायक क्रिया का आगमन होता है। जैसे—'मोहन किताब पढ़ता है।' अब अगर हम इस क्रम में हेर-फेर कर दें तो वाक्य का ढाँचा बिगड़ जाएगा। मान लीजिए आपने इसे 'पढ़ता है मोहन किताब' कर दिया तो यह वाक्य हिंदी भाषा के लिए मान्य नहीं होगा। हाँ, इसे आप कविता की पंक्ति ज़रूर बना सकते हैं। क्योंकि कविता में भाषा का विचलन दिखाई पड़ता है। भाषा का विचलन भाषा की आंतरिक व्यवस्था से उसे दूर ले जाता है। इस विचलन का पता हम यों लगाते हैं कि जो रचना भाषा-समुदाय के लिए स्वीकार्य न हो वह भाषा के विचलन[2] का द्योतन करती है। भाषा की बाह्य व्यवस्था से तात्पर्य यह है कि भाषा-समुदाय के सभी सदस्यों के लिए बिंब और प्रतीक का सहसंबंध एक ही तरह का होता है। मसलन क्रोध कहने से हिंदी भाषा-समुदाय के सभी सदस्यों के मस्तिष्क में जो बिंब उभरेगा वह एक ही तरह का होगा। ऐसा नहीं होगा कि अगर कोई यह कहे कि 'इस बात को सुनकर मोहन क्रोधित हो उठा'—तो इससे सुनने वालों में से एक के मस्तिष्क में मोहन का तमतमाया हुआ चेहरा उभरे और दूसरे के मस्तिष्क में उसका मुसकराता हुआ चेहरा। ऐसा होने से भाषा-भाषियों के मध्य सामंजस्य स्थापित नहीं हो पाएगा। भाषा का आदान-प्रदान असंभव हो जाएगा।

---

1. हालाँकि बहुधा अपरिचित भाषा-ध्वनियों पर परिचित ध्वनियों का आरोपण होता है।
2. इस विषय पर विस्तृत चर्चा 'भाषा का विचलन'—कृपाशंकर सिंह, 'नया प्रतीक' जनवरी, 1975 में की गई है।

भाषा के संदर्भ में एक बात और कही जा सकती है कि भाषा अपने में पूर्ण होती है। किसी भाषा के बोलने वाले कम हों या अधिक, पूरी तौर पर सभ्य और शिक्षित हों या अर्धसभ्य और अर्धशिक्षित, उनकी भाषा से उनका काम बखूबी चलता है। उन्हें अपनी भाषा में कमियाँ महसूस नहीं होतीं। बनावटी कमियों की बात और है। मसलन अगर किसी भाषा-समुदाय के लोगों ने इतनी उन्नति नहीं की कि वे आधुनिकतम तकनीकी अनुसंधानों से परिचित हों, तो जाहिर है कि उनकी भाषा में ऐसे अनुसंधानों की शब्दावली नहीं मिलेगी और अगर इस शब्दावली के अभाव को लक्ष्य करके हम उनकी भाषा को पिछड़ी या अधूरी मानने लगें, तो यह एक बनावटी कमी का उदाहरण होगा। भाषा का शब्द-भंडार बोलने वालों की ज़रूरतों और उनके आस-पास के माहौल से बनता है। माहौल में जो चीज होगी ही नहीं या बोलने वालों की ज़रूरतों में जो चीज़ आती ही नहीं, वह भाषा में कैसे आ सकती है। इसलिए ऐसे आधारों पर भाषा की कमियों को नहीं निकाला जा सकता।

जब हम भाषाविज्ञान की कार्यसीमा और कार्यपद्धति पर गौर करते हैं तो यह बात सहज ही हमारे ख़याल में आती है कि भाषा की संरचना का वैज्ञानिक अध्ययन भाषाविज्ञान की कार्यसीमा के अंतर्गत आता है। वैज्ञानिक अध्ययन मैं इसलिए कह रहा हूँ कि किसी भाषा को कलात्मक या सौंदर्यात्मक दृष्टि से भी देखा जा सकता है और उसके बारे में प्रभावात्मक अध्ययन प्रस्तुत किया जा सकता है। जैसा कि अन्य क्षेत्रों में भी किया जा सकता है। कमल को देखकर उसकी पंखुड़ियों की कोमलता, मनमोहक रंग, उनका सुडौलपन जैसी विशेषताओं की वजह से वाह-वाह कर उठना और बात है और उसकी पंखुड़ियों को बनाने वाले अणुओं और रेशों पर विचार करना एक दूसरी बात। कमल की कोमलता, मनमोहकता, सुगंधि के बारे में अपने विचार व्यक्त करना कलात्मक या सौंदर्यात्मक पक्ष का अध्ययन है और उसकी संरचना में प्रयुक्त अवयवों का अध्ययन वैज्ञानिक अध्ययन। यही चीज भाषा के बारे में भी है। किसी भाषा की मुहावरेदानी, लच्छेदार और अर्थबहुल शब्दों और कर्णमधुर ध्वनियों की अधिकता के कारण उत्पन्न लालित्य और उसकी संगीतात्मकता से प्रभावित होकर हम उसकी प्रशंसा में बहुत कुछ कह सकते हैं। पर यह सब कलात्मक और सौंदर्यात्मक उद्‌गार होंगे जो हमारे सौंदर्यबोध को तो बताएँगे पर वैज्ञानिक दृष्टि से उनका कोई मतलब नहीं होगा। भाषा का वैज्ञानिक अध्ययन वह होगा जिसमें हम भाषा की संरचना को बनाने वाले सभी अवयवों का विश्लेषणात्मक अध्ययन करें। यह बताएँ कि भाषा की संरचना क्या है? इस तरह भाषाविज्ञान की कार्यसीमा भाषा की संरचना के अध्ययन तक सीमित है।

भाषा की संरचना के अध्ययन से अर्थ है—भाषा को बनाने वाले सभी अवयवों का अध्ययन। उदाहरण के लिए वाक्य भाषा का एक अवयव है। भाषा में वाक्यों का स्थान, महत्त्व, उनके कार्य, उनकी बनावट आदि का अध्ययन वाक्यों का अध्ययन

होगा और वाक्य का अध्ययन भाषा के एक अवयव का अध्ययन होगा। इसी तरह वाक्य के आवयविक हिस्से होंगे उपवाक्य, उपवाक्य के पदबंध और पदबंध के आवयविक हिस्से होंगे शब्द और शब्द के स्वतंत्र तथा आबद्ध लघुतम अर्थवान इकाइयाँ और इन लघुतम अर्थवान इकाइयों के आवयविक हिस्से होंगे लघुतम व्यवच्छेदक इकाइयाँ स्वनिम और अंततः स्वनिम के आवयविक हिस्से होंगे संस्वन और स्वन। और इन सभी को समेटते हुए भाषा में अर्थ का अध्ययन होगा। तो इन सबका विश्लेषणात्मक अध्ययन ही भाषाविज्ञान की विषयवस्तु है।

भाषा के इन अवयवों का अध्ययन-विश्लेषण भाषाविज्ञान विभिन्न उपकरणों की सहायता से करता है। इन उपकरणों को ही भाषाविज्ञान की शाखाएँ कहते हैं : जैसे भाषा-ध्वनियों के अध्ययन के लिए भाषाविज्ञान के पास ध्वनिविज्ञान उपकरण है, स्वनिमों के अध्ययन के लिए स्वनिमविज्ञान, रूपिमों के लिए रूपिमविज्ञान, वाक्य के लिए वाक्यविज्ञान और अर्थ के अध्ययन के लिए अर्थविज्ञान।

2

ध्वनि-अध्ययन के आयाम

भाषा वास्तव में ध्वनियों के समूहन का नाम है। ध्वनियाँ ही भाषा-संप्रेषण को रूपायित करती हैं। संपूर्ण भाषा-व्यापार ध्वनियों की बैसाखियों पर टिका है। भाषा की सारी सामर्थ्य, उसके सारे कमाल और चमत्कार ध्वनियों के समूहन के इंद्रजाल में छिपे हैं। उसका धूपछाँही ताना-बाना ध्वनियों का ही है।

भाषा के सामाजिक इस्तेमाल की प्रक्रिया इस तरह से है कि बोलने वाला जो कहना चाहता है उसके अनुसार मस्तिष्क वाक्पथ में स्थित अवयवों को उत्तेजना प्रदान करता है। उत्तेजना ग्रहण करने पर संबद्ध उच्चारण अवयव एक-दूसरे के संपर्क में आकर विभिन्न रूपों में साँस-वायु को अवरोधित करते हैं और साँस-वायु की सहायता से ध्वनियों का उच्चारण होता है। उच्चरित ध्वनियाँ वायुकणों के सहारे ध्वनि-तरंग के रूप में सभी दिशाओं में फैल जाती हैं। ध्वनि-तरंगें सुनने वालों की कान-नली में पहुँचती हैं। ध्वनि-कंपन कान के मध्यभाग की विभिन्न हड्डियों की शृंखला से होते हुए भीतरी भाग के कोकलिया में पहुँचते हैं और फिर श्रवण-तंत्रिका द्वारा तंत्रिका-आवेग के रूप में मस्तिष्क तक पहुँचते हैं, जिससे सुनने वाले उन्हें सुनते और समझते हैं। यह भाषाचक्र मनुष्य के समस्त सामाजिक व्यवहार और संबंध की धुरी है।

इस तरह भाषा के इस आधारभूत महत्त्व की ध्वनि के अध्ययन के तीन आयाम हैं। यह इसलिए कि ध्वनि को हम तीन कोणों या पक्षों से देख सकते हैं। पहला आयाम है उसका उच्चरित होना, घटित होना या अस्तित्व में आना। किन्हीं दो (या अधिक) उच्चारण अवयवों के संचालन या संपर्क से ध्वनि का उत्पादन होता है। उदाहरण के लिए जब दोनों ओठ आपस में जुड़ जाएँ, क्षण-भर जुड़ी हुई अवस्था में रहें और फिर झटके से अलग हो जाएँ तो इस अवस्था से 'प' ध्वनि का उच्चारण होगा। दोनों ओठों के आपस में जुड़ने से बाहर को आने वाली साँस-वायु ओठों के

पास रुक जाती है, क्षणभर रुकी रहती है और ओठों के झटके से अलग हो जाने के कारण बाहर निकलने को बेताब साँस-वायु के धक्के से बाहर निकलने की वजह से एक स्फोट सुनाई पड़ता है। यही स्फोट 'प' ध्वनि है। जहाँ दो अवयव झटके से अलग होने की बजाय धीरे-धीरे एक-दूसरे से अलग होते हैं वहाँ स्फोट के स्थान पर घर्षण सुनाई पड़ता है और इस तरह ध्वनि की प्रकृति बदल जाती है। जैसे 'च' के उच्चारण के समय जिह्वाग्र कठोर तालु से धीरे-धीरे अलग होता है। परिणामस्वरूप बाहर को निकलने वाली साँस-वायु एकाएक न निकल कर धीरे-धीरे निकलती है जिससे उच्चारण के अंतिम हिस्से में घर्षण सुनाई पड़ता है। ध्वनि-अध्ययन के इस पहले आयाम के अंतर्गत उच्चारण अवयवों और उच्चारण प्रक्रियाओं का अध्ययन किया जाता है।

ध्वनि-अध्ययन का दूसरा आयाम ध्वनि के उच्चरित होने के उपरांत वायुमंडल में उसकी यात्रा से संबंधित है। उत्पन्न होने के बाद ध्वनि साँस-वायु के साथ वायुमंडल में मिल जाती है और ध्वनि-तरंगों के रूप में परिवर्तित हो जाती है, और वायु कण के माध्यम द्वारा ध्वनि-तरंगें चारों दिशाओं में (बल्कि दसों दिशाओं में) पहुँचती हैं। वायुमंडल के साथ एक खास बात यह है कि एक ही ध्वनि को एकसाथ सभी दिशाओं में फैलाने पर भी उस ध्वनि की मूल प्रकृति में कोई अंतर या विकार उत्पन्न नहीं होता। वह ध्वनि आगे-पीछे, दाएँ-बाएँ, ऊपर-नीचे सभी ओर एक ही अविकृत रूप में पहुँचती है। यात्रा करने पर फैलती, सिकुड़ती या बिखरती नहीं है। वायु में यह अप्रतिम गुण नहीं मिलता तो भाषा की उपयोगिता हमारे लिए नगण्य जो जाती। इस गुण की वजह से ही भाषा-ध्वनियों को हम उनकी बारीकियों में पहचानते हैं, इसके अभाव में सारी ध्वनियाँ गड्डमड्ड हो जातीं। बल्कि यह कहना चाहिए कि भाषा का संप्रेषण असंभव बन जाता।

ध्वनि-अध्ययन का तीसरा आयाम ध्वनि के कानों तक पहुँचने के बाद आरंभ होता है। इसका संबंध ध्वनि के सुनने से है। ध्वनि-तरंगें सुनने वाले के कान तक पहुँचने के बाद उसके कान के बाहरी हिस्सों से होकर कान के अंदर प्रविष्ट हो जाती हैं, और फिर विभिन्न शारीरिक प्रक्रियाओं के बाद तंत्रिका कोशिका (न्यूरोन) के माध्यम से मस्तिष्क के विशिष्ट भाग तक सूक्ष्म आवेग के रूप में पहुँचती हैं। मस्तिष्क में पदार्थों और भावों के बिंब होते हैं। ध्वनि समूहन के रूप में प्रतीक और मस्तिष्क में स्थित बिंब के स्थापित सहसंबंध की वजह से सुनने वाला उस पदार्थ या भाव के बारे में जान लेता है जिसे बताना बोलने वाले के लिए अभिप्रेत होता है। इस तरह ध्वनि-चक्र पूरा होता है। ध्वनि-अध्ययन के इन तीन आयामों का विश्लेषण ध्वनिविज्ञान की तीन शाखाओं के अंतर्गत किया जाता है। ये तीन शाखाएँ हैं—उच्चारणात्मक, प्रसरणिक और श्रवणात्मक।

उच्चारणात्मक ध्वनिविज्ञान

ध्वनि-उच्चारण की प्रक्रिया

मुख, गला और नासिका के मार्गों का मिला-जुला एक नाम वाक्‌पथ है। इस तरह वाक्‌पथ गले की स्वरतंत्रियों से लेकर ओठों और नासारंध्रों तक का भाग है। इन्हीं भागों में विचरण करने वाली वायु ध्वनि-कंपन को जन्म देकर ध्वनि-तरंग की शुरुआत करती है।

फेफड़ों में वायु श्वसन पेशी की क्रिया की वजह से संपीडित होती है और संपीडित साँस-वायु, साँस-नली के मार्ग से बाहर को निकलती है। स्वर-यंत्र के मध्य स्थित स्वरतंत्रियाँ साँस नली के मुख को आपस में जुड़ कर बंद कर सकती हैं या एक-दूसरे से दूर हट कर रास्ते को खोल सकती हैं। पर अगर स्वरतंत्रियाँ एक-दूसरे से देर तक जुड़ी रहें, तो उनके पीछे बाहर निकलने के इंतजार में रुकी वायु का दबाव बढ़ जाने से वे खुल जाती हैं। उनका खुलना अनेक आकारों का हो सकता है या यों कहिए कि उनके अधिक या कम, या तिरछा या पूरा खुलने से मार्ग भिन्न-भिन्न तरीके से वायु को अवरोधित करता है। वायु के ये विभिन्न अवरोध ध्वनि-कंपन को विभिन्नता प्रदान करते हैं। यही वायु मुख व नासिका-विवर में आकर और मुख में स्थित अवयवों के विभिन्न आकारों के ग्रहण करने पर और मुख-विवर के मार्ग के विभिन्न ढंगों से अवरोधित होने पर अनेक प्रकार के ध्वनि-कंपनों में परिवर्तित होकर विभिन्न ध्वनि-तरंगों का आकार ग्रहण करती है।

ध्वनि का उच्चारण, जैसा कि पहले कहा गया, दो या अधिक उच्चारण अवयवों के आपसी संपर्क और सहयोग से संभव होता है। किसी ध्वनि को उत्पन्न करने के लिए मुख-विवर में स्थित अवयव अनेक प्रकार की क्रियाएँ कर सकते हैं। उनमें से दो या अधिक अवयव एक-दूसरे के अत्यंत निकट आ सकते हैं, एक-दूसरे को छू सकते हैं। उनमें से चंचल अवयव अचंचल अवयव की ओर थोड़ा अग्रसर हो सकता है। चंचल अवयव पल्लव का आकार ले सकता है, तथा इसी तरह की अन्य क्रियाएँ भी वे कर सकते हैं। ध्वनि का उच्चारण इन्हीं क्रियाओं का परिणाम है।

ध्वनि-उच्चारण में प्रयुक्त होने वाले अवयव और उच्चारण की प्रक्रिया का अध्ययन उच्चारणात्मक ध्वनिविज्ञान के अंतर्गत किया जाता है। उच्चारण में प्रयुक्त होने वाले अवयव गले और मुख-विवर में स्थित हैं। गले में स्थित अवयव स्वर-यंत्र है।

स्वर-यंत्र साँस-नली का ऊपरी सिरा है। साँस-नली छल्लों और झिल्लियों से मिलकर बनी है। स्वर-यंत्र के मध्य सामने से पीछे की ओर दो क्षैतिज, लचकदार तंतु हैं जिनका मुख्य काम साँस के आने और जाने के साथ खुलना है। अर्थात् सामान्य अवस्था में ये फैले रहते हैं जिससे स्वर-यंत्र का मुख बंद हो जाता है—ठीक उसी

तरह जैसे किवाड़ भेड़ देने से घर का रास्ता बंद हो जाता है। जैसे ही साँस अंदर की ओर जाती है या अंदर से बाहर की ओर आती है ये अपने आप सिकुड़ जाते हैं और साँस को रास्ता मिल जाता है। इन तंतुओं को स्वरतंत्रियाँ कहते हैं, और इनके हट जाने से जो मार्ग बनता है उसे स्वरयंत्र-मुख कहते हैं।

इस कार्य के अतिरिक्त स्वरतंत्रियाँ ध्वनियों के उत्पादन में भी एक प्रमुख भूमिका अदा करती हैं। ये ध्वनियों को उत्पन्न करने के साथ उनके गुण को प्रभावित करती हैं। उनकी मात्रा और तीव्रता को बढ़ा सकती हैं।

ध्वनि-उत्पादन की दृष्टि से स्वरतंत्रियों की अनेक अवस्थाएँ महत्त्वपूर्ण हैं। जब स्वरतंत्रियाँ ढीली अवस्था में एक-दूसरे के बिल्कुल पास-पास (बल्कि छूती हुई) होती हैं तो बाहर आने वाली साँस-वायु का संपीडन बनता है और वायु धक्के से बाहर निकलने लगती है। परिणामस्वरूप स्वरतंत्रियों में अत्यंत तीव्र गति से कंपन उत्पन्न होता है, अर्थात् वे तेजी से खुलने और बंद होने लगती हैं। यह घोषत्व की स्थिति है। तीव्र कंपन की नियमितता के कारण घोषत्व में संगीतात्मकता उत्पन्न होती है। हिंदी के सभी स्वर घोष हैं। व्यंजनों में ब, भ, म, द, ध, न आदि घोष हैं।

स्वर-तंत्रियों की दूसरी अवस्था वह है जिसमें ये एक-दूसरे से अपेक्षाकृत दूर रहती हैं जिसके कारण निकलने वाली साँस-वायु बिना किसी विशेष अवरोध के बाहर आती है और कोई झंकृति उत्पन्न नहीं होती। यह अघोषत्व की स्थिति है। हिंदी की प, फ, त, थ आदि ध्वनियाँ इसी अवस्था से उच्चरित होती हैं।

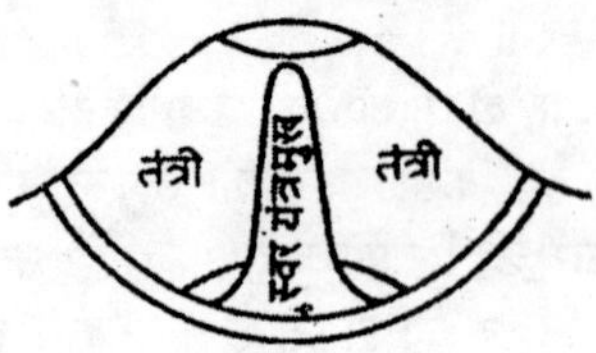

स्वरतंत्रियाँ (खुली अवस्था में)

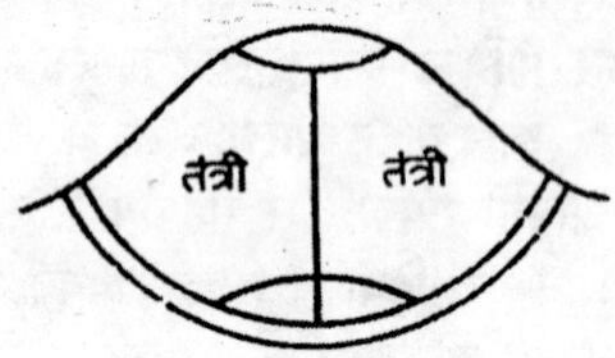

स्वरतंत्रियाँ (बंद अवस्था में)

तीसरी अवस्था में स्वरतंत्रियाँ एक-दूसरे के नज़दीक आती हैं और साँस-वायु के निकलने के मार्ग (अर्थात् स्वरयंत्र-मुख) को कुछ संकरा बना देती हैं, जिससे उच्चारण के समय उनमें थोड़ा घर्षण उत्पन्न होता है। 'ह' के उच्चारण के समय यही स्थिति होती है।

चौथी अवस्था में स्वरतंत्रियाँ एक-दूसरे से जुड़ जाती हैं, क्षण भर जुड़ी हुई अवस्था में रहकर झटके से एक-दूसरे से अलग हट जाती हैं जिससे बाहर आने को आतुर साँस-वायु एक ही झोंके में निकलना चाहती है, परिणामस्वरूप एक हल्का-सा स्फोट सुनाई पड़ता है, इसे स्वरयंत्रमुखी स्पर्श की स्थिति कह सकते हैं। स्वरयंत्रमुखी स्पर्श मुंडारी, अफ्रीकीय आदि कुछ भाषाओं में मिलता है।

पाँचवीं अवस्था में स्वरतंत्रियों में अधिक तनाव रहता है जिससे एक-दूसरे के अत्यंत निकट होने पर भी निकलने वाली वायु के धक्के से उनमें झंकृति उत्पन्न नहीं होती। यह फुसफुसाहट की स्थिति है। और छठी अवस्था वह है जिसमें स्वरतंत्रियाँ एक-दूसरे के बहुत नज़दीक नहीं होतीं, यह अवस्था घोषत्व और अघोषत्व के बीच की है, जिससे साँस-वायु के धक्के से उनमें मामूली-सी झंकृति उत्पन्न होती है। ऐसी स्थिति से उत्पन्न ध्वनियाँ मर्मर कहलाती हैं।

ग्रसनी स्वरयंत्र के ऊपर ट्यूब के आकार की एक नली है जो ऊपर की ओर मुख और उससे भी ऊपर नासिका-विवर के पिछले भाग से संबंधित है। जिह्वामूल इसके संपर्क में आकर अरबी की ध्वनि के उच्चारण में सहायक होता है।

मुख-विवर में स्थित अवयवों में अंदर से सबसे कोमल तालु तथा अलिजिह्वा का नंबर आता है। कोमल तालु तालु का वह पिछला हिस्सा है जो कोमल है। इसके अंतिम छोर पर एक लटकता हुआ छोटा-सा मांसपिंड है जिसे अलिजिह्वा कहते हैं और जो संचालन में कोमल तालु के साथ-साथ रहता है। ध्वनि-उत्पादन की दृष्टि से कोमल तालु और अलिजिह्वा की मुख्य रूप से तीन अवस्थाएँ होती हैं। पहली अवस्था में ये ऊपर की ओर उठ जाते हैं जिससे नासिका-विवर का मार्ग अवरुद्ध हो जाता है और साँस-वायु को मुख-विवर से होकर निकलना पड़ता है। मुख-विवर में वायु का सहयोग लेकर विभिन्न अवयवों के संचालन से अनेक मौखिक ध्वनियाँ उच्चरित होती हैं। जैसे प, फ, ब, ग, त, थ, द, ध, ई, इ आदि। दूसरी अवस्था में कोमल तालु और अलिजिह्वा नीचे की ओर झुक जाते हैं जिससे मुख-विवर का मार्ग अवरुद्ध हो जाता है और नासिका-विवर का मार्ग खुल जाता है। फेफड़ों से निकलने वाली वायु का अधिकांश नासिका-विवर से होकर निकलने लगता है। ऐसी स्थिति से जिन ध्वनियों को उत्पन्न करते हैं उन्हें नासिक्य व्यंजन कहते हैं। जैसे म, न, ण, ङ। कोमल तालु और अलिजिह्वा की तीसरी अवस्था वह है जिसमें ये बीच में लटके रहते हैं, जिससे मुख-विवर और नासिका-विवर दोनों के मार्ग खुले रहते हैं। वायु दोनों मार्गों से होकर निकलती है। इस स्थिति से उत्पन्न होने वाली ध्वनियों को अनुनासिक स्वर कहते हैं। ईंधन, ऊँट, आँख के ईं, ऊँ, आँ स्वर उदाहरण के रूप में लिए जा सकते हैं।

तालु के अन्य हिस्सों में कठोर तालु तथा वर्त्स हैं। कठोर तालु तालु के मध्य का भाग है, पीछे कोमल तालु के आरंभ से लेकर आगे वर्त्स के अंत तक यह फैला हुआ है। यह एक स्थिर अवयव है। जिह्वानोक से लेकर जिह्वाग्र तक इसके संपर्क में आकर ध्वनियों का उच्चारण करते हैं। श, य आदि ध्वनियाँ यहाँ से उच्चरित होती हैं।

वर्त्स सम्मुख के ऊपरी दाँतों के पीछे का कठोर उभरा हुआ हिस्सा है। कठोर तालु की तरह यह भी स्थिर अवयव है। जिह्वानोक तथा जिह्वाफलक कभी इसे स्पर्श

करके और कभी इसके अत्यंत निकट होकर ध्वनियों को उच्चरित करते हैं। स ध्वनि उदाहरण के लिए ली जा सकती है।

सम्मुख के ऊपरी दाँतों के संपर्क में आकर निचला ओठ तथा जिह्वानोक ध्वनियों को उत्पन्न करते हैं। निचला ओठ इन दाँतों के अत्यंत निकट आकर फ़ ध्वनि उत्पन्न करता है और जिह्वानोक इन्हें स्पर्श करके त, थ, द, ध आदि।

ध्वनियों के उच्चारण में दूसरे अत्यंत महत्त्वपूर्ण अवयव जिह्वा के भाग हैं। जिह्वा के सभी भाग (जिह्वामूल को छोड़कर) आसानी से हिलाये-डुलाये जा सकते हैं। ध्वनि-उत्पादन में विविध कार्यों को निगाह में रखकर इसकी सतह को अनेक भागों में बाँटा जाता है। इसके मूल के हिस्से को जिह्वामूल कहते हैं। उससे थोड़ा आगे जिह्वा का पश्चभाग कहलाता है जो इसके पीछे का हिस्सा है और शिथिल अवस्था में होने पर कोमल तालु के लगभग नीचे पड़ता है। उससे आगे जीभ का अपेक्षाकृत आगे का भाग है जिसे जिह्वाग्र कहते हैं और जो शिथिल अवस्था में कठोर तालु के लगभग नीचे पड़ता है। जिह्वाग्र के आगे का भाग जिह्वाफलक है जो शिथिल अवस्था में वर्त्स के नीचे आता है और जिह्वा का सबसे आगे वाला नुकीला हिस्सा जिह्वानोक कहलाता है। इनके अतिरिक्त जिह्वामध्य शब्द भी प्रयुक्त होता है जो जिह्वापश्च के आगे के भाग और जिह्वाग्र के पीछे के भाग को सम्मिलित करके बनता है।

जिह्वानोक सामान्यतया सम्मुख के ऊपरी दाँत, वर्त्स तथा कठोर तालु को स्पर्श करके ध्वनियों के उत्पादन में सहायक होती है। त, थ, द, ट, ठ, ड आदि ध्वनियाँ जिह्वानोक की सहायता से उच्चरित होती हैं। जिह्वाफलक सम्मुख के ऊपरी दाँत तथा वर्त्स के सन्निकट होकर ध्वनि-उच्चारण को संभव बनाता है। जिह्वाग्र कठोर तालु के सन्निकट होकर श (शीशी) ध्वनि के उच्चारण में सहायक होता है। ई, ए आदि स्वरों के उच्चारण के समय यह कठोर तालु की ओर उठता है पर इतना अधिक नहीं उठता कि घर्षण उत्पन्न हो। जिह्वामध्य कठोर तालु की ओर उठकर अ को उच्चरित करता है। जिह्वापश्च कोमल तालु को स्पर्श करके क, ख, ग, आदि व्यंजनों और उसकी ओर उठकर ऊ, उ आदि स्वरों के उच्चारण में सहायक होता है।

ध्वनिविज्ञान के अंतर्गत ओठों का भी विशेष महत्त्व है। इनमें भी निचला ओठ अधिक महत्त्व का माना जाता है। प, फ, ब आदि ध्वनियों के उत्पादन में दोनों ओठ आपस में जुड़ जाते हैं और क्षण-भर के बाद झटके से अलग हो जाते हैं। अन्य अनेक व्यंजनों के उत्पादन में इनकी सक्रियता तटस्थ रहकर होती है। स्वरों के उच्चारण के समय ये तीन तरह की अवस्थाएँ ग्रहण कर सकते हैं : ई, इ, ए आदि के समय ये फैले हुए होते हैं, ऊ, उ के समय गोलाकार होते हैं और अ, आ के समय तटस्थ रहते हैं। निचला ओठ सम्मुख के ऊपरी दाँतों के संपर्क में आकर फ़, व का उच्चारण करता है।

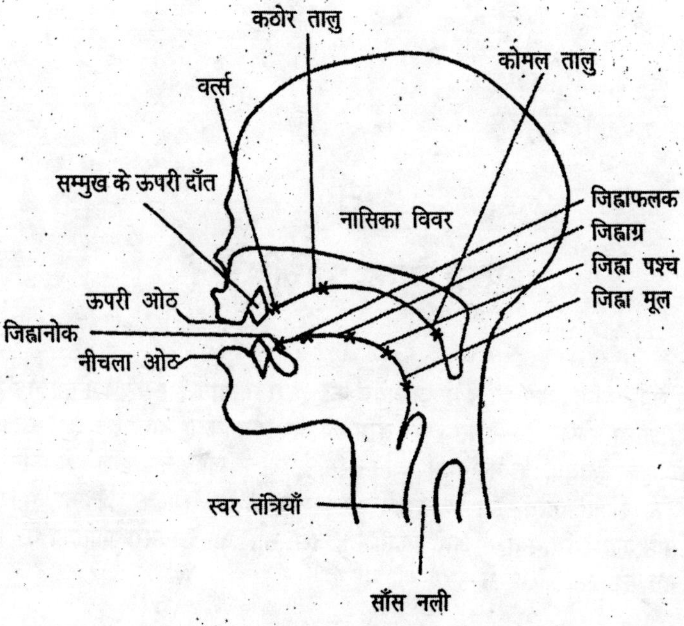

उच्चारण अवयव

उच्चारण अवयवों को, उनकी चंचलता को निगाह में रखकर, दो वर्गों में बाँटा जा सकता है। पहला वर्ग उन उच्चारण अवयवों को है जिन्हें आसानी से हिलाया-डुलाया जा सकता है जो आगे-पीछे, ऊपर-नीचे हो सकते हैं। इन्हें करण कह सकते हैं। निचला ओठ, जिह्वानोक, जिह्वाफलक, जिह्वाग्र, जिह्वापश्च तथा स्वरतंत्रियाँ करण हैं वे उच्चारण अवयव जो या तो स्थिर हैं अथवा कम चंचल है उन्हें उच्चारण स्थान नाम दिया जा सकता है। ऊपरी ओठ, सम्मुख के ऊपरी दाँत, वर्त्स, कठोर तालु, कोमल तालु तथा स्वर यंत्र-मुख इसके उदाहरण हैं।

3

प्रसरणिक ध्वनिविज्ञान

प्रसरणिक ध्वनिविज्ञान ध्वनि के अध्ययन का दूसरा आयाम है। यह ध्वनिविज्ञान की दूसरी शाखा है जिसके अंतर्गत ध्वनि-तरंग का अध्ययन किया जाता है। ध्वनि उत्पन्न करने वाले अवयवों के कंपन से ध्वनि-तरंग बनती है जो सुनने वालों के कान के पर्दों को कंपित करती है। ध्वनि की अवधारणा, ध्वनि-तरंग की प्रक्रिया, माध्यम (जिसके कारण ध्वनि-तरंग आगे बढ़ती है), तरंग-गति आदि विषय भौतिकी के अंग हैं जिन पर यहाँ संक्षेप में चर्चा की गई है।

ध्वनि और ध्वनि-तरंग

ध्वनि माध्यम के कणों का प्रवाह नहीं है क्योंकि ऐसा होने पर ध्वनि माध्यम कणों की आपस में भिड़ंत भी हो सकती है जो नहीं होती। ध्वनि गैस या द्रव का कण भी नहीं है क्योंकि ऐसा होने पर एक ध्वनि दूसरी ध्वनि को विकृत कर सकती है, परंतु सामान्यतया ऐसा नहीं होता। केवल ज्वालामुखी विस्फोट या बम विस्फोट या इसी तरह की भयंकर स्थितियों में वायुमंडल के अत्यंत प्रभावित या दूषित होने के कारण ऐसा हो सकता है। अन्यथा दो या अधिक ध्वनियाँ स्वतंत्रतापूर्वक सहजता से सुनाई पड़ती हैं। वे आपस में न तो एक-दूसरे से टकराती हैं और न ही एक-दूसरे में कोई विकार लाती हैं। ध्वनि एक प्रकार की ऊर्जा है जो माध्यम के द्वारा प्रवाहित होती है। ध्वनि के संबंध में एक महत्त्वपूर्ण बात यह भी है कि यद्यपि ध्वनियों की शक्ति में आपस में बहुत फर्क होता है पर अगर माध्यम एक ही हो तो उनकी रफ्तार समान होती है जैसे धीमी रोशनी और तेज रोशनी की रफ्तार में कोई फर्क़ नहीं होता। स्वराघात (पिच) के ऊँचे-नीचे होने से रफ्तार पर असर नहीं होता। सभी ध्वनियाँ उच्चरित होने के स्थान से सुनने वालों के कानों तक समान रफ्तार से पहुँचती हैं।

ध्वनि एक स्थान से दूसरे स्थान तक पहुँचने वाली एक ऊर्जा (एनर्जी) है जो किसी माध्यम द्वारा पहुँचायी जाती है। हमारे बोलने में वायु ही माध्यम का काम करती है लेकिन इसका यह अर्थ नहीं है कि ध्वनि को वायु लेकर चलती है या वह

वायु का प्रवाह है। ध्वनि के संचरण में वायु के कण ध्वनि को लेकर अपने स्थान से हटकर यात्रा नहीं करते वरन् वे अपनी जगह पर ही कंपन करके अपने आसपास के वायु कणों को धक्का देते हैं। इस धक्के के कारण आगे के वायुकणों में वैसा ही कंपन उत्पन्न होता है और फिर आगे के वायुकण कंपित होकर अपने आगे के वायुकणों को धक्का देते हैं। इस तरह ध्वनि का कंपन तरंग के रूप में आगे बढ़ता जाता है। ध्वनि का चलना कुछ उस तरह का है जिसे हम हवा चलने पर धान के हरे खेत कीं मेंड़ पर बैठ कर देखते हैं, जहाँ हवा की लहरें साफ दिखाई पड़ती हैं और ऐसा लगता है जैसे हवा की लहरों के साथ धान के हरे-हरे पत्ते भी दूर जाते हुए प्रतीत होते हैं। परंतु वास्तव में ऐसा नहीं होता। उसी तरह जैसे शांत तालाब में कंकड़ फेंकने से पानी की सतह पर हिलकोरें उठती हैं और चलती हुई महसूस होती हैं, लेकिन वास्तव में वे अपने साथ पानी लेकर नहीं चलतीं। केवल एक-दूसरे को हल्का-सा धक्का देकर रह जाती हैं, ध्वनि-तरंगों की प्रकृति भी इसी तरह की है। ध्वनियाँ वायु में चलती हैं, परंतु वायु उन्हें अपने अंदर लेकर आगे नहीं बढ़ती।

संपीडन और विरलन

साधारणतया वायु के कण समान दबाव तथा ताप पर औसतन एक ही दूरी पर रहते हैं और वायु का घनत्व एक ही रहता है। परंतु जब ध्वनि द्वारा इस माध्यम में व्याघात पैदा होता है तो ध्वनि-तरंग की प्रक्रिया में एक चीज यह होती है कि ध्वनि-उत्पादक वस्तु के कंपन से उत्पन्न होने वाली ध्वनि की ऊर्जा के कारण ध्वनि-उत्पादक वस्तु के निकट के वायुकण धक्के को प्राप्त करके एक जगह सघन हो जाते हैं, जिसे संपीडन (कंप्रेशन) कहते हैं। इस संपीडित वायु के पीछे की हवा में वायुकणों की विरलता हो जाती है जिसे विरलन (रेयरेफैक्शन) कह सकते हैं। अर्थात् संपीडन में माध्यम (मीडियम, जैसे वायुकण) के कणों की आपसी दूरी सामान्य से कम हो जाती है और इस तरह एक सघन क्षेत्र बन जाता है जिसे संपीडन का क्षेत्र कहेंगे। विरलन में माध्यम के कणों की आपसी दूरी सामान्य से बढ़ जाती है, वे एक-दूसरे से अपेक्षाकृत ज्यादा दूर हो जाते हैं। इस विरलता के क्षेत्र को विरलन का क्षेत्र कहेंगे।

संपीडित वायु के कणों की सघनता ऊर्जा के कारण कंपित होकर जो धक्का देती है तो सामने से वायुकणों में विरलन आता है और फिर संपीडन। संपीडन और विरलन का क्रम लगातार दूर तक चलता रहता है। एक संपीडन और एक विरलन या एक विरलन और एक संपीडन से एक ध्वनि-तरंग बनती है। इस तरह संपीडन और विरलन की प्रक्रिया द्वारा ध्वनि-तरंग आगे की ओर बढ़ती है।

अनुदैर्घ्य तथा अनुप्रस्थ तरंग

संपीडन और विरलन की तरंगें अनुदैर्घ्य तरंग (लांगिट्यूडिनल वेव) कही जाती हैं इसके

विपरीत एक अनुप्रस्थ तरंग (ट्रैन्सवर्स वेव) भी होती है। ये तरंग गति के दो वर्ग हैं। अनुदैर्घ्य तरंग और अनुप्रस्थ तरंग में अंतर यह है कि अनुदैर्घ्य तरंग कंपन की दिशा में यात्रा करती है और अनुप्रस्थ तरंग कंपन के लंबवत् यात्रा करती है। अर्थात् अनुदैर्घ्य तरंग में माध्यम के कण तरंग की यात्रा की दिशा में कंपित होते हैं जबकि अनुप्रस्थ तरंग में माध्यम के कण तरंग के संचरण की दिशा के लंबवत् होते हैं। अनुदैर्घ्य तरंग में माध्यम के कण तरंग की यात्रा की ओर आगे और पीछे की ओर यात्रा करते हैं।

वायु में केवल अनुदैर्घ्य तरंगें ही संभव हो सकती हैं, क्योंकि वायु में संचरण उन्हीं तरंगों का हो सकता है जो माध्यम में संपीडन और विरलन उत्पन्न कर सकें। अनुदैर्घ्य तरंगें ऐसी ही तरंगें हैं। अनुप्रस्थ तरंगों का संचरण वायु में नहीं होता।

अपने उत्पन्न होने के स्थान से संचरित होने वाली ध्वनि अनुदैर्घ्य तरंग के रूप में प्रसार पाती है। ध्वनि-तरंग जब यात्रा करती है तो, जैसा कि पहले कहा गया है, माध्यम में सामान्य से अधिक और सामान्य से कम घनत्व क्रमिक रूप में उत्पन्न होता है, जिसे क्रमशः संपीडन और विरलन कहा गया है। संपीडन के समय माध्यम के कण तरंग की दिशा में आगे बढ़ते हैं और विरलन के समय विपरीत दिशा में पीछे की ओर पेंग मारते हैं। प्रत्येक कण संपीडन के समय अपने सामने के कण को ऊर्जा देता है और इस ऊर्जा के कारण उन्हें आगे की ओर धक्का मिलता है। इसके पश्चात् कण अपनी जगह पर पुनः लौट आते हैं और इस प्रकार एक विरलन होता है।

वायु के कण साथ-साथ कंपित नहीं होते वरन् एक कण कंपित होने के बाद दूसरे में कंपन उत्पन्न करता है। हालाँकि ऐसा होने में समय बहुत ही कम लगता है। एक बार गति में आने पर हवा अपने आगे की हवा पर दबाव डालती है। दबाव

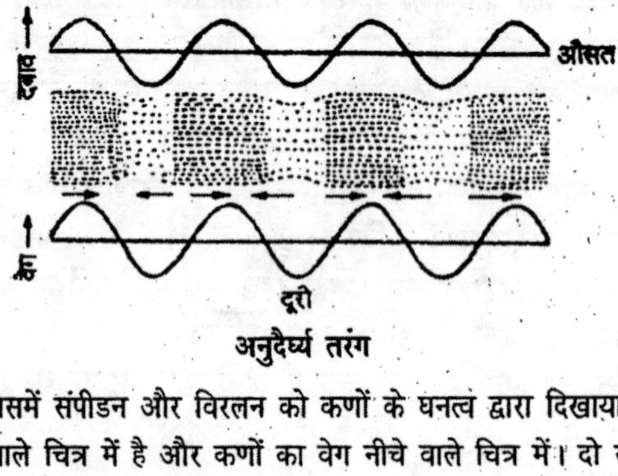

अनुदैर्घ्य तरंग

अनुदैर्घ्य तरंग जिसमें संपीडन और विरलन को कणों के घनत्व द्वारा दिखाया गया है। तरंग में दबाव ऊपर वाले चित्र में है और कणों का वेग नीचे वाले चित्र में। दो संपीडन के मध्य की दूरी को तरंगदैर्घ्य और एक संपीडन तथा विरलन को पूर्ण चक्र कहते हैं। एक सेकेंड में जितने चक्र बनेंगे वह ध्वनि की आवृत्ति होगी।

बांसुरी में स्थिर तरंग

वेग (वेलासिटी)[1] को उत्पन्न करता है और दबाव की कमी होते ही हवा पुनः पहले की स्थिति में आ जाती है। वायु का दबाव और वेग ध्वनि की प्रकृति से निर्धारित होता है। वेग के बारे में एक बात यह है कि ध्वनि-तरंगें वायु में जिस वेग के साथ

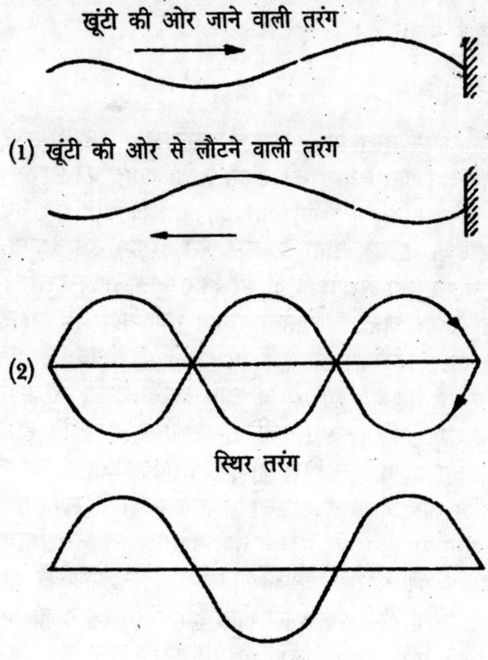

स्थिर और गतिशील तरंग

1. वेग और रफ्तार (स्पीड) में फर्क है। वेग (वेलासिटी) स्वीकारात्मक या नकारात्मक दो तरह का हो सकता है। स्वीकारात्मक वेग किसी एक चुनी हुई दिशा में होता है और नकारात्मक वेग वह है जिसकी हरकत (मोशन) विपरीत दिशा में हो।

चलती हैं वह वेग तापमान के बढ़ने पर बढ़ जाता है। हाँ, स्थान की ऊँचाइयों से इनमें फर्क नहीं आता यदि तापमान एक ही हो।

तरंग के दो भेद और होते हैं। ये हैं—स्थिर तरंग और गतिशील तरंग। स्थिर तरंग एक किनारे से चलकर दूसरे किनारे तक पहुँचती है और पुनः दूसरे किनारे से लौटकर पहले किनारे तक आती है यह क्रम चलता रहता है। किसी पतली रस्सी या तार के एक छोर को खूंटी से बाँधकर दूसरे को हाथ में पकड़ कर तानें और फिर उसे थोड़ा उछाल दें तो यह स्थिति दिखलाई पड़ेगी। इसी प्रकार स्थिर तरंग बाँसुरी में भी पैदा होती है जैसा कि आकृति में दिखाया गया है। जब हम कुएँ की तरफ मुँह करके बोलते हैं तो उसमें भी एक तरह की स्थिर तरंग पैदा होती है।

गतिशील तरंग में तरंग के माध्यम का फैलाव असीमित रहता है ध्वनि इसी तरंग द्वारा सुनाई पड़ती है।

सरल आवर्त गति

अधिकतर ध्वनि-कंपन वस्तु या अवयव की प्रत्यास्थता या लोच के गुण की वजह से होते हैं। जब हम किसी वस्तु को दबाते हैं तो दबाव की ताकत के कारण वस्तु का वह भाग अपने सामान्य स्थान और आकृति को छोड़ कर दबायी जाने वाली दिशा की ओर झुक या बढ़ जाता है, और जैसे ही हम उसे दबाना छोड़ देते हैं तो वह भाग अपनी सामान्य स्थिति में आकर फिर अपने आप दूसरी विपरीत दिशा में लगभग उतना ही बढ़ जाता है जितना दबाया गया था। यह इस तरह होता है कि जब हम वस्तु का कोई भाग दबाते हैं तो दबाने में संभाव्य ऊर्जा मिलती है, जब उसे छोड़ देते हैं तो वह बढ़े हुए वेग के साथ अपनी जगह पर वापस आती है और उसकी संभाव्य ऊर्जा गतिमूलक (किनेटिक) ऊर्जा में रूपांतरित हो जाती है। वापस आने में जो आवेग या परिबल मिल जाता है उसकी वजह से वह भाग दूसरी दिशा में पेंग मारता है और गतिमूलक ऊर्जा संभाव्य ऊर्जा में रूपांतरित होने लगती है और पेंग की आखिरी सीमा पर पहुँचने तक गतिमूलक ऊर्जा संभाव्य ऊर्जा में बदल जाती है। फिर उस संभाव्य ऊर्जा के कारण वह भाग पुनः पीछे की ओर पेंग मारता है।

तरंग की ऊर्जा दोनों प्रकार की होती है। गतिमूलक ऊर्जा वायुकण के स्पंदन पर निर्भर करती है और संभाव्य ऊर्जा माध्यम के विभिन्न हिस्सों में दबाव के अंतरों पर निर्भर करती है। अग्रसर होने वाली तरंग के सिरे पर नयी तरंगें रूपायित होती चलती हैं और ऊर्जा तरंग के साथ-साथ संचरित होती चलती है।

इस प्रक्रिया में कंपन की कुछ ऊर्जा संपीडन और विरलन की तरंग में वायु में चली जाती है और कुछ आंतरिक संघर्षण में खर्च होकर ताप में बदल जाती है। और इस कारण धीरे-धीरे वस्तु के भाग का पेंग (स्विंग) कम होने लगता है और कंपन थमने लगता है। भाग धीरे-धीरे पुनः स्थिर हो जाता है। यदि ऊर्जा खर्च न

हो तो वस्तु के भाग का पेंग कभी भी स्थिर नहीं होगा तथा उसका आयाम हमेशा एक ही बना रहेगा।

वस्तु के भाग को दबाने वाली बल की प्रतिक्रिया को बलाघात और स्थान तथा आकृति-परिवर्तन को तनाव (स्ट्रेन) कहते हैं। बलाघात और तनाव को लेकर सत्रहवीं शताब्दी के राबर्ट हुक (1635-1703) ने एक सिद्धांत बनाया। उन्होंने कहा कि बलाघात और तनाव हमेशा समभाग (प्रपोर्शनल) में होते हैं। अर्थात् जितना बलाघात होगा उसी अनुपात में उसका तनाव होगा। यहाँ एक बात ध्यान देने की है कि अधिक ठोस पदार्थों में लोच की एक नजदीकी सीमा होती है जहाँ तक जाने पर ही वह भाग वापस अपने स्थान पर आ सकता है। उस नजदीकी सीमा के पार दबाने पर वह भाग अपनी पूर्व-स्थिति को नहीं लौटता। यदि माध्यम में लोच है तो अनुप्रस्थ तरंग पैदा होती है अन्यथा अनुदैर्घ्य तरंग उत्पन्न होगी।

तरंग-गति

ध्वनि-तरंग वास्तव में तरंग-गति (वेव मोशन) के रूप में ऊर्जा का प्रसारण है। तरंग-गति ऊर्जा के स्थानांतरण की पद्धतियों में एक महत्त्वपूर्ण पद्धति है। ध्वनि-तरंग के अतिरिक्त प्रकाश-तरंग, ताप-तरंग, बेतार, एक्सविकिरण तथा गामा विकिरण भी तरंग-गति के रूप में ऊर्जा के प्रसारण के उदाहरण हैं। ऊर्जा के प्रसारण के माध्यय के रूप में ठोस, द्रव तथा गैसीय (जैसे वायु) पदार्थ इस्तेमाल होते हैं।

तरंग-गति एक तरह का व्यवधान है जो कि किसी माध्यम में कण के विस्थापन से उत्पन्न होता है। किसी कण के विस्थापन का प्रभाव यह होता है कि उसके आसपास के दूसरे कणों में व्यवधान आता है और वे कंपित होते हैं। उच्चारण अवयवों द्वारा उच्चरित होने के उपरांत ध्वनि की ऊर्जा वायु संपीडन उत्पन्न करती है जिससे वायु में व्यवधान आता है और तरंग बनती है। तरंग की एक अधिकतम ऊँचाई (जिसे शिखर कह सकते हैं) और एक नीचाई (जिसे गर्त कह सकते हैं) होती है, और ऊँचाइयों और नीचाइयों का एक सिलसिला बनता जाता है। जब यह व्यवधान किसी कण के पास पहुँचता है तो उसमें कंपन उत्पन्न होने लगता है। व्यवधान इसी प्रक्रिया में आगे बढ़ता चलता है। इस तरह आगे बढ़ने वाला वायुकण या अन्य कोई माध्यम नहीं होता वरन् यही व्यवधान होता है। इसको स्पष्ट करने के लिए एक उदाहरण लिया जा सकता है। यदि दीवाल या किसी अन्य ठोस स्थान से रस्सी का एक सिरा बाँध दिया जाय और दूसरा सिरा हाथ में लेकर हाथ से झटका दें तो झटके के कारण रस्सी के हाथ वाले सिरे में बल पड़ेगा जो क्रमशः रस्सी में आगे की ओर बढ़ता जाएगा। इस प्रकार एक तरंग बन जाती है। इस तरंग में जो अधिकतम ऊँचाई होगी उसे शिखर और जो अधिकतम नीचाई होगी उसे गर्त कहेंगे। ऊर्जा के कारण शिखर और गर्त का क्रम आगे बढ़ता चलता है।

माध्यम

ध्वनि-संचार के द्रव्य का कोई न कोई माध्यम होना चाहिए। हाक्सबी (1705) ने प्रयोगों के आधार पर यह बताया कि द्रव्य-विहीन स्थान पर अर्थात् रिक्त मंडल में ध्वनि संचरित नहीं हो सकती। ध्वनि संचरण के लिए द्रव्य का माध्यम आवश्यक है। वायु के अतिरिक्त द्रव (जल) और ठोस द्रव्य (लोहा, लकड़ी) भी ध्वनि के संचार के माध्यम हो सकते हैं। ध्वनि-कंपन पानी, लोहा और लकड़ी द्वारा भी यात्रा कर सकता है। बल्कि तथ्य यह है कि ध्वनि की गति ठोस द्रव्यों में द्रव की अपेक्षा अधिक और द्रव में हवा या अन्य गैसों की अपेक्षा अधिक तेज होती है। ठोस द्रव्यों में उसके अणु ध्वनि को वहन करते हैं और अणुओं के द्वारा ध्वनि यात्रा करती है। हवा या अन्य गैस तथा द्रव या ठोस पदार्थों में तरंग को निगाह में रखकर एक अंतर यह है कि जहाँ हवा या अन्य गैसों में लोच के अभाव के कारण केवल अनुदैर्घ्य तरंग उत्पन्न होती है, वहाँ द्रव और ठोस पदार्थों में अनुदैर्घ्य तथा अनुप्रस्थ दोनों तरह की तरंगें हो सकती हैं। क्योंकि इन पदार्थों में लोच मिलती है। किंतु वायु (तथा अन्य गैस) और द्रव तथा ठोस में ध्वनि का संचरण अनुदैर्घ्य तरंग के द्वारा ही होता है।

तरंग के रूप में प्रसरणित होने वाली ऊर्जा के माध्यम में तीन बातों का मिलना आवश्यक है। पहली बात यह कि माध्यम में ऊर्जा को एकत्रित करने की क्षमता हो अर्थात् उसमें अवस्थितित्व का गुण (प्रापर्टी आव इनर्शिया) मिलता हो। दूसरा यह कि माध्यम में यह गुण हो कि व्यवधान होने के उपरांत वह अपनी मूल अवस्था में आ सके अर्थात् उसमें लोच मिलती हो, और तीसरा यह कि माध्यम का संघर्षणात्मक प्रतिरोध इतना अधिक न हो कि उसकी वजह से प्रदोलन क्रिया टूट जाए।

नाद और शोर

श्रवण-माधुर्य को यदि ध्यान में रखें तो ध्वनि को दो भागों में बाँटना पड़ेगा। कुछ ध्वनियाँ सुनने में अनगढ़ और अनियमित होती हैं और कुछ सुगढ़ तथा कर्णमधुर। यदि इसके कारण पर भौतिक दृष्टि से विचार किया जाए तो स्पष्ट हो जाएगा कि ध्वनियों की कर्ण-मधुरता के पीछे उनके कंपनों की नियमितता है और कर्णकटुता के पीछे कंपनों की अनियमितता। जितनी कर्णमधुर ध्वनियाँ हैं, जिन्हें नाद (म्यूजिकल साउंड) कहा जा सकता है, वे बाँसुरी, सारंगी, तथा अन्य तार अथवा दूसरे वाद्यवृंदों से उत्पन्न होती हैं। कर्णकटु ध्वनियाँ, जिन्हें शोर (नायज़) कह सकते हैं, पुस्तक या अन्य किसी चीज के गिरने, पैर पटकने, मोटर के हार्न आदि से उत्पन्न होने वाली ध्वनियाँ हैं। लेकिन यह विभाजन बहुत स्पष्ट विभाजन नहीं हो सकता, क्योंकि नाद में भी शोर का अंश हो सकता है और शोर में भी यदाकदा नाद मिल सकता है।

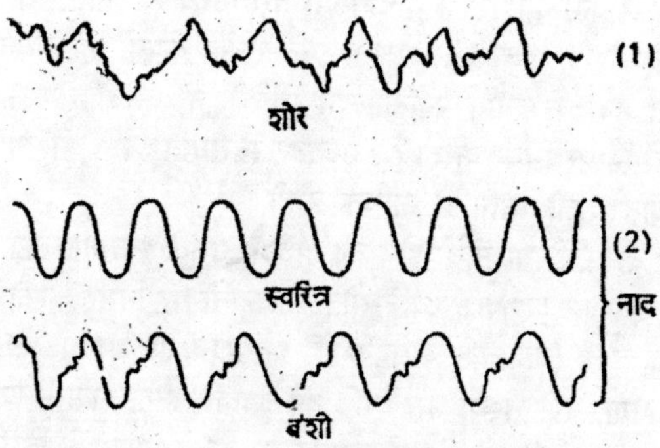

शोर तथा नाद

शोर में तरंग की अनियमितता और जटिलता दिखाई दे रही है। दूसरी आकृति में आयाम, आवृत्ति और आकार (शेप) की नियमितता स्पष्ट है। इसमें आयाम और स्वराघात में अचानक कोई परिवर्तन नहीं आता।

कर्णबोध की दृष्टि से नाद के तीन लक्षण हो सकते हैं। पहला स्वराघात (पिच) जो नाद के मोटा और महीन (नीचा और ऊँचा) से संबंध रखता है। भौतिक दृष्टि से स्वराघात कंपन की आवृत्ति[1] पर निर्भर करता है। अधिक आवृत्ति से स्वराघात

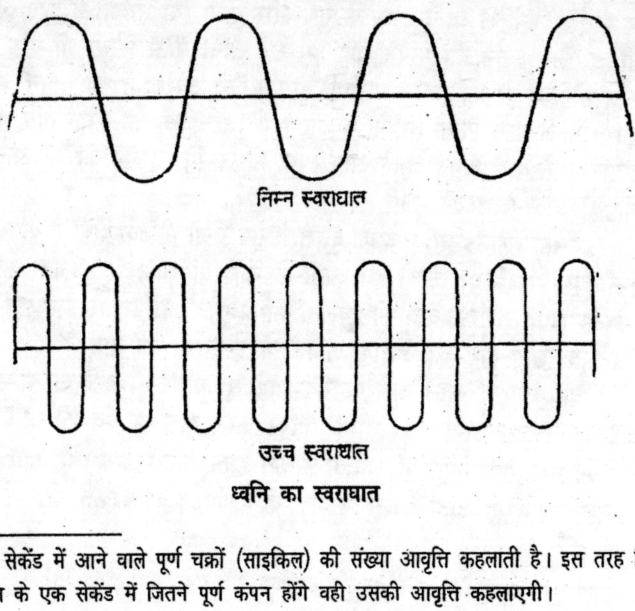

ध्वनि का स्वराघात

1. एक सेकेंड में आने वाले पूर्ण चक्रों (साइकिल) की संख्या आवृत्ति कहलाती है। इस तरह किसी ध्वनि के एक सेकेंड में जितने पूर्ण कंपन होंगे वही उसकी आवृत्ति कहलाएगी।

ऊँचा होगा और कम आवृत्ति से नीचा। इस तरह उच्च स्वराघात तथा निम्न स्वराघात का अंतर यह है कि उच्च स्वराघात में प्रति सेकेंड कंपनों की संख्या अधिक होती है। स्वराघात हवा के दबाव में विकल्पन (वेरियेशन) के दोहराव की रफ्तार, जिसे आवृत्ति कहते हैं, पर निर्भर करता है। उच्चतर स्वराघात ध्वनि की आवृत्ति प्रति सेकेंड निम्न स्वराघात वाली ध्वनि से अधिक होती है।

ध्वनि के ऊँची या नीची होने का अर्थ है उसके स्वराघात का ऊँचा या नीचा होना। स्वराघात का यह फर्क ध्वनि-स्रोत के कंपनों पर निर्भर करता है। एक सेकेंड में ध्वनि का स्रोत (वह चाहे वाद्यवृंद हो, वागिंद्रिय हो अथवा स्वरित्र हो) जितनी बार कंपित होगा, वही संख्या उस ध्वनि की आवृत्ति होगी। किसी ध्वनि का अधिक बार कंपन उसकी ऊँची आवृत्ति को बताता है। इसके मापन के लिए सेकेंड के सौवें हिस्से तक के माप को इस्तेमाल किया जाता है। यदि किसी ध्वनि का कंपन का एक सेकेंड में 200 बार हो तो उस ध्वनि की आवृत्ति 200 साइकिल प्रति सेकेंड मानी जाएगी। एक साइकिल से अर्थ एक पूरे कंपन से है।

हमारे कानों की पहचान की सीमा में आने वाली निम्नतम आवृत्ति लगभग 16-20 साइकिल प्रति सेकेंड है और उच्चतम 20,000 साइकिल प्रति सेकेंड।[1] हमारे कान संगीत को संगीत के रूप में तभी सुन सकते हैं जब उसकी आवृत्ति 40 से 4000 के बीच हो।

यह भी एक रोचक तथ्य है कि चूँकि ध्वनि के स्रोत का कंपन, ध्वनितरंग और भीतरी कानों के ध्वनि-कंपन के गुण और मात्रा (या संख्या) में कोई अंतर नहीं होता, इसलिए ध्वनि का मापन यदि हम उन तीनों में से किसी भी एक के द्वारा कर लें तो शेष दो का मापन भी वही होगा। जैसे आ ध्वनि का मापन यदि हमने ध्वनि-तरंग के द्वारा किया तो आ उच्चारण में स्वरतंत्रियों का कंपन और श्रवणेंद्रिय को प्राप्त होने वाले कंपन अपने आप स्पष्ट हो जाएँगे। इनकी आ की आवृत्ति वही होगी जो ध्वनि-तरंग की है।

प्रबलता (लाउडनेस) नाद का दूसरा लक्षण है जो भौतिक दृष्टि से कंपन-आयाम (एंप्लीट्यूड) पर निर्भर करती है। कानों के बोध की दृष्टि से प्रबलता का अर्थ है कर्णपटह पर प्रसरणिक दबाव की प्रबलता का अनुभव और उच्चारणात्मकता की दृष्टि से प्रबलता साँस-वायु की अधिक शक्ति के इस्तेमाल का नाम है।

ध्वनि उत्पन्न करने वाले अवयव या वस्तु की अधिक क्रिया या हरकत से प्रबल ध्वनि उत्पन्न होती है। ध्वनि उत्पन्न करने वाले अवयव की अधिक क्रिया वायुकणों में उसी अनुपात में अधिक हरकत होती है और इस तरह हवा के दबाव में उतार-चढ़ाव बढ़ जाता है। सुनने वाले के कर्णपटह की हरकत भी उसी अनुपात

1. सामान्यतया श्रव्यता-क्षेत्र 15 से 30,000 साइकिल प्रति सेकेंड माना जाता है।

में बढ़ जाती है और मस्तिष्क के सुनने और समझने से ताल्लुक रखने वाले हिस्से (जिसे मस्तिष्क का श्रावणिक विभाग कहा जाय तो अनुचित नहीं होगा) में उसी अनुपात में आवेग महसूस होता है।

एक ध्वनि जब दूसरी से प्रबलतर होती है तो प्रबलतर ध्वनि का आयाम[1] दुर्बल ध्वनि की अपेक्षा अधिक होता है। प्रबल ध्वनि, अर्थात् जिसका आयाम उच्च है, दुर्बल ध्वनि की अपेक्षा दूर तक सुनाई पड़ती है। प्रबलता के साथ ध्वनि की श्रवण की सीमा बढ़ती जाती है।

जैसा कि अभी कहा गया, अधिक प्रबलता रखने वाली ध्वनियों की तरंगों के आयाम अधिक ऊँचे होते हैं। उदाहरण के लिए फुसफुसाहट वाली ध्वनियों की प्रबलता 10 डेसीबेल[2] है, जिसे मंद कह सकते हैं और सामान्य बातचीत में इस्तेमाल होने वाली अधिकतर ध्वनियों की प्रबलता 40-50 डेसीबेल तक होती है, जिसे सामान्य कह सकते हैं।

प्रबलता ध्वनि उत्पन्न करने में लगने वाली ऊर्जा पर निर्भर करती है। अधिक प्रबल ध्वनि के उच्चारण में कम प्रबल ध्वनि की अपेक्षा अधिक ऊर्जा खर्च होती है।

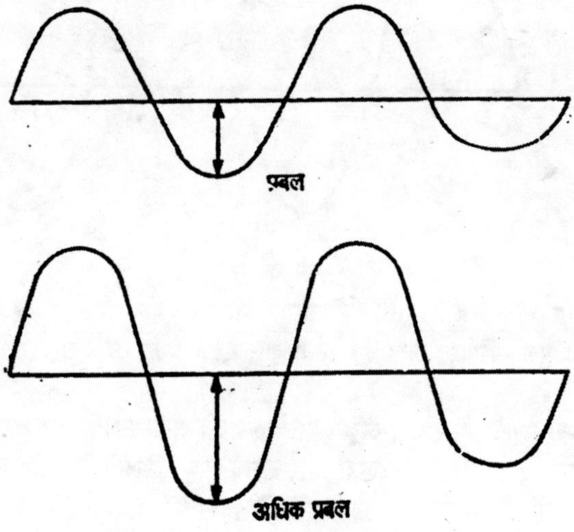

ध्वनि की प्रबलता

1. मार्टिन जूस के शब्दों में आयाम प्रतिमान अर्थात् शून्य लाइन से अधिकतम विचलन है।
2. ध्वनि प्रबलता की माप-बेल का दसवाँ भाग डेसीबेल, बेल टेलीफोन के आविष्कारक ग्राहम बेल के नाम पर रखा गया है।

प्रबल से प्रबल़ ध्वनि भी दूर जाती हुई प्रबल से मंद और मंद से मंदतर होती जाती है इसकी वजह यह है कि ध्वनि में लगने वाली ऊर्जा दूरी तय करते हुए घटती जाती है और ऊर्जा के कम होते जाने से ध्वनि की प्रबलता कम होती जाती है।

गुण नाद-ध्वनि का तीसरा लक्षण है जिसे ठीक से परिभाषित करना और स्वराघात, प्रबलता तथा समय-मात्रा (ड्यूरेशन)[1] से अलग करना काफी कठिन है। क्योंकि ध्वनि का गुण इन तीनों चीजों में है और उन सभी से वह सना हुआ है।

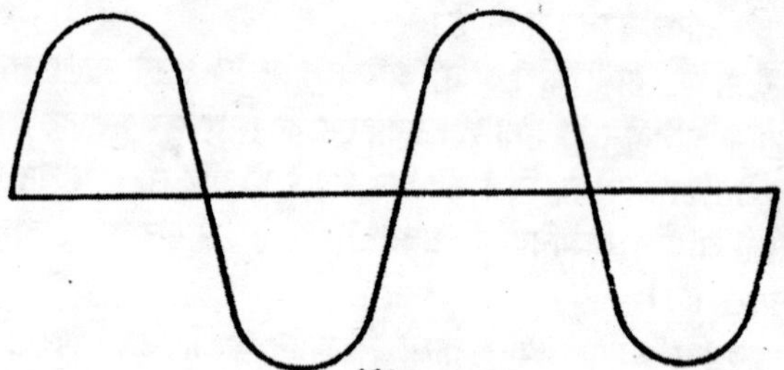

(1)

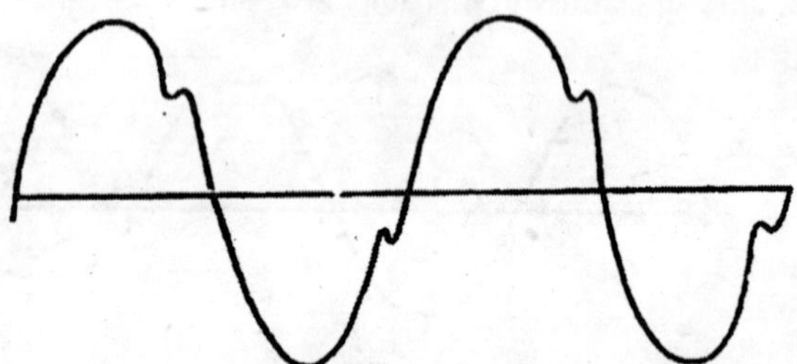

(II)

ध्वनि का गुण

पहली सामान्य ध्वनि-तरंग है। दूसरी ध्वनि-तरंग में जो वक्र है वह उपस्वरों के कारण है। उपस्वरों से ध्वनि का गुण निर्धारित होता है। पहली और दूसरी ध्वनि का अंतर इसी कारण से है।

सवाल उठता है कि फिर उसे अलग से देखने की जरूरत क्यों है? वह इसलिए कि जिन ध्वनियों में स्वराघात, प्रबलता और समय-मात्रा मिलती है, और समान रूप से मिलती है उन्हें भी आपस में अलग-अलग पहचाना जा सकता है। फिर यह पहचान क्या है जो किन्हीं दो ध्वनियों में समान रूप से इन विशेषताओं के रहते हुए उन्हें अलग-अलग खड़ी कर देती है। प्रत्येक की आइडेंटिटी को सुलझा देती है। वास्तव में यही गुण है। इसी गुण की बदौलत हम बाँसुरी और शहनाई की आवाज़ को

1. किसी ध्वनि की समय-मात्रा उसको परिभाषित करने का एक प्रमुख मुद्दा है। भाषा-ध्वनियों में अनेक ऐसी हैं जो समय-मात्रा के फैलाव के कारण ही महत्त्व प्राप्त करती हैं।

अलग-अलग पहचान लेते हैं। एकसाथ यदि सारंगी और सितार को बजाएँ तो दोनों की ध्वनियों की पहचान आसानी से हो जाती है, भले ही दोनों समान स्वराघात पर बजाए जा रहे हों। महीन या पतली आवाज़ (ध्वनि), हल्की, गंभीर, मोटी, तीखी, भोथरी, गाढ़ी, कर्कश आदि अनेक तरह की आवाज़ें सुनी जाती हैं। यह भेद कुछ दूसरे कारणों के साथ गुण के कारण भी है।

हम सभी ऐसा महसूस करते हैं कि एक आदमी की आवाज़ दूसरे से भिन्न होती है। जिन आदमियों को हम नजदीक से जानते हैं, वे अगर पर्दे के पीछे से बोलें तो भी हम उनकी आवाज़ों को अलग-अलग पहचान लेते हैं। यह जान लेते हैं कि कौन-सी आवाज़ राम की है और कौन-सी श्याम की। इसी पहचान का नाम गुण है।

अधिकतर ध्वनियों में एक मूलभूत स्वर (फंडामेंटल टोन) होता है और उसके साथ अनेक उपस्वर (ओवरटोंस) होते हैं। यदि समान स्वराघात तथा प्रबलता को उत्पन्न करने वाले दो भिन्न वाद्ययंत्र हों तो भी उनकी ध्वनि, जैसा कि अभी कहा गया, एक-सी नहीं होती, अलग-अलग पहचानी जाती है। यह अलग की पहचान मूलभूत स्वर (टोन) के साथ आने वाले उपस्वरों की संख्या, क्रम और परस्पर तीव्रता की वजह से होती है। ध्वनि के गुण को उसके तरंग-वक्र (वेव कर्व) के विश्लेषण से जाना जा सकता है।

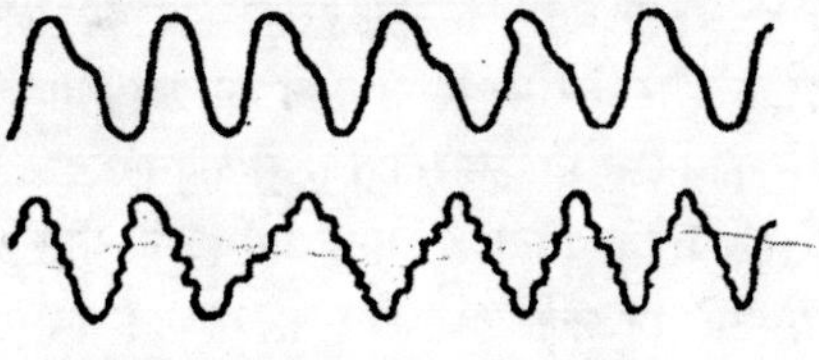

दो ध्वनि-तरंगों की आवृत्ति और गुण का अंतर

पहले यह कहा जा चुका है कि वायु में (अर्थात् माध्यम में) एक ही साथ सभी दिशाओं से आने वाली ध्वनियाँ स्पष्ट रूप से सुनी जाती हैं। वैसे यह भी होता है कि ध्वनि-तरंगें आपस में एक-दूसरे को काटती हुई और एक-दूसरे के ऊपर-नीचे चलती हैं। साथ ही यह भी हो सकता है कि ध्वनि-तरंगें ठोस रुकावट आदि से टकराकर प्रत्यावर्तन भी करती हैं। इन तमाम बातों के कारण तरंग के गुण और रूप में भी परिवर्तन आ जाता है। एकसाथ अनेक तरंगावलियों के ऊपर-नीचे चलने से सभी तरंगों के अलग-अलग वेग, विस्थापन और संघनन आदि के सदिश (वेक्टर) योग से एक परिणामि तरंग बनती है। यह परिणामि तरंग सभी तरंगों से भिन्न होती है।

4

श्रवणात्मक ध्वनिविज्ञान

ध्वनि-अध्ययन के तीन आयामों में से एक उसका श्रवण है। श्रवण या ध्वनि के सुनाई पड़ने का संबंध हमारे कानों से है। हमारे कान ध्वनि-तरंगों को ग्रहण करके उन्हें तंत्रिका-आवेग के रूप में बदल देते हैं। उन तंत्रिका-आवेगों को मस्तिष्क ग्रहण करता है। उन्हीं तंत्रिका-आवेगों में भाषा का सारा इंद्रजाल छिपा है।

कान के मुख्य रूप से तीन भाग होते हैं—बाहरी कान, मध्य कान तथा भीतरी कान। बाहरी कान बाहर से दिखाई पड़ने वाला कान का बाहरी हिस्सा तथा वह नली (मीटस) है जो अंदर की ओर कान के पर्दे तक जाती है। इस तरह बाहरी कान के तीन हिस्से हैं—पहला बाहरी हिस्सा, दूसरा कान की नली वाला हिस्सा और तीसरा नली के अंदर के दूसरे सिरे पर स्थित कान का पर्दा। बाहरी हिस्सा ध्वनि-तरंग को कान के पर्दे, जिसे कानपटह भी कह सकते हैं, में कंपन उत्पन्न करती है। कानपटह नली के अंदर के सिरे को ढके रहता है। पटह या पर्दे के पीछे कान का मध्य भाग है जिसका संबंध योस्टेशियन नली द्वारा गले से भी है। यह नली जंभाई लेने या निगलने के समय खुल जाती है, बाकी समय में बंद रहती है। मध्यकान में तीन छोटी तथा हल्की हड्डियाँ हैं जिन्हें हथौड़ी, निहाई तथा रिकाब कहते हैं। ये हड्डियाँ एक गुहा के अंदर स्थित हैं जिसमें हवा रहती है। योस्टेशियन नली इसी गुहा में खुलती है। इस तरह योस्टेशियन नली, गुहा और उसके अंदर की तीन हड्डियाँ मिलकर मध्य कान को बनाती हैं। हथौड़ी का एक सिरा जिसे हत्था भी कह सकते हैं कानपटह की भीतरी सतह से तंतु (टिश्शू) द्वारा जुड़ा है। और दूसरा सिरा निहाई से लिगामेंट्स द्वारा जुड़ा है। निहाई का दूसरा सिरा रिकाब से जुड़ा रहता है। इससे कानपटह पर का कंपन एक से दूसरी और दूसरी से तीसरी हड्डियों से होता हुआ भीतरी कान तक पहुँचता है, रिकाब की फुटप्लेट भीतरी कान के अंडाकार झरोखे से जुड़ी है, जिसे रिकाब की पेंदी बंद रखती है। इसके अलावा एक गोल झरोखा भी यहाँ पर है जिसे झिल्ली बंद रखती है।

ध्वनि-तरंग की दबाव-भिन्नता को बाहरी और मध्य कान मिलकर विस्तीर्ण (एम्प्लीफाइ) करते हैं, और इन्हें भीतरी कान में स्थित द्रवों (फ्लुइड्स) तक पहुँचाते हैं।

भीतरी कान कान का सबसे अंदरूनी हिस्सा है जिसकी बनावट बहुत कुछ घोंघे से मिलती-जुलती है। अंग्रेजी में प्रचलित लेटिन नाम कोकलिया का अर्थ घोंघा ही है। यहाँ कोकलिया शब्द का ही इस्तेमाल किया गया है। कोकलिया अपने विस्तार में दो हिस्सों में बँटी हुई है जिन्हें स्केला टिंपेनी तथा स्केला वेस्टीबुली कहते हैं। इन हिस्सों को बाँटने का काम कोकलीय विभाजक झिल्ली करती है। कोचलीय विभाजक रेसनर झिल्ली तथा बेसिलर झिल्ली नामक दो झिल्लियों से संबद्ध है। इन्हीं झिल्लियों के मध्य वे संवेदी अवयव हैं जिनकी तंत्रिकाएँ केंद्रीय तंत्रिकीय व्यवस्था तथा मस्तिष्क तक जाती हैं। यह विभाजक एंडोलिंफ द्रव से भरा हुआ है। मध्य कान के रिकाब फुटप्लेट के हिलने से अंडाकार झरोखे से यह कंपन कोचलिया संरचना को उत्तेजित करता है। कोकलिया में 2¾ फेरे होते हैं। कोकलिया के दोनों हिस्सों में एक प्रकार का द्रव भरा होता है जिसे पेरिलिंफ फ्लुइड कहते हैं। दोनों हिस्सों के द्रव्य शीर्ष

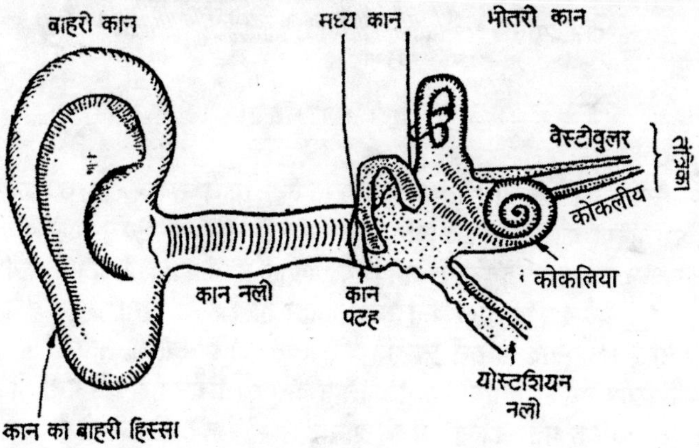

कान के भाग

भाग पर मिलते हैं क्योंकि विभक्त करने वाली झिल्ली शीर्ष पर नहीं होती है। जिस अंडाकार झरोखे की चर्चा अभी ऊपर की गई है वह मध्य कान से स्केला टिंपेनी को अलग करता है और स्केला वेस्टीबुली को बंद करता है। भीतरी कान में कोकलिया के आवृत्ति विश्लेषक कार्य द्वारा ध्वनि-तरंग की दबाव भिन्नता को अलग-अलग किया जाता है। यह आवेग के रूप में तंत्रिका व्यवस्था द्वारा मस्तिष्क तक पहुँचता है। जहाँ श्रवणग्राही केंद्र उत्तेजन के ढाँचों को बनाते हैं। जब ध्वनि-तरंग का दबाव पड़ता है तो कोकलिया के मध्य विद्युतीय संभावनाएँ जनरेट होती हैं।

कानपटह के पास कोकलिया का आधारिक किनारा (बेसल-एंड) है। कोकलिया का दूसरा सिरा फलकीय किनारा (एपिकल एंड) कहा जा सकता है। जब दबाव-तरंग अंडाकार झरोखे को धक्का देती है तो कोकलीय विभाजन उस दबाव से नीचे की ओर स्केला टिंपेनी में झुक जाता है। विभाजन पहले आधारिक किनारे के नजदीक फूलता या उभरता है और क्रमशः हेलीकोट्रेमा की ओर अग्रसरित होता है। यहाँ तक पहुँचने में इसे लगभग 3 मिली सेकेंड का समय लगता है। कोकलिया में संचरण करने वाली तरंग की गत्यात्मकता कोकलीय विभाजन के लोच गुण पर निर्भर करती है। लोच गुण मुख्य रूप से बेसिलर झिल्ली से नियत होते हैं।

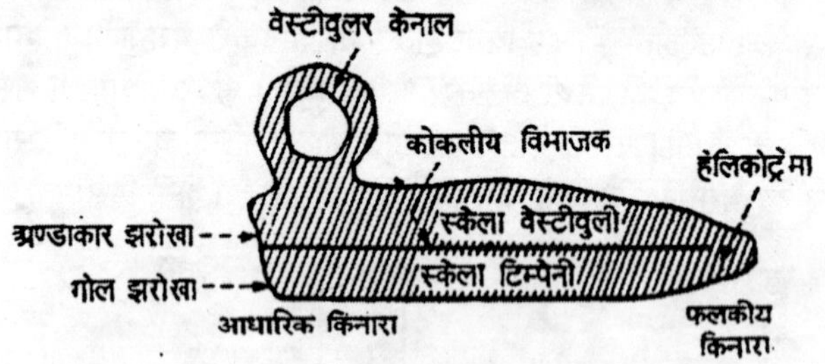

अलुंठित कोकलिया

सुनने की प्रक्रिया पर गौर करने से एक सहज सवाल यह उठ खड़ा होता है कि ध्वनियों की विभिन्न आवृत्तियों को भीतरी कान किस तरह ग्रहण करता है। इस सवाल का उत्तर ढूँढ़ने में अनेक वैज्ञानिकों ने योगदान दिया। जिसमें मतैक्य का अभाव होते हुए भी एक बात साफ जाहिर होती है कि ऐसा अनुनाद[1] की वजह से होता है। अनुनाद के इस सिद्धांत को सबसे पहले सत्रहवीं शताब्दी के डुवर्ने ने सामने रखा। उन्होंने बताया कि कोकलिया के मध्य स्थित हड्डी की पत्ती ही अनुनाद का क्षेत्र है। यह पत्ती कोकलिया में आधार से शीर्ष की ओर जाती है और आधार से शीर्ष की ओर चौड़ाई में कम होती जाती है। कम आवृत्ति का क्षेत्र आधार की ओर है और अधिक आवृत्ति का क्षेत्र शीर्ष की ओर।

इस संबंध में एक दूसरा मत (जैसे हेल्महोज का) यह है कि अनुनाद का क्षेत्र हड्डी की पत्ती नहीं है वरन् उसकी बेसिलर झिल्ली है। हेल्महोज ने बताया कि इस बेसिलर झिल्ली में चौड़ाई की ओर तनाव वाले रेशे हैं जिनमें आवृत्ति के अनुसार

1. 'अनुनाद' (रिजोनेंस) को कुछ इस तरह समझा जा सकता है कि अगर एक स्वरित्र में ध्वनि-तरंग उत्पन्न करके उसे उसी आकार-प्रकार और स्वराघात के दूसरे स्वरित्र के पास ले जाएँ तो दूसरे स्वरित्र में पहले की ध्वनि-तरंगें आ जाएँगी और वह उससे अपने आप गति में आ जाएगा। दूसरे स्वरित्र में ध्वनि-तरंगों के आने की इस क्रिया को अनुनाद कहते हैं।

अनुनाद होता है। उन्होंने यह भी कहा कि ऊँची आवृत्ति के कारण आधार की दिशावाले रेशों में अनुनाद होता है। और नीची आवृत्ति शीर्ष की दिशा वाले रेशों में अनुनाद पैदा करती है। उन्होंने यह भी बताया कि श्रुति तंतु को उत्तेजना लोमकोष के माध्यम से अनुनाद द्वारा प्राप्त होती है। लेकिन बाद में यह साबित हो गयी कि बेसिलर झिल्ली में रेशे नहीं मिलते।

बाद में यह ख़याल (डिरोज़ा 1947) जाहिर किया गया कि अलग-अलग वेग से चलने वाली दो दाब-तरंगें कोकलिया के द्रव में होती हैं। बेसिलर झिल्ली में किसी बिंदु के उत्तेजित होने के पीछे दोनों तरंगों का मेल है। विभिन्न आवृत्तियों के लिए उत्तेजना के विभिन्न बिंदु हैं। डिरोज़ा के इस तरह के निष्कर्ष का आधार कोकलिया में तरंग के अवमंदन (डैम्पनेस) का अति आधिक्य है। बेसिलर झिल्ली की उत्तेजना से लोमकोष[1] पर दबाव पड़ता है और उस दबाव की वजह से उसमें संभाव्यंतर उत्पन्न होता है। वह उत्तेजना टैक्टोरियल झिल्ली में पहुँचती है और वहाँ से होते हुए श्रुति तंतु में आती है।

इस तरह कान भाषा की दबाव-तरंगों को तंत्रिका-आवेगों में रचनांतरित करके बाहरी भाषा को मस्तिष्क के लिए ग्राह्य बना देता है।

---

1. कोकलिया में करीब 23,000 लोमकोष हैं।

5

ध्वनियों का विभाजन

सभी हिंदी ध्वनियों को दो बड़े वर्गों में विभाजित किया जा सकता है। एक वर्ग उन ध्वनियों का है जिनके उच्चारण के समय मुख-विवर में वायुप्रवाह के लिए कोई विशेष अवरोध उत्पन्न नहीं होता। दूसरा वर्ग उन ध्वनियों का है जिनके उच्चारण के समय वायुप्रवाह किसी न किसी रूप में अवरोधित होता है। पहले वर्ग की ध्वनियों को स्वर तथा दूसरे वर्ग की ध्वनियों को व्यंजन कहते हैं।

स्वरों के विभाजन के लिए भिन्न-भिन्न मानदंड निर्धारित किए हैं। दूसरे शब्दों में यह कहा जा सकता है कि स्वरों में अलग-अलग स्वर की कितनी तरह की विशिष्टताएँ हो सकती हैं या उन्हें किस-किस तरह से परिभाषित किया जा सकता है। उनको कितने कोणों से देखा जा सकता है, ये मानदंड उन्हीं कोणों को प्रस्तुत करते हैं।

स्वरों को परिभाषित करने का पहला कोण जिह्वा के विभिन्न भाग प्रस्तुत करते हैं। स्वरों को दृष्टि में रखकर जिह्वा के दो भाग विशेष रूप से उल्लेखनीय हैं—जिह्वाग्र और जिह्वापश्च। कुछ स्वर जिह्वाग्र के कठोर तालु की ओर उठने से उच्चरित होते हैं जबकि अन्य कुछ स्वर जिह्वापश्च के कोमल तालु की ओर उठने से। जो स्वर, जिह्वाग्र और कठोर तालु के सहयोग से उच्चरित होते हैं उन्हें जिह्वाग्र को निगाह में रखकर अग्रस्वर कहते हैं। ई, इ, ए, ऐ, ऐसे ही स्वर हैं। इस तरह ई, इ, ए, ऐ की एक पहचान यह है कि ये अग्रस्वर हैं। जो स्वर जिह्वापश्च और कोमल तालु के सहयोग से उच्चरित होते हैं उन्हें जिह्वापश्च को दृष्टि में रखकर पश्चस्वर नाम दिया जाता है। ऊ, उ, ओ, औ, और आ इनमें आते हैं। जिह्वाग्र और जिह्वापश्च के अतिरिक्त जिह्वाग्र का पिछला तथा जिह्वापश्च का अगला भाग वाला हिस्सा कठोर तालु के पिछले हिस्से की ओर उठकर 'अ' का उच्चारण करता है। इस प्रक्रिया से उत्पन्न स्वर को मध्यस्वर कहते हैं।

स्वरों की पहचान का दूसरा मुद्दा यह है कि जिह्वा के ये अवयव कितनी ऊँचाई तक उठते हैं। वस्तुतः विभिन्न स्वरों के उच्चारण में जिह्वा के भाग भिन्न-भिन्न ऊँचाइयों तक उठते हैं, मसलन ई और ऊ (इ, उ भी लेकिन थोड़े नीचे से) के उच्चारण के

समय जिह्वाग्र तथा जिह्वापश्च अधिकतम सीमा[1] से थोड़े नीचे तक क्रमशः कठोर तालु की ओर उठते हैं। अधिकतम सीमाएँ ऐसी हैं जिनके ऊपर जाने पर जिह्वाग्र और कठोर तालु तथा जिह्वापश्च और कोमलतालु एक-दूसरे के अधिक निकट आ जाएँगे और साँस-वायु के निकलने पर घर्षण सुनाई पड़ने लगेगा जिससे स्वर का उच्चारण नहीं हो पायेगा। इनसे थोड़े नीचे से स्वरों की दूसरी श्रेणी उच्चरित होती है जिसमें ए, ओ आते हैं, उससे नीचे से उच्चरित ऐ, अ, औ, की तीसरी श्रेणी है और निम्नतम बिंदु[2] के थोड़े ऊपर से उच्चरित श्रेणी आ की बन सकती है। पहली श्रेणी के स्वरों को संवृत, दूसरी श्रेणी के स्वरों को अर्द्धसंवृत, तीसरी को अर्द्धविवृत और चौथी श्रेणी के स्वर को विवृत कहते हैं।

स्वरों की पहचान उनके उच्चारण के समय ओठों की स्थिति को ध्यान में रखकर भी होती है। स्वरों की दृष्टि से ओठों की मुख्य तीन स्थितियाँ होती हैं। पहली स्थिति वह है जिसमें ओठ फैले हुए होते हैं। इस स्थिति से उच्चरित स्वर ई, इ, ए, ऐ हैं, दूसरी स्थिति ओठों के गोलाकार होने की है जिससे ऊ, उ, ओ, औ उच्चरित होते हैं। तीसरी स्थिति ओठों के अपेक्षाकृत उदासीन रहने की है। अ, आ, के उच्चारण के समय यही स्थिति रहती है।

स्वरों को कोमल तालु और अलिजिह्वा की स्थिति से भी परिभाषित किया जा सकता है। कोमल तालु और अलिजिह्वा जब ऊपर की ओर खिंच जाते हैं तो नासिका-विवर का मार्ग बंद हो जाता है, जिससे संपूर्ण साँस-वायु मुख-विवर से होकर निकलती है। ई, इ, ऊ, उ, ए, ओ आदि सभी स्वर इसी अवस्था से उच्चरित होते हैं। दूसरी स्थिति में कोमल तालु और अलिजिह्वा थोड़े नीचे की ओर झुक आते हैं (बिलकुल नीचे नहीं आते) जिससे वायु मुख और नासिका दोनों विवरों से होकर निकलती है। इस स्थिति से उच्चरित स्वर में अनुनासिकीकरण मिल जाता है। स्वर अनुनासिक हो जाता है। हिंदी के लगभग सभी स्वर अनुनासिक रूप में भी मिलते हैं। जैसे ईंट, ऊँट, साँप आदि शब्दों के स्वर अनुनासिक हैं।

स्वरतंत्रियों की स्थिति को ध्यान में रखकर भी स्वरों को परिभाषित किया जा सकता है। स्वरतंत्रियाँ जब ढीली अवस्था में एक-दूसरे को छूती होती हैं तो साँस-वायु के धक्के के कारण उनमें तीव्र कंपन उत्पन्न होता है। यह कंपन घोषत्व का मूल है। स्वरों के उच्चारण के समय स्वरतंत्रियों की यही अवस्था होती है जिससे हिंदी के सभी स्वर घोष माने जाते हैं। दूसरी अवस्था में स्वरतंत्रियाँ एक-दूसरे से अपेक्षाकृत दूर रहती हैं, जिससे साँस-वायु को निकलने में कठिनाई नहीं होती। धक्के का सामना न करने के कारण स्वरतंत्रियों में कंपन उत्पन्न नहीं होता जिससे घोषत्व उत्पन्न नहीं

---

1. अधिकतम सीमा मानस्वरों की है।
2. निम्नतम बिंदु मानस्वर के हैं।

होता और ध्वनि अघोष होती है। विशेष परिस्थितियों में स्वरों में अघोषत्व मिलता है, जैसे लिपिसुधार या रीति-रिवाज में आम तौर पर दूसरे स्वर के उच्चारण में अघोषत्व मिलता है।

मांसपेशियों के तनाव के आधार पर भी स्वरों को परिभाषित किया जाता है। स्वर के उच्चारण के समय यदि मांसपेशियों में तनाव अधिक है तो स्वर को दृढ़ कहा जाएगा। हिंदी के लगभग सभी दीर्घ स्वर ऐसे ही स्वर हैं। स्वर के उच्चारण के समय यदि तनाव कम हो तो स्वर शिथिल होगा। हिंदी के लगभग सभी ह्रस्व कहे जाने वाले स्वर शिथिल हैं।

स्वरों की पहचान के इन मुद्दों के अलावा भी कुछ मुद्दे जैसे जिह्वानोक की स्थिति और ग्रसनी की स्थिति आदि वताये जा सकते हैं, परंतु उनका जिक्र अनावश्यक है।

व्यंजनों के विश्लेषण के लिए भी अनेक आयाम हैं। विश्लेषण का पहला आयाम व्यंजन के उत्पन्न होने का स्थान है। इसके आधार पर हिंदी व्यंजनों को निम्नलिखित वर्गों में रखा जा सकता है।

(1) द्वयोष्ठ्य व्यंजनों के उच्चारण में ऊपर का ओठ उच्चारण स्थान का कार्य करता है और निचला ओठ करण का। प, फ, ब, भ, म, म्ह ऐसे व्यंजन हैं।

(2) दन्त्योष्ठ्य वे व्यंजन ध्वनियाँ हैं जिनके उच्चारण में आगे के ऊपरी दाँत उच्चारण का स्थान कार्य करते हैं और निचला ओठ करण का जैसे फ़।

(3) दन्त्य व्यंजनों के उच्चारण में आगे के ऊपरी दाँत उच्चारण स्थान का और जिह्वानोक करण का कार्य करती है। त, थ, द, ध ऐसी ध्वनियाँ हैं।

(4) वर्त्स्य के उच्चारण के समय वर्त्स उच्चारण स्थान होता है और जिह्वानोक करण, जैसे स, ज, र, ल्ह।

(5) मूर्धन्य व्यंजनों में कठोर तालु के आगे का भाग उच्चारण स्थान है और जिह्वानोक करण, ट, ठ, ड, ढ, ण, ड़, ढ़, इस प्रकार की ध्वनियाँ हैं।

(6) कठोर तालव्य व्यंजनों में कठोर तालु उच्चारण स्थान है और जिह्वाग्र करण। जैसे श, च, छ, ज, झ और य अर्धस्वर।

(7) कोमल तालव्य व्यंजनों में कोमल तालु उच्चारण स्थान के रूप में है और जिह्वापश्च करण के रूप में। क, ख, ग, घ, ङ, ख़, ग़, कोमल तालव्य व्यंजन हैं।

(8) पश्च कोमल तालव्य व्यंजनों में कोमल तालु का पिछला भाग उच्चारण स्थान होता है और जिह्वापश्च का पिछला हिस्सा करण। क़ व्यंजन इसका उदाहरण है।

(9) स्वरयंत्रमुखी वे व्यंजन हैं जिनके उच्चारण में स्वरयंत्र मुख उच्चारण स्थान का काम करता है और स्वरतंत्रियाँ करण का। ह (हाथ में) ह् (अतः में) ऐसी ध्वनियाँ हैं।

व्यंजन के विश्लेषण का दूसरा आयाम उच्चारण की प्रक्रिया है। किन्हीं व्यंजनों के उच्चारण में दो या अधिक अवयव एक-दूसरे को छू सकते हैं, किन्हीं व्यंजनों में एक-दूसरे के अत्यंत निकट होकर रास्ते को संकीर्ण बना सकते हैं, किन्हीं व्यंजनों

में कोमल तालु नीचे की ओर आ सकता है। इसी तरह की अनेक अन्य प्रक्रियाएँ भी सम्मिलित हो सकती हैं।

उच्चारण की प्रक्रिया की दृष्टि से पहला वर्ग उन व्यंजनों का बनाया जा सकता है जिनके उच्चारण के समय करण उच्चारण स्थान को छूता है, क्षण-भर जुड़ी हुई दशा में रहता है और फिर झटके से अलग हो जाता है। इस तरह इस प्रक्रिया में तीन अवस्थाएँ शामिल हैं—करण और उच्चारण स्थान का आपस में जुड़ना पहली अवस्था है, उनका थोड़ी देर के लिए उसी तरह रहना दूसरी अवस्था है और उनका या करण का झटके से अलग हो जाना तीसरी अवस्था है। इस प्रक्रिया से उच्चरित व्यंजनों को स्पर्श व्यंजन कहते हैं। प, फ, ब, भ, त, थ, द, ध, ट, ठ, ड, ढ, क, ख, ग, घ, क़ इसी वर्ग के व्यंजन हैं, च, छ, ज, झ, भी इसी कोटि के व्यंजन हैं परंतु इनके उच्चारण में थोड़ी भिन्नता है। इनमें तीसरी अवस्था में करण झटके के साथ अलग नहीं होता वरन् धीरे-धीरे अलग होता है, और धीरे-धीरे अलग होने से वायु के निकलने पर स्फोट के स्थान पर घर्षण सुनाई पड़ता है। इसी आधार पर आम तौर पर इन्हें स्पर्श-संघर्षी नाम दिया जाता रहा है। हमने इन्हें स्पर्श के अंतर्गत ही रखा है। ऐसा करने के पीछे अपने तर्कों को हमने अन्यत्र दिया है। (सिंह 1973-1-25)

उच्चारण की प्रक्रिया में दूसरा वर्ग उन व्यंजनों का है जिनके उच्चारण के समय कोमल तालु तथा अलिजिह्वा नीचे की ओर झुक आते हैं जिससे साँस-वायु के लिए मुख विवर का रास्ता अवरुद्ध हो जाता है और वह नासिका-विवर से होकर निकलती है। इस तरह उत्पन्न ध्वनियों को नासिक्य व्यंजन कहते हैं। म (म्ह), न, (न्ह), ण ङ हिंदी के नासिक्य व्यंजन हैं।

प्रक्रिया का तीसरा वर्ग पार्श्विक ध्वनियों का है जिनके उच्चारण के समय जिह्वानोक वर्त्स की ओर उठकर बीच के रास्ते को बंद कर देती है जिससे साँस-वायु एक या दोनों बगलों में से निकलती है। ल, ल्ह इसी प्रक्रिया से उच्चरित ध्वनियाँ हैं।

लुंठित ध्वनि चौथे वर्ग में आती है जिसके उच्चारण के समय जिह्वानोक वर्त्स के संपर्क में आती है। साँस-वायु के धक्के से उसमें थरथराहट पैदा होती है। र व्यंजन इसी थरथराहट का परिणाम है।

उत्क्षिप्त पाँचवें वर्ग की ध्वनि है जिसके उच्चारण में जिह्वानोक कठोर तालु के संपर्क में आती है और साँस-वायु के धक्के से एक बार थरथराकर नीचे की ओर झुक आती है जिससे ड़ और ढ़ ध्वनियाँ उत्पन्न होती हैं।

उच्चारण की प्रक्रिया में छठा वर्ग उन ध्वनियों का है जिनके उच्चारण के समय करण उच्चारण स्थान के बहुत निकट जाते हैं। फल यह होता है कि साँस-वायु के निकलने के लिए बहुत संकरा रास्ता बचता है। जिससे दो स्थितियाँ होती हैं। एक यह कि साँस-वायु का भरपूर रास्ता न मिलने के कारण घर्षण पैदा करती है और दूसरी यह कि वह अपेक्षाकृत देर तक निकलती रहती है। फ़, स, श, ज़, ख़, ग़, ह, हिंदी की संघर्षी ध्वनियाँ हैं, जिनमें फ का उच्चारण सम्मुख के ऊपरी दाँत तथा

निचले ओठ के संपर्क से और स, ज़ का उच्चारण जिह्वानोक और वर्त्स के संपर्क से होता है। श के उच्चारण में जिह्वाग्र और कठोर तालु तथा ख़, ग़ में जिह्वापश्च और कोमल तालु का संपर्क रहता है। और ह के उच्चारण में स्वरयंत्रमुख उच्चारण स्थान का काम करता है तथा स्वरतंत्रियाँ करण का।

उच्चारण की प्रक्रिया में आखिरी वर्ग उन ध्वनियों का है जिनके उच्चारण के समय करण उच्चारण स्थान की ओर अग्रसर होता है परंतु उसके अधिक नजदीक नहीं जाता जिससे निकलती हुई साँस-वायु को किसी कठिनाई का सामना नहीं करना पड़ता। य, व ऐसी ध्वनियाँ हैं। य के उच्चारण में जिह्वाग्र कठोर तालु की ओर उठता है और व के उच्चारण में जिह्वापश्च कोमल तालु की ओर। इनके उच्चारण में ओठों की स्थितियाँ भी भिन्न होती हैं। य के समय ओठ फैले हुए या कभी तटस्थ रहते हैं और व के उच्चारण में गोलाकार हो जाते हैं। इन ध्वनियों को अर्द्धस्वर कहते हैं। क्योंकि इनके उच्चारण के समय साँस-वायु अनवरोधित रहती है परंतु चूँकि स्वरतंत्रियों में अधिक कंपन नहीं होता इसलिए स्वर के गुण इनमें नहीं आ पाते हैं और ये आधे स्वर और आधे व्यंजन रह जाते हैं।

व्यंजन के विश्लेषण का तीसरा आयाम स्वरतंत्रियों का कंपन है। कुछ व्यंजनों के उच्चारण के समय स्वरयंत्रमुख अत्यंत संकरा रहता है जिससे स्वरतंत्रियों में हवा के धक्के की वजह से कंपन उत्पन्न होता है। इस भाँति उत्पन्न व्यंजनों को घोष व्यंजन कहते हैं। ब, भ, म, द, ध, न, ज, झ, ड, ढ, ण, ग, घ, ङ, य, र, ल, व, ह, ड़, ढ़, ग़, ज़ घोष व्यंजन हैं। जबकि कुछ व्यंजनों के उच्चारण के समय स्वरतंत्रियाँ एक-दूसरे से अपेक्षाकृत दूर रहती हैं और स्वरयंत्रमुख खुला रहता है जिससे वायु बिना किसी विशेष घर्षण के बाहर की ओर निकलने लगती है। इस तरह से उत्पन्न ध्वनियाँ अघोष कहलाती हैं। प, फ, त, थ, च, छ, ट, ठ, क, ख, स, श, ह, क़, ख़, फ़ अघोष व्यंजन हैं।

व्यंजन के विश्लेषण का चौथा आयाम प्राणता है। प्राणता की दृष्टि से व्यंजनों के दो वर्ग हैं। एक वर्ग ऐसे व्यंजनों का है जिनके उच्चारण के समय हवा का बड़ा झोंका झटके से निकलता है। इस झटके से उछाल की प्रतीति होती है। ऐसे व्यंजनों को महाप्राण व्यंजन कहते हैं। हिंदी में फ, भ, थ, ध, छ, झ, ठ, ढ, ख, म्ह, न्ह, ल्ह, ढ़ व्यंजन महाप्राण हैं। दूसरे वर्ग के व्यंजनों के उच्चारण के वक्त हवा का लघु झोंका निकलता है जिसमें झटके और उछाल की प्रतीति नहीं होती। इन्हें अल्पप्राण कहते हैं। प, ब, त, द, ट, ड, ड़, च, ज, क, ग, क़, ग़, म, न, र, ल अल्पप्राण व्यंजन हैं।

ध्वनियों का वितरण : हिंदी के सभी स्वर शब्द के आरंभ, मध्य और अ को छोड़कर शेष सभी अंत स्थानों में आ सकते हैं। व्यंजनों में म्ह, न्ह, ल्ह, ड़, ढ़, ण, ङ के अतिरिक्त सभी व्यंजन शब्द के आरंभ में तथा म्ह, न्ह, ल्ह के अतिरिक्त सभी व्यंजन शब्द के अंत में आ सकते हैं।

6

स्वनिम

स्वनिम की अवधारणा

स्वनिम भाषा के द्वितीयक चाक्षुष प्रतीक (अर्थात् लिखित भाषा) की लघुतम इकाई है। बोलने के समय भाषा ध्वनियों के समूहों में व्यक्त होती है। साँस-वायु प्रवाह और उच्चारण अवयवों की बहुल स्थितियों के कारण जब भी हम किसी ध्वनि का उच्चारण करते हैं तो उसमें उसके अन्य उच्चारणों से सूक्ष्म भिन्नता दिखाई पड़ती है। इस तरह अगर हम 'अ' ध्वनि का पचास बार उच्चारण करें तो प्रत्येक बार का उच्चारण दूसरे सभी उच्चारणों से कुछ जुदा-सा होगा। यद्यपि इस अलगाव को हमारे कान पकड़ नहीं पाते परंतु अत्यधिक संवेदनशील यंत्र इसे पकड़ सकता है। लेकिन हर ध्वनि के हर उच्चारण को अलग-अलग मान लेने से बात नहीं बनती, इसलिए अपने कानों पर भरोसा करके हम उन ध्वनियों को अलग-अलग कर लेते हैं जिन्हें हमारे कान अलग कर सकते हैं। उससे सूक्ष्मतर अलगाव को विश्लेषण के लिए आवश्यक नहीं मानते। इस तरह मोटे तौर पर ध्वनि हम उसे मानते हैं जो उच्चारण की प्रक्रिया और श्रावणिकता में दूसरी अन्य ध्वनियों से कुछ न कुछ भिन्नता स्पष्ट करती है। इसी ध्वनि का लिखित प्रतीक स्वनिम है। स्वनिम की सबसे बड़ी विशेषता यह है कि वह भाषा के अन्य सभी स्वनिमों से व्यवच्छेदन में होती है। अर्थात् समान वातावरण में दो भिन्न स्वनिमों के आने के कारण अर्थ में भेदकता उत्पन्न हो जाती है। समान वातावरण से मेरा आशय यह है कि किन्हीं दो शब्दों में उन दो स्वनिमों को छोड़कर शेष स्वनिम समान ही होते हैं। उदाहरण के लिए पल (प्अल) और फल (फ्अल) में आखिरी दो स्वनिम अ, ल समान हैं। भिन्नता प और फ में है और दो भिन्न स्वनिमों की वजह से यहाँ अर्थ में अलगाव पैदा हो गया है।

ध्वनि और स्वनिम पर विचार करते हुए एक बीच की कड़ी और दिखलाई पड़ती है। कभी-कभी ऐसा होता है कि उच्चारण के समय दो लगभग समान स्वनिमों में थोड़ी भेदकता सुनाई पड़ती है और यह भेदकता आपस में गड्डमड्ड हो जाती है

अर्थात् ऐसी दो ध्वनियों के बीच कोई रेखा नहीं खींची जा सकती। कभी एक की तरह दूसरी और कभी दूसरी की तरह पहली सुनाई पड़ती है। कभी-कभी ऐसा होता है कि दोनों (या अधिक) में से एक शब्द के आरंभ में हमेशा सुनाई पड़ती है दूसरी शब्द के मध्य या अंत में। इस तरह इनका शब्द में आना प्रतिबंधित हो जाता है। अर्थात् इनके आगमन में शर्तें जुड़ जाती हैं। दूसरी ओर लिखित प्रतीक में इनका प्रतिनिधित्व एक ही स्वनिम द्वारा होता है। ऐसी स्थितियाँ भाषा में अनेक बार दिखलाई पड़ती हैं। भिन्न सुनाई पड़ने वाली ध्वनियों को समान वातावरण में रखकर देखने पर यदि दोनों शब्दों के अर्थ में कोई भिन्नता दिखलाई न पड़े तो यह मानना चाहिए कि वे दो भिन्न स्वनिम नहीं हैं। उदाहरण के लिए चन्चल और चञ्चल में न और ञ की भिन्नता की वजह से अर्थ में कोई भेद उत्पन्न नहीं हुआ। यहाँ अंग्रेजी का बहु उद्धृत उदाहरण प फ, क ख आदि भी दिया जा सकता है।

इसी तरह समान वातावरण में यदि दो ध्वनियों के अलग-अलग आने से अर्थ में कोई भेदकता उत्पन्न नहीं होती, तो वे दो ध्वनियाँ मुक्त रूपांतरण में कही जाएँगी। अर्थात् उनका आपसी परिवर्तन मुक्त रूप से हो सकता है। यदि दो ऐसी ध्वनियों में से एक शब्द के आदि में आती है और दूसरी शब्द के मध्य और (या) अंत में तो ऐसी ध्वनियों को पूरक वितरण में कहा जाएगा। जैसे अंग्रेजी में फ और प का वितरण है। फ शब्द के आदि में आती है और प मध्य तथा अंत में। परंतु आदि क्रम बदल दिया जाए तो भी अर्थ में कोई भेद उत्पन्न नहीं होगा। लिखित प्रतीक में इन दोनें का प्रतिनिधित्व प द्वारा होता है। ध्वनि (अथवा स्वन) और स्वनिम के बीच की इस कड़ी को संस्वन कहते हैं। एक स्वनिम के दो या अधिक संस्वन हो सकते हैं। जैसे हिंदी न स्वनिम के दो संस्वन माने जा सकते हैं। एक न और दूसरा ञ। च, छ, ज, झ के साथ आने पर सामान्यता ञ का उच्चारण होता है जो न के पीछे से है, शेष स्थानों पर न का उच्चारण सुनाई पड़ता है। स्वनिम का चिह्न // है तथा संस्वन का [ ]।

समान वातावरण में जिन दो भिन्न ध्वनियों के आने से अर्थ में अलगाव उत्पन्न हो जाता है जैसे पल, फल में प और फ, उन्हें व्यतिरेक की स्थिति में मानते हैं। एक ध्वनि को दूसरी ध्वनि से अलग करने में व्यतिरेक सबसे महत्त्वपूर्ण मुद्दा है। हिंदी स्वरों और व्यंजनों के आपसी व्यतिरेक को यहाँ दिया जा रहा है—सीर, सिर, सेर, सैर, सूर, सुर, सोर, सौर, सर, सार। पर, फर, बर, भर, तर, थर, दर, धर, टर, ठर्रा, डर, ढर्रा, चर, छर, जर, झर, कर, खर, गर, घर, क़रा, मर, नर, लर, रर, सर, शर, हर, फ़र, ख़र, ग़र, ज़र, यार, वर। म्ह, न्ह, ण, ङ, ल्ह, ड़, ढ़ शब्द के शुरू में नहीं आते।

यहाँ हम इस बात की ओर संकेत करना चाहेंगे कि किसी भाषा के स्वनिमों में से कुछ ऐसे स्वनिम भी हो सकते हैं जो स्वनिम की कसौटी पर खरे नहीं उतर

पाते, फिर भी उन्हें स्वनिम के रूप में मान्यता देनी पड़ती है। इसके पीछे अधिकतर व्यावहारिक कारण होते हैं। जैसे कोई ऐसा स्वनिम है जिसे विश्लेषक तर्कों का सहारा लेकर भाषा के बाहर निकाल देता है परंतु भाषा सीखने और बोलने वाले उसको सीखे और बोले बगैर काम नहीं चला पाते। हिंदी के ड़, ढ़ आदि इसी तरह के स्वनिम हैं। जिनके अस्तित्व को तर्कों द्वारा नकारा जा सकता है लेकिन घूम-फिर कर पुनः वे अपनी जगह आ जाते हैं।

संयुक्त स्वर

संयुक्त स्वर दो स्वरों का ऐसा योग है जो एक ही साथ उच्चरित होते हैं। दोनों स्वर मिलकर एक ही केंद्रक बनाते हैं। दोनों स्वर आपस में इस तरह जुड़ जाते हैं कि भाषा में साधारणतया इन्हें अलग करके देखा नहीं जा सकता। हिंदी के ऐ तथा औ को सामान्यतया संयुक्त स्वर माना जाता है।

महाप्राणता

महाप्राणता को लेकर अनेक बार उलझन-सी हो जाती है कि इसे व्यंजन से अलग करके देखें अथवा उससे जोड़ कर। अगर हम इसे व्यंजन से अलग करके देखें तो व्यंजन और महाप्राणता मिलकर एक गुच्छ माने जाएँगे। और अगर इसे व्यंजन के साथ जोड़ कर देखें तो व्यंजन और महाप्राणता एक इकाई के रूप में माने जाएँगे। हम समझते हैं, दूसरी स्थिति ज्यादा तर्कसंगत और सुविधाजनक है। उच्चारणात्मकता के ख्याल से व्यंजन और महाप्राणता एक ही उच्चारण अवयवीय प्रयत्न से उत्पन्न होते हैं इसलिए इनकी ध्वन्यात्मकता समकालिक होती है। उच्चारण के समय व्यंजन और महाप्राणता मिलकर एक ही कालमात्रा को व्यक्त करते हैं।

अनुनासिक स्वर तथा नासिक्य व्यंजन

उच्चारण के समय स्वर और अनुनासिकता लगभग समकालिक उच्चरित होते हैं।

नासिक्य व्यंजनों म, न, ण, ङ, के बारे में एक आम धारणा यह है कि ये अपने समूह के व्यंजनों के साथ आते हैं जैसे म, प, फ, ब, भ के साथ, न, त, थ, द, ध के साथ, ण, ट, ठ, ड, ढ के साथ तथा ङ, क, ख, ग, घ के साथ। उदाहरण—सम्पत्ति, अम्बार, अम्भोज, अन्त, अन्दर, अन्धा, अण्टी, कण्ठ, अण्डा, अंक, (अङ्क), पंख (पङ्ख), अंग (अङ्ग), अलंघ्य (अलङ्घ्य), परंतु म, न का प्रयोग अन्य अनेक व्यंजनों के साथ भी गुच्छ के रूप में होता है। जैसे—अंश (अन्श), संस्कृत (सन्स्कृत), इन्कार, उपन्यास, उन्मुख, अनबन (अन्बन), चिन्गारी, संलाप (सन्लाप), संरचना (सन्रचना), लमहा (लम्हा), अम्ल, अम्लान, आम्र, उम्र, आम्नात, सम्यक आदि।

व्यंजन-विस्तार

कुछ व्यंजनों के उच्चारण के समय उनकी समय-मात्रा लगभग दुगुनी बढ़ायी जा सकती है। समय-मात्रा की यह बढ़ोतरी अर्थ में भेदकता उत्पन्न करती है। अर्थात् समय-मात्रा का बढ़ना स्वनिमिक महत्त्व का है। इसके कुछ लघुतम युग्म यहाँ दिए जा रहे हैं–

पता पत्ता, पटा पट्टा, पका पक्का, तला तल्ला, गला गल्ला, पला पल्ला, सुन सुन्न, गदा गद्दा, मल मल्ल।

इन उदाहरणों के लेखन से ऐसा लगता है जैसे ये दूसरे शब्द में पहले के गुच्छ हों। परंतु वास्तव में ऐसा नहीं है। असलियत यह है कि एक ही ध्वनि के उच्चारण की स्थिति में समय को बढ़ा दिया जाता है। जिससे दूसरी ध्वनि पहली से भिन्न हो जाती है। इस तरह त और त्त की भिन्नता उच्चारण-स्थिति में नहीं है, उच्चारण-समय में है।

अक्षर

अक्षर भाषा की एक मूलभूत उच्चारणात्मक तथा प्रसरणिक इकाई है। बोलने के समय भाषा अक्षरों के छोटे-छोटे समूहों के रूप में व्यवहृत होती है। दो अक्षरों के बीच एक अत्यंत छोटा मौन या विराम रहता है। शब्द के मध्य ऐसे मौनों की संख्या अक्षरों की संख्या पर निर्भर करती है। दो शब्दों के मध्य का मौन दो अक्षरों के बीच के मौन से बड़ा होता है। इसी तरह दो वाक्यों के बीच का मौन दो शब्दों के बीच के मौन से बड़ा होता है और दो भाषिक पैराग्राफ के बीच मौन वाक्यों के बीच के मौन से भी बड़ा होता है। इस तरह भाषा का अधिक्रम (हायरार्की) बनता है। अक्षर भाषा की मूलभूत उच्चारणात्मक और प्रसरणिक इकाई इसलिए है क्योंकि यह एक ही श्वास-उछलन से उच्चरित होता है। इस एक श्वास-उछलन में एक या अनेक स्वनिम रह सकते हैं। अक्षर श्वास-उछलन की एक पूर्ण बनावट (रचना) है जिसमें एक शीर्ष का होना लाजिमी है।

अक्षर एक हाइपर स्वनिम है, अर्थात् यह स्वनिम से उच्चतर इकाई है। अक्षर के अधिक से अधिक तीन भाग हो सकते हैं–आरोह, केंद्रक और अवरोह। परंतु अक्षर केवल केंद्रक से बन सकता है, जैसे आ (इधर आ), या केवल आरोह और केंद्रक से बन सकता है, जैसे तो (तो क्या हुआ!) या फिर केवल केंद्रक और अवरोह के योग से बन सकता है, जैसे ओर (पूरब की ओर)।

अक्षर-कटाव

किसी शब्द में जितने अक्षर हैं उनकी आपसी सीमाएँ कहाँ-कहाँ हैं, अर्थात् अक्षरों के बीच का मौन कहाँ पर हो, यह जानकारी भाषावैज्ञानिक को देनी अपेक्षित नहीं है। शब्द के मध्य यदि तीन अक्षर हैं तो तीनों की अपनी सीमाएँ या उनके बीच

के मौन साँस-उछाल के हिसाब से स्वतः निर्धारित होते हैं। भाषा-व्यवहार करने वाला भाषा-आदतों में से इसे भी अपने-आप ग्रहण कर लेता है। यदि कोई व्यक्ति गलत जगह पर कटाव को व्यक्त करता है तो यह मानना चाहिए कि वह व्यक्ति उस भाषा को अभी पूरी तौर पर नहीं पहचानता। उसकी भाषा आदतें अभी अधूरी हैं। दुर्बल में दो अक्षर हैं। कटाव र और ब के मध्य है, अर्थात दुर् + बल। यदि यह कटाव ब और अ के बीच हो (दुर्ब् + अल) तो सुनने वाला (यदि वह भाषा को अच्छी तरह जानता हो) उसे तुरंत ही गलत क़रार दे देगा। ऐसा इसलिए है क्योंकि हिंदी भाषा की हमारी आदतों में एक साँस-उछाल में दुर् और दूसरे में बल कहने-सुनने की आदत है, जिसके व्यवधान को हम तुरंत पकड़ लेते हैं। दूसरी भाषा के रूप में भी जब कोई हिंदी सीखता है तो उसे इन कटावों को सहज रूप में ही सीखना पड़ता है। सायास सीखने पर या इसके प्रति अधिक सचेत रहने पर भूलों की संभावनाएँ बढ़ जाती हैं। ऐसा नहीं है कि सहज रूप में सीखने पर वह ऐसी भूलें नहीं करेगा। ऐसी भूलें उससे जरूर होंगी क्योंकि भाषा-आदतें भी अन्य आदतों की तरह काफी बाद में बनती हैं और उम्र के बढ़ने के साथ उनकी मुश्किलें भी बढ़ती जाती हैं परंतु सीखने वाला सहज-रूप में ही उन गलतियों को सुधार लेता है। यदि इन कटावों का कोई सिद्धांत बना कर उसे सिखाने की कोशिश की गई तो अनावश्यक रूप से एक अतिरिक्त भार उसके ऊपर आ पड़ता है जो वांछनीय नहीं है।

अक्षर-ढाँचा

अक्षर-ढाँचा से तात्पर्य अक्षर में व्यवहृत होने वाला केंद्रक और आरोह तथा अवरोह का समूह है। अक्षर-ढाँचे में केंद्रक अकेला रह सकता है या एक अथवा अधिक आरोह या अवरोह से जुड़कर ढाँचा बना सकता है। ढाँचे में केंद्रक का होना आवश्यक है। इस तरह अक्षर-ढाँचा किसी अक्षर के ढाँचे को बताता है।

हिंदी के एकल अक्षर का ढाँचा निम्नलिखित प्रकार का है–

(1) केवल केंद्रक से बनने वाला–
स[1]=आ (तू इधर आ)

(2) आरोह और केंद्रक के योग से बनने वाला–
वस=जो (जो लोग शिमला से आए हैं...)
ववस=ज्यों, त्यों (ज्यों ही वह कमरे में दाखिल हुआ...)
व व व स=स्त्री (स् त् र् ई)

(3) केंद्रक और अवरोह के योग से बनने वाला–
सव=ओर (वे लोग पूरब की ओर चले गए)

---

1. स=स्वर, व=व्यंजन

सवव=अम्ल, उज्र, अर्थ, अंग
सववव=आर्द्र (आ र् द् र)

(4) आरोह, केंद्रक और अवरोह के योग से बनने वाला–
व स व=हार, जीत, होड़
व व स व=द्वार, ज्वार, क्वार (क् व् आ र)
व स व व=पत्र (प् अ त् र)
व स व व व=मन्त्र, तन्त्र (त् अ न् त् र)
व स व व व व=वर्त्स्य (व अ र् त् स् य)
व व स व व=व्याप्त, भ्रान्त, कृत्य, ब्यर्थ (ब् य् अ र् थ)
व व स व व व=स्वास्थ्य (स् व् आ स् थ् य)
व व व स व=स्त्रैण (स् त् र् ऐ ण)
व व व स व व=स्पृश्य (स् प् र् इ श् य)

अक्षर के अंत को निगाह में रखकर उसके दो भेद किये जाते हैं–मुक्त तथा प्रतिबंधित। केंद्रक और आरोह तथा केंद्रक से बनने वाले अक्षर (1, 2) मुक्त कहे जा सकते हैं। केंद्रक और अवरोह तथा आरोह, केंद्रक और अवरोह से बनने वाले अक्षर (3, 4) प्रतिबंधित हैं।

संहिता

उच्चार केवल व्यंजनों, स्वरों और स्वराघातों का सम्मिलन मात्र नहीं है, उसके प्रत्यक्षण के लिए सीमाओं का स्पष्ट होना आवश्यक होता है। सीमाओं की स्पष्टता के अभाव में भाषाई अव्यवस्था की संभावना बढ़ जाती है। स्वनप्रक्रियात्मक व्यवस्था में सीमाओं को संकेतित करने वाले तत्त्वों को सीमासंकेत कह सकते हैं। ये सीमा-संकेत संहिता हैं।

उच्चार के अंत में आने वाली संहिता को अंत्य संहिता कह सकते हैं और इसके तीन भेद हो सकते हैं : (1) उपरिमुखी–जो उच्चार के अंत्य के स्वराघात के ऊँचे उठने से संबंधित है, जैसा कि प्रश्न-कथन में सुनाई पड़ता है। जैसे, तू कल आई है क्या? (2) अधोमुखी–जो वक्तव्य उच्चारों में मिलता है। जैसे, वे रोज मिनिस्टर से मिल आते हैं। (3) सम–जो उच्चार के अधूरे छोड़ दिए जाने पर दिखाई पड़ता है। जैसे, जल-सा स्थिर...। इन अंत्य संहिताओं के लिए आम तौर पर क्रमशः /||/, /#/ तथा /|/ चिह्नों का प्रयोग किया जाता है।

इन तीनों प्रकारों के अतिरिक्त संहिता का एक और प्रकार है जिसका प्रयोग उच्चार के मध्य में होता है। इसे आभ्यंतर विप्रकृष्ट संहिता या अवग्रह कह सकते हैं। इसी आभ्यंतर विप्रकृष्ट संहिता को स्वनिम के रूप में स्वीकार किया गया है। इसके द्योतन के लिए /+/ चिह्न का प्रयोग होता है।

संहिता और अक्षर विभाजन–ऊपर से देखने पर ऐसा भी लग सकता है कि

संहिता के अल्पतम युग्मों के अंतर का रहस्य अक्षर-विभाजन में निहित है। अर्थात् कुछ स्वन युग्म के एक भाग में जिस अक्षर के साथ होते हैं, दूसरे भाग में दूसरे अक्षर के साथ जुड़ जाते हैं और इस तरह दोनों भागों में अंतर दिखाई पड़ता है। यह व्याख्या अपने ढंग से सही होने पर भी पूर्ण नहीं है, क्योंकि युग्म के एक भाग से दूसरे भाग में स्वनों के स्थानांतरण में स्वनों की समय-वृद्धि को ध्यान में रखा जाना आवश्यक है। इसी से संहिता विवेचित होती है।

अल्पतम युग्म–हिंदी में आभ्यंतर विप्रकृष्ट संहिता की स्थिति स्वनिमीय है। आभ्यंतर विप्रकृष्ट संहिता और उसकी अनुपस्थिति का व्यतिरेक निम्नलिखित है :

व्यंजन और स्वर के मध्य मिलने वाली संहिता–

(1) पार्श्विक+स्वर / ल+आ /

(1) वे रोज मिनिस्टर से **मिल+आते हैं।**
वे लेफ्ट राइट करते कदम से कदम **मिलाते** चल रहे थे।

(2) अब तू दौड़ कर बाहर **निकल+आ।**
दौड़ कर बाहर **निकला** तो देखता हूँ कि बेशुमार लोगों की प्रभातफेरी निकली है।

(2) उत्क्षिप्त+स्वर / ड़+आ /

(3) तू किससे **लड़+आया**?
तूने किसे **लड़ाया**?
/ ढ़+आ /

(4) सेना जानबूझ कर **बढ़+आई है।**
सेना जानबूझ कर बढ़ाई गई है।

(3) लुंठित+स्वर / र+आ /

(5) **शिकार+आ** पड़ा है।
टूटा **शिकारा** पड़ा है।

(4) संघर्षी+स्वर / स+आ /

(6) तुम खूब **हँस+आया** करो।
तुम खूब हँसाया करो।

(5) नासिक्य+स्वर / म+आ /

(7) **हम+आरा** लिये हैं।
हमारा घर आप ने लिया है।

(6) स्पर्श+स्वर / क+आ /

(8) पर्दा अपने आप **सरक+आया।**
उसने धीरे से परदा **सरकाया।**
/ ग+आ /

(9) घास फिर से **उग+आई** है।
घास फिर से **उगाई** है।
/ झ+आ /
(10) पहले तुम स्वयं **समझ+आया** करो।
उसे तुम स्वयं **समझाया** करो।

व्यंजन और व्यंजन के मध्य मिलने वाली संहिता–

(1) पर्श्विक+संघर्षी / ल+स /
(11) **जल+सा** स्थिर लग रहा है।
जलसा स्थिर लग रहा है।
(2) पार्श्विक+स्पर्श / ल+क /
(12) **हल+की** मूठ ठीक है।
हलकी चोट ठीक है।
(3) नासिक्य+स्पर्श / न+क /
(13) **उन+कामतलब** लोगों से कुछ न कहो।
उनका मतलब क्या था कुछ न कहो।
/ म+ब /
(14) **सम+बल** वालों की लड़ाई ही अच्छी होती है।
संबल देने वालों की उन्हें तलाश है।
(4) स्पर्श+स्पर्श / ख+त /
(15) **देख+ताऊ** तू नाहक़ बीच में मत पड़।
ठहर! तुझे मैं अभी **देखता** हूँ।

स्वर और अर्ध स्वर के मध्य मिलने वाली संहिता–

स्वर+अर्धस्वर / ई+य /
(16) उसने पुस्तक **दी+या** नहीं?
यह **दीया** नहीं है?

स्वर और व्यंजन के मध्य मिलने वाली संहिता–

स्वर+लुंठित / आ+र /
(17) **इसी का+रण** में कौशल देखने लायक होता है।
इसी कारण बेटों के जुल्म से क्षुब्ध होकर बापों ने बाप सिंडीकेट की स्थापना की है।
(18) **इसका+रण** नीति पर बुरा असर पड़ेगा।
इस कारण नीति पर बुरा असर पड़ेगा।

7

व्याकरणिक संरचना

व्याकरणिक संरचना भाषा की वह इकाई है जिसके सार्थक टुकड़े हो सकते हैं। इसको उलट कर यों भी कह सकते हैं, सार्थक टुकड़ों को नियमपूर्वक जोड़ने से जो भाषा इकाई प्राप्त होती है, वह व्याकरणिक संरचना है। 'सुंदरता', 'दयालु', 'ज्ञानी', 'लाल गुब्बारा', 'लड़की गई'—ये सब व्याकरणिक संरचना के उदाहरण हैं। सुंदर+ता, दया+आलु...। (संरचना के टुकड़ों को घटक कहते हैं।) 'सुंदरता' को व्याकरणिक संरचना माना जाएगा क्योंकि इसका विश्लेषण दो सार्थक घटकों में हो सकता है, 'सुंदर' और 'ता'। इसी प्रकार 'दयालु', 'ज्ञानी' आदि का विश्लेषण भी सार्थक घटकों में हो सकता है। 'सुंदर' व्याकरणिक संरचना नहीं है क्योंकि इसके सार्थक टुकड़े नहीं हो सकते। इसी प्रकार 'ता', 'दया', 'आलु' को भी हम व्याकरणिक संरचना नहीं कहेंगे क्योंकि इनके भी सार्थक टुकड़े संभव नहीं हैं।

'सुंदरता' संरचना है और 'सुंदर' तथा 'ता' इस संरचना के घटक हैं। संरचना के अर्थ में घटकों का अर्थ निहित होना चाहिए। यदि हम इसे स्वीकार नहीं करेंगे तो 'पानी' को व्याकरणिक संरचना स्वीकार करना होगा क्योंकि इसके भी दो सार्थक टुकड़े हो सकते हैं, पान+ई। पान का पत्ता तथा 'ज्ञानी' का 'ई' है। लेकिन इस आधार पर 'पानी' को व्याकरणिक संरचना नहीं माना जा सकता क्योंकि 'पान' तथा 'ई' के अर्थ 'पानी' के अर्थ में निहित नहीं हैं।

ऊपर यह कहा गया है कि संरचना के अर्थ में घटकों का अर्थ निहित होता है। इसका भाव यह है कि संरचना का अर्थ बड़ा होता है। संरचना का अर्थ इतना बड़ा होता है कि उसमें से प्रत्येक घटक के अर्थ को निकाल लेने पर भी कुछ अर्थ बचा रहता है। यह 'कुछ अर्थ' ही संरचनात्मक अर्थ (स्ट्रक्चरल मीनिंग) कहलाता है। संरचनात्मक अर्थ का अस्तित्व संरचना के बाहर संभव नहीं है लेकिन घटकों का अर्थ संरचना के बाहर भी बना रहता है। इसीलिए घटक से घटक के अर्थ का संबंध नित्य होता है। इस अर्थ को घटक का कोशगत अर्थ भी कहते हैं। उपयुक्त तथ्य को स्पष्ट करने के लिए एक उदाहरण लीजिए :

1. सर्प मेढक खाता है। 2. मेढक सर्प खाता है।

दोनों वाक्यों में तीन-तीन घटक हैं : 'सर्प', 'मेढक' और 'खाता है'। इन घटकों का प्रयोग एक ही अर्थ में हुआ है। दोनों वाक्यों में 'सर्प' से एक ही प्रकार के जीव का बोध होता है। इसी तरह दोनों वाक्यों में 'मेढक' से भी एक ही प्रकार के जीव का बोध होता है। दोनों वाक्यों में 'खाता है' से एक ही प्रकार के व्यापार का बोध होता है। लेकिन इस तरह की समानता के बावजूद दोनों वाक्यों के अर्थ बिलकुल अलग-अलग हैं। पहले वाक्य में खाने वाला सर्प है, दूसरे वाक्य में खाने वाला मेढ़क है। व्याकरण की शब्दावली में पहले वाक्य में सर्प कर्ता है, मेढक कर्म, दूसरे वाक्य में मेढक कर्ता है, सर्प कर्म। कर्ता तथा कर्म का संबंध संरचनात्मक अर्थ है। वाक्य के बाहर कर्ता तथा कर्म की स्थिति संभव नहीं है अर्थात् किसी घटक विशेष से कर्ता या कर्म का अर्थ नहीं निकल सकता। कर्ता तथा कर्म का संबंध पूरी संरचना को देखने से ही स्पष्ट होता है, संरचना के अवयवों (घटकों) को अलग-अलग देखने से नहीं। कर्ता या कर्म किसी घटक का नित्य अर्थ भी नहीं है। पहले वाक्य में सर्प कर्ता है, तो दूसरे वाक्य में वही कर्म है। इससे स्पष्ट है कि संरचना का अर्थ घटकों के अर्थों का समुच्चय नहीं है, बल्कि इस समुच्चय से अधिक है। वाक्य का अर्थ समझने के लिए वाक्य में प्रयुक्त शब्दों का अर्थ जानना ही पर्याप्त नहीं है, बल्कि वाक्य में शब्दों के परस्पर संबंधों को भी जानना जरूरी है। इसे हम इस रूप में रख सकते हैं–

शब्दों के अर्थ + शब्दों के परस्पर संबंध = वाक्यार्थ

घटकों के अर्थ + घटकों के परस्पर संबंध = संरचना का अर्थ[1]

वाक्यार्थ

शब्दों के अर्थ	शब्दों के परस्पर संबंध/ संरचनात्मक अर्थ

संरचना का अर्थ

घटकों के अर्थ	घटकों के परस्पर संबंध/ संरचनात्मक अर्थ

व्याकरणिक संरचना पर विचार करते समय निम्नलिखित बातों पर विचार करना चाहिए।

(क) संरचना का विश्लेषण करने पर कितने घटक प्राप्त होते हैं?

(ख) ये घटक क्या हैं? ये सरल हैं या मिश्रित? ये संज्ञा, विशेषण, प्रत्यय, परसर्ग आदि में से क्या हैं?

(ग) घटक किस नियम या नियमों के द्वारा जुड़कर संरचना में आते हैं?

(घ) संरचना के घटकों पर विचार करने के बाद यह देखना चाहिए कि प्रयोग की दृष्टि से स्वयं संरचना क्या है।

---

1. संरचना का अर्थ तथा संरचनात्मक अर्थ दोनों भिन्न हैं। संरचना के अर्थ में घटकों के अर्थ तथा संरचनात्मक अर्थ दोनों निहित होते हैं।

उदाहरण के लिए हम इन दो संरचनाओं पर विचार करें—'ज्ञानी', 'बहुत लंबा लड़का'।

(क) 'ज्ञानी' संरचना के दो घटक हैं, 'ज्ञान' तथा 'ई'।

(ख) 'ज्ञान' भाववाचक संज्ञा है। 'ई' विशेषण बनाने वाला प्रत्यय है, जो 'वाला' का अर्थ देता है। 'ज्ञानी' अर्थात् ज्ञानवाला। अभिमानी, घमंडी, क्रोधी...। 'ज्ञान' तथा 'ई' दोनों सरल घटक हैं क्योंकि इनके सार्थक टुकड़े नहीं हो सकते।

(ग) 'ज्ञान' तथा 'ई' को जोड़ने का नियम यह है कि 'ई' को 'ज्ञान' के बाद रखेंगे, 'ज्ञान' के पूर्व या मध्य में नहीं। इसीलिए 'ई' को पर प्रत्यय कहा जाएगा। ज्ञान+ई=ज्ञानी। यहाँ दोनों घटकों को जोड़ने से उनमें कोई विकार नहीं होता। कुछ घटकों को जोड़ने से उनमें विकार भी हो जाता है, जैसे लड़का+पन=लड़कपन। 'लड़का' का 'आ' लुप्त हो जाता है।

(घ) प्रयोग की दृष्टि से 'ज्ञानी' विशेषण है। इसका प्रयोग अच्छा, बड़ा, लाल आदि विशेषणों की तरह होगा।

दूसरा उदाहरण—'बहुत लंबा लड़का'। अब इस पर उपर्युक्त चारों दृष्टियों से विचार करें।

(क) विश्लेषण करने पर इस संरचना में सबसे पहले दो घटक प्राप्त होंगे—'बहुत लंबा' और 'लड़का'। पुनः 'बहुत लंबा' का विश्लेषण करने पर दो घटक प्राप्त होंगे—'बहुत' और 'लंबा'।

(ख) 'लड़का' सरल घटक है। 'बहुत लंबा' मिश्रित घटक है क्योंकि इसके सार्थक टुकड़े हो सकते हैं। 'लड़का' संज्ञा है। 'बहुत लंबा' विशेषण है।

(ग) संरचना में पहले विशेषण होगा, इसके बाद संज्ञा होगी।

विशेषण	+	संज्ञा
बहुत लंबा		लड़का

घटक इसी क्रम में होंगे। घटकों में विशेषण और विशेष्य का संबंध है।

(घ) प्रयोग की दृष्टि से 'बहुत लंबा लड़का' संज्ञा है। अन्य संज्ञाओं की तरह इसका प्रयोग विभिन्न कारकों में किया जा सकता है।

व्याकरणिक संरचना पर विचार करते समय जिन चार बातों पर ध्यान देना है, उनमें से प्रथम तीन (क)-(ख)-(ग) का संबंध संरचना के अतिरिक्त पक्ष से है और (घ) का संबंध संरचना के बाह्य पक्ष अर्थात् प्रयोग पक्ष से है। संरचना अपने से बड़ी संरचना में किस प्रकार प्रयुक्त होती है, इसका विचार (घ) में किया जाता है। 'बहुत लंबा लड़का' पदबंध है। पदबंध से बड़ी संरचना उपवाक्य है। अतः पदबंध का प्रयोग सामान्य रूप से उपवाक्य की संरचना में किया जाएगा और यही पदबंध का प्रयोग पक्ष है।

आंतरिक दृष्टि से बिलकुल भिन्न संरचनाएँ भी प्रयोग की दृष्टि से एक हो सकती हैं। निम्नलिखित वाक्यों में मोटे अंशों को देखिए—

(1) **वे लड़के** घर जाएँगे।

(2) **मोहन के लड़के** घर जाएँगे।

(3) **मोहन के भाई के लड़के** घर जाएँगे।

(4) **दोनों लड़के** घर जाएँगे।

(5) **पान बेचने वाले लड़के** घर जाएँगे।

'वे लड़के' में पहला घटक संकेतवाचक विशेषण है, दूसरा संज्ञा। 'मोहन के लड़के' में पहला घटक संबंधवाचक विशेषण है, दूसरा संज्ञा। इसी तरह अन्य मोटे टाइप वाली संरचनाएँ भी घटकों की संख्या और प्रकार की दृष्टि से एक-दूसरे से भिन्न हैं। आंतरिक दृष्टि से कोई भी दो संरचनाएँ एक नहीं हैं, लेकिन प्रयोग की दृष्टि से सब एक हैं। सभी वाक्य में कर्ता के स्थान पर प्रयुक्त हैं।

कभी-कभी दो संरचनाएँ घटकों की संख्या और प्रकार की दृष्टि से एक होते हुए भी घटकों को जोड़ने की प्रक्रिया के आधार पर एक-दूसरे से भिन्न हो जाती हैं। 'पके आम और अमरूद'—वास्तव में ये दो भिन्न संरचनाएँ हैं जो एक ही रूप में श्रूयमाण हैं। दोनों संरचनाओं के अलग-अलग अर्थ हैं। इन संरचनाओं के घटकों के परस्पर संबंध इस रूप में दिखाये जा सकते हैं।

(1) [पके (आम और अमरूद)]

(2) [(पके आम) और (अमरूद)]

पहले उदाहरण में 'पके', 'आम' और 'अमरूद' दोनों का विशेषण है।

दूसरे उदाहरण में 'पके', केवल 'आम' का विशेषण है।

संरचना की प्रयोगगत विशेषता को देखकर उसके दो वर्ग किये जा सकते हैं, अंतर्मुखी संरचना तथा बहिर्मुखी संरचना। अंतर्मुखी संरचना वह संरचना है जो प्रयोग की दृष्टि से लगभग बराबर है उस इकाई के, जो इकाई उक्त संरचना का ही घटक है। जैसे—

मीठा फल

'मीठा फल' का प्रयोग निम्न वाक्यों में देखिए—

(1) **मीठा फल** खाओ।

(2) वह **मीठा फल** लाया।

(3) यहाँ **मीठा फल** बिकता है।

(4) **मीठे फल** का रस पीओ। आदि।

उपर्युक्त वाक्यों में जिस स्थान पर मीठा फल का प्रयोग हुआ है, उस स्थान पर केवल 'फल' का प्रयोग भी वाक्य में बिना कोई व्याकरणिक दोष पैदा किये किया जा सकता है। अर्थात् 'फल' और 'मीठा फल' प्रयोग की दृष्टि से समान है। और

'फल' 'मीठा फल' के दो घटकों (मीठा+फल) में से ही एक है। इसलिए यह अंतर्मुखी संरचना है। 'मीठा फल' प्रयोग की दृष्टि से लगभग 'फल' के बराबर है, बिलकुल बराबर नहीं। इसका भाव यह है कि जहाँ-जहाँ 'फल' का प्रयोग हो सकता है, उन सभी स्थानों पर 'मीठा फल' का प्रयोग संभव नहीं है।

'मीठा...'

उपर्युक्त स्थिति में केवल 'फल' का प्रयोग संभव है—मीठा फल। 'मीठा फल' का प्रयोग उक्त स्थिति में संभव नहीं—*'मीठा-मीठा फल।'

यह ध्यान रखें कि 'मीठा-मीठा दूध', 'मीठा-मीठा पानी' आदि में स्थिति यों नहीं है—

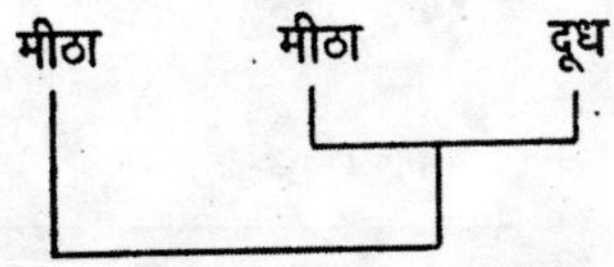

बल्कि यों है—

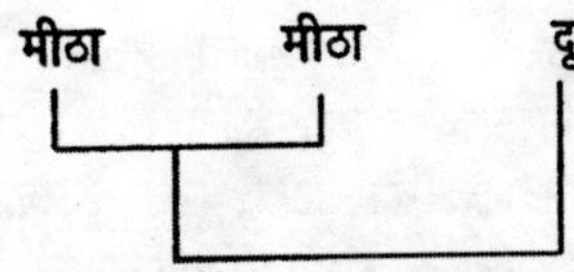

बहिर्मुखी संरचना वह संरचना है जो प्रयोग की दृष्टि से अपने किसी घटक के बराबर नहीं है, जैसे 'घर में'। वाक्य में जहाँ 'घर में' प्रयोग करना चाहिए वहाँ केवल 'घर' या केवल 'में' का प्रयोग करके वाक्य की व्याकरणिकता की रक्षा नहीं की जा सकती।

(1) वह घर में पढ़ रहा है।
(2) *वह घर पढ़ रहा है।
(3) *वह में पढ़ रहा है।

निम्नलिखित संरचनाओं पर ध्यान दीजिए :

(1) दयालु।
(2) दयालु व्यक्ति।
(3) दयालु व्यक्ति गरीबों की मदद करते हैं।
(4) दयालु व्यक्ति गरीबों की मदद करते हैं और ईमानदारी का जीवन व्यतीत करते हैं।

संरचना (1) संरचना (2) का घटक है। संरचना (2) संरचना (3) का घटक है। संरचना (3) संरचना (4) का घटक है। दूसरे शब्दों में पहली संरचना से दूसरी

संरचना बड़ी है, दूसरी से तीसरी बड़ी है और तीसरी से चौथी। इन संरचनाओं में उत्तराधर क्रम (हायरार्की) दिखाई देता है। इससे स्पष्ट है कि व्याकरणिक संरचनाएँ हमेशा एक स्तर की नहीं होतीं। ये छोटी-बड़ी होती हैं। व्याकरणिक शब्दावली में प्रमुख संरचनाओं के नाम और उनका क्रम इस प्रकार है–

उत्तराधर क्रम ↕

वाक्य	–	दयालु व्यक्ति____ और___ ।
उपवाक्य	–	दयालु व्यक्ति गरीबों______ ।
पदबंध	–	दयालु व्यक्ति।
शब्द	–	दयालु।

रूपिम–दया + आलु (दो रूपिम)

शब्द का विश्लेषण करने पर रूपिम प्राप्त होते हैं। 'दया' तथा 'आलु' दो रूपिम हैं। रूपिम व्याकरणिक संरचना नहीं है।

सामान्य रूप से रूपिम शब्द का घटक बनता है, शब्द पदबंध का, पदबंध उपवाक्य का और उपवाक्य वाक्य का। रूपिम व्याकरणिक संरचना नहीं है क्योंकि इसके सार्थक टुकड़े संभव नहीं हैं। वाक्य घटक नहीं है क्योंकि वाक्य से बड़ी संरचना की कल्पना यहाँ नहीं की गई है। शब्द, पदबंध और उपवाक्य घटक भी हैं और संरचना भी। रूपिम और शब्द को एकसाथ देखें तो शब्द संरचना है, क्योंकि शब्द का विश्लेषण करने पर घटक के रूप में रूपिम प्राप्त होते हैं। शब्द और पदबंध को एकसाथ देखें तो शब्द घटक हैं क्योंकि पदबंध का विश्लेषण करने पर घटक के रूप में शब्द प्राप्त होते हैं। इसी तरह शब्द और पदबंध को एकसाथ रखने पर पदबंध संरचना है और पदबंध और उपवाक्य को एकसाथ रखने पर पदबंध घटक है।

रूपिम से लेकर वाक्य तक की व्याकरणिक इकाइयों में शब्द और वाक्य दो प्रमुख इकाइयाँ हैं। इन दोनों इकाइयों में एक मौलिक अंतर है। शब्द वस्तुओं को उपस्थित करते हैं और वाक्य इन वस्तुओं से संबंधित प्रतिज्ञप्तियों (प्रपोजीशंस) को उपस्थित करते हैं। संसार में तमाम मूर्त तथा अमूर्त वस्तुएँ (काल्पनिक वस्तुएँ, घटनाएँ विभिन्न मनोविकार आदि) हैं। इन वस्तुओं के नाम ही शब्द हैं। हम इन वस्तुओं के बारे में बातचीत करते हैं, इनके बारे में कुछ विधान करते हैं, कुछ प्रतिज्ञप्तियाँ प्रकट करते हैं। इस कार्य में हम वाक्यों से मदद लेते हैं। इस तरह स्पष्ट है कि प्रकार्य की दृष्टि से शब्द तथा वाक्य भाषा की मूलभूत इकाइयाँ हैं। लेकिन शब्द

तथा वाक्य ये दो ही इकाइयाँ भाषा के लिए पर्याप्त नहीं हैं। एक ही वस्तु विविध रूपों में दिखाई देती है। सब रूपों के लिए अलग-अलग नाम देना असंभव है। जैसे—

(1) मेरी चाय
(2) ठंडी चाय
(3) मोहन की चाय,
(4) मेज पर की चाय
(5) गिलास की चाय
(6) कल की चाय...आदि।

ऊपर छह प्रकार की चायों की बात कही गई है। इन सबके लिए भाषा में अलग-अलग नाम हों, यह संभव नहीं है। हम कभी 'मेरी चाय' के बारे में बात करते हैं, कभी मोहन की चाय के बारे में, कभी 'गिलास की चाय' के बारे में। (1) से (6) तक की सभी रचनाएँ पदबंध हैं। इस तरह हम देखते हैं कि शब्द की तरह पदबंध भी विविध वस्तुओं को संकेतित करते हैं। जिन वस्तुओं को हम शब्दों द्वारा संकेतित नहीं कर सकते, उनको पदबंधों द्वारा संकेतित करते हैं। इस तरह प्रकार्य की दृष्टि से शब्द और पदबंध एक तरह की इकाइयाँ ठहरती हैं।

वाक्य प्रतिज्ञप्ति प्रकट करता है। एक वाक्य में एक से अधिक प्रतिज्ञप्तियाँ भी होती हैं। एक प्रतिज्ञप्ति वाले वाक्य को हम उपवाक्य कहेंगे और एक से अधिक प्रतिज्ञप्ति वाले वाक्य को संयुक्त अथवा मिश्रित वाक्य कहेंगे। इस तरह प्रकार्य की दृष्टि से उपवाक्य और वाक्य में भेद नहीं है।

ऊपर के विवेचन से यह स्पष्ट है कि शब्द तथा पदबंध में विशेष सन्निकटता है। और उपवाक्य तथा वाक्य में विशेष सन्निकटता है। इसी आधार पर कुछ विद्वानों का मत है कि किसी भाषा में शब्द-स्तर और पदबंध-स्तर के अथवा उपवाक्य-स्तर और वाक्य-स्तर के एक में मिल जाने की जैसी संभावना होती है, वैसी संभावना पदबंध-स्तर तथा उपवाक्य-स्तर के एक में मिल जाने की नहीं होती। पदबंध और उपवाक्य के मध्य अधिक दृढ़ विभाजक रेखा है।

अब हमें संक्षेप में यह देखना है कि रूपिम, शब्द, पदबंध आदि विभिन्न इकाइयों की आवश्यकता क्या है, इन विभिन्न स्तरों की इकाइयों की कल्पना क्यों की जाती है। निम्नलिखित उदाहरणों पर विचार कीजिए।

(1) लड़का दूध पीएगा।
(2) वह लड़का गरम दूध पीएगा।
(3) वह छोटा लड़का थोड़ा गरम दूध पीएगा।

यदि हम पदबंध स्तर को अस्वीकार करके उपर्युक्त वाक्यों का विश्लेषण शब्दों में करें तो तीनों वाक्य एक-दूसरे से पृथक दिखाई देंगे।

(1) संज्ञा+संज्ञा+क्रिया= 3 शब्द
(2) विशेषण+संज्ञा+विशेषण+संज्ञा+क्रिया= 5 शब्द
(3) विशेषण+विशेषण+संज्ञा+प्रविशेषण+विशेषण+संज्ञा+क्रिया=7 शब्द।

शब्दों की संख्या तथा प्रसार के आधार पर ये तीन भिन्न साँचों के वाक्य

माने जाएँगे। इस तरह वाक्य-साँचों में अनावश्यक विस्तार हो जाएगा। इस तरह के विश्लेषण का दूसरा भारी दोष यह है कि तीनों वाक्यों में प्राप्त एक सामान्य गुण दृष्टि में नहीं आ पाता। वास्तव में वाक्य (2) तथा (3) वाक्य (1) के विस्तार हैं। तीनों वाक्य वास्तव में एक ही साँचे के वाक्य हैं=कर्ता+कर्म+क्रिया। इस साँचे को स्पष्ट दिखाने के लिए इनको 'लड़का', 'वह लड़का', 'वह छोटा लड़का' 'गरम दूध' तथा 'थोड़ा गरम दूध' को इकाई के रूप में स्वीकार करना होगा। इन इकाइयों को एक नाम भी देना होगा और यह नाम होगा 'पदबंध'।

वाक्य-साँचा—कर्ता	+	कर्म	+	क्रिया
वाक्य —लड़का		दूध		पीएगा।
—वह लड़का		गरम दूध		पीएगा।
—वह छोटा लड़का		थोड़ा गरम दूध		पीएगा।

स्पष्ट है कि पदबंध-स्तर की एक इकाई को स्वीकार करने पर भाषा वर्णन में अनावश्यक विस्तार का भय तथा वाक्यों में निहित सामान्य गुण के अनिर्दिष्ट रह जाने का भय नहीं रह जाता।

इसी तरह अन्य स्तरों की इकाइयों की सार्थकता भी प्रमाणित की जा सकती है। पदबंध तथा वाक्य के मध्य में उपवाक्य की कल्पना क्यों आवश्यक है, इसके लिए निम्नलिखित वाक्यों पर विचार कीजिए :

(1) यदि मोहन कल बाजार जाएगा तो मैं भी उसके साथ जाऊँगा।

(2) यदि लड़का बीमार है तो मैं घर नहीं जाऊँगा।

(3) यदि उसने दवा खायी तो जरूर अच्छा हो जाएगा।

(4) यदि जोर से पानी बरसेगा तो दीवार गिर जाएगी।

उपर्युक्त वाक्यों का विश्लेषण यदि हम सीधे पदबंधों में करें (उपवाक्य स्तर को छोड़ दें) तो प्रत्येक वाक्य एक-दूसरे से भिन्न ठहरेगा। पहले वाक्य में—शर्तसूचक अव्यय (यदि), कर्ता (मोहन), समयवाचक क्रिया विशेषण (कल), स्थान (बाजार), क्रिया (जायेगा), शर्तसूचक अव्यय (तो), कर्ता (मैं भी), साहचर्य (उसके साथ), क्रिया (जाऊँगा)—ये पदबंध हैं। दूसरे वाक्य में भिन्न पदबंध हैं। इस प्रकार पदबंधों की संख्या और प्रकार के आधार पर सभी वाक्य विभिन्न प्रकार के माने जाएँगे जबकि सभी वाक्य वास्तव में एक ही प्रकार के हैं। 'यदि—तो—' के साँचे में सभी उपर्युक्त वाक्य आ जाते हैं। वाक्यों के इस सामान्य गुण का निर्देश बिना उपवाक्य-स्तर की कल्पना किए संभव नहीं है।

उपर्युक्त उदाहरणों से स्पष्ट है कि भाषा वर्णन में संक्षिप्तता तथा सामान्यीकरण के लिए विभिन्न स्तरों की इकाइयों की आवश्यकता पड़ती है।

भाषा इकाइयों का जो उत्तराधर क्रम ऊपर दिया गया है, वह कई बार भाषा-प्रयोग में भंग हो जाता है। यह उत्तराधर क्रम दो प्रकार से टूटता है—

(क) जब कोई इकाई अपने स्तर की इकाई की संरचना में ही घटक के रूप में काम करे, जैसे पदबंध पदबंध की संरचना में घटक बने। (सामान्य रूप से पदबंध को उपवाक्य की संरचना में घटक बनना चाहिए)।

(ख) जब कोई इकाई अपने से छोटी इकाई की संरचना में घटक के रूप में कार्य करे। जैसे उपवाक्य पदबंध की संरचना में घटक बने। (सामान्य रूप से उपवाक्य वाक्य की संरचना में घटक बनता है।) इनके दो उदाहरण इस प्रकार हैं—

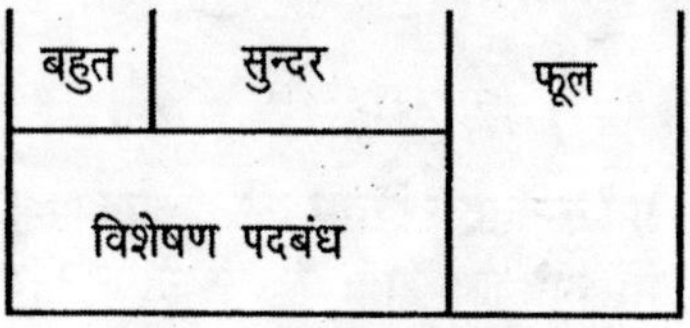

संज्ञा पदबंध

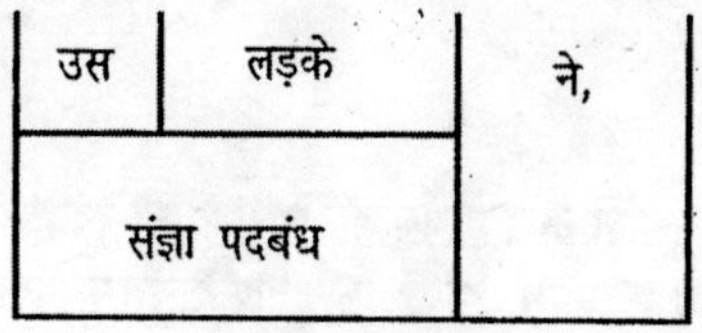

परसर्गीय पदबंध

एक पदबंध दूसरे पदबंध में घटक के रूप में कार्य कर रहा है।

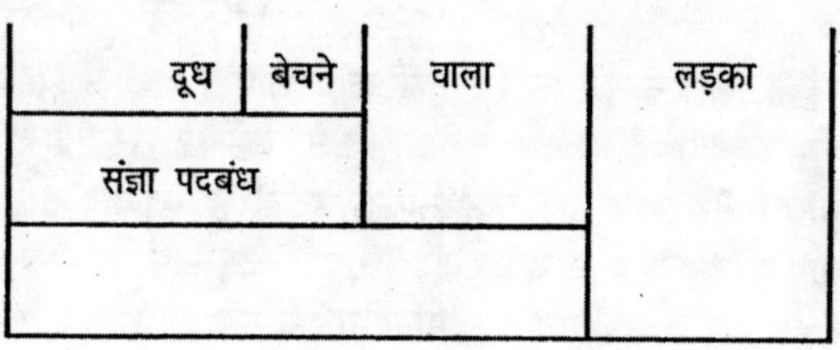

संज्ञा पदबंध

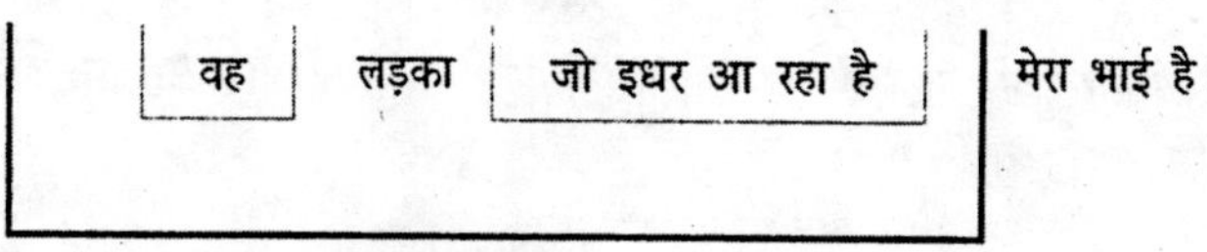

संज्ञा पदबंध

'-वाला' प्रत्यय सामान्य रूप से शब्द की संरचना में काम आता है। इसलिए '-वाला' से बनी संरचना का विश्लेषण करने पर घटक के रूप में शब्द मिलता है। लेकिन उक्त उदाहरण में घटक के रूप में पदबंध (दूध बेचना) आया है अर्थात् पदबंध उपवाक्य की संरचना का अंग न बनकर यहाँ शब्द की संरचना का अंग बन गया है। दूसरे उदाहरण में 'वह लड़का, जो इधर आ रहा है' संज्ञा पदबंध है। इसमें 'जो इधर आ रहा है' उपवाक्य है और वह पदबंध की संरचना का अंग बना हुआ है। दोनों उदाहरणों में इकाई अपने से छोटी इकाई का अंग अथवा घटक बनकर आई है।

8

मूलांश और प्रत्यय

मूलांश और प्रत्यय की धारणा को स्पष्ट करने से पूर्व रूपिम पर विचार करना आवश्यक है। **रूपिम** भाषा की वह लघुतम इकाई है जो अर्थवान होती है। लघुतम और अर्थवान—ये दोनों गुण रूपिम के लिए आवश्यक हैं। यहाँ लघुतम इकाई से अभिप्राय यह है कि इस इकाई के और अर्थवान टुकड़े नहीं हो सकते। 'लड़का घर जाता है'—यह अर्थवान है। लेकिन इसे रूपिम नहीं कहा जायेगा क्योंकि इस इकाई के अर्थवान टुकड़े हो सकते हैं, 'लड़का', 'घर', 'जाता' 'है' आदि। इसी तरह 'क' भाषा की एक इकाई है, लेकिन इसे रूपिम नहीं कहा जाएगा क्योंकि यह लघुतम होते हुए भी अर्थवान नहीं है। फिर रूपिम किसे कहेंगे? इस शब्द पर विचार करें—'अमानवीय'—यह भाषा की एक सार्थक इकाई है। लेकिन इसे लघुतम नहीं कहा जा सकता। इस इकाई के सार्थक टुकड़े संभव हैं—अ, मानवीय। 'अ' अभावसूचक प्रत्यय है और इस रूप में अर्थवान है। 'मानवीय' के पुनः दो सार्थक टुकड़े हो सकते हैं—मानव+ईय। 'ईय' प्रत्यय है और अर्थवान है। इस तरह 'अमानवीय' में 'अ', 'मानव' तथा 'ईय'—तीन अर्थवान टुकड़े मिलते हैं। इन टुकड़ों या इकाइयों के पुनः अर्थवान टुकड़े नहीं हो सकते। इस तरह ये लघुतम और अर्थवान दोनों हैं। इनको हम रूपिम कहेंगे।

रूपिम < रूप (यह रूप लघुतम अर्थात् अविभाज्य होगा)
रूपिम < अर्थ

रूप और अर्थ का संबंध अन्वय तथा व्यतिरेक की पद्धति से निश्चित किया जाता है।

(1) गाय लाओ।

(2) घोड़ा लाओ।

दोनों वाक्यों में अर्थ की समानता भी है और अर्थ का भेद भी। दोनों वाक्यों में कुछ लाने के लिए आदेश दिया गया है, यह समानता है। दोनों वाक्यों में भिन्न पशुओं को लाने का आदेश दिया गया है, यह अर्थभेद है। अर्थात् पहले वाक्य का कुछ अर्थ दूसरे वाक्य में है और कुछ अर्थ दूसरे वाक्य में नहीं है। 'गाय' शब्द भी दूसरे वाक्य में नहीं है। इस स्थिति में 'गाय' का अर्थ निश्चित करना आसान है। जो अर्थ दूसरे वाक्य में नहीं है, वही 'गाय' का अर्थ है। 'गाय' शब्द (अर्थात् रूप) और 'गाय' का अर्थ—दोनों एक साथ दूसरे वाक्य से गायब हैं। यह व्यतिरेक है। पहले वाक्य में दोनों एकसाथ उपस्थित हैं। यह अन्वय है। इस अन्वय और व्यतिरेक से 'गाय' का संबंध एक निश्चित अर्थ से जुड़ जाता है। इस प्रकार अन्वय और व्यतिरेक द्वारा छोटे से छोटे रूप तथा बड़े से बड़े रूप का अर्थ निश्चित किया जा सकता है।

लड़के, केले, बच्चे, घोड़े, घड़े।

इन सभी शब्दों में एक अर्थगत समानता है, सब शब्द बहुवचन के हैं। इनमें एक रूपगत समानता भी है, सब के अंत में 'ए' है। बहुवचन तथा 'ए' दोनों एकसाथ इन शब्दों में उपस्थित हैं। 'लड़का', 'केला', 'घोड़ा', आदि शब्दों में 'ए' और बहुवचनत्व दोनों एकसाथ अनुपस्थित हैं। इसलिए 'ए' और बहुवचनत्व में नित्य संबंध है। इस प्रकार अन्वय और व्यतिरेक के द्वारा 'लड़के', 'केले', आदि शब्दों को दो अर्थवान टुकड़ों में विभाजित कर सकते हैं, (लड़का+ए)। 'लड़का' का अर्थ स्वयं कई अर्थों का समुच्चय है। लड़का—प्राणिवाचक, मानववाचक, पुरुषवाचक, कम उम्र वाला... आदि। लेकिन अन्वय और व्यतिरेक के द्वारा हम 'लड़का' के और अर्थवान टुकड़े नहीं कर सकते। जिस तरह 'लड़के' में बहुवचनत्व का संबंध 'ए' से जोड़ा जा सका है, उस तरह प्राणिवाचक, मानववाचक आदि गुणों का संबंध 'लड़का' की ध्वनि से (किसी अंश से) नहीं जोड़ा जा सकता। यदि प्राणिवाचक का संबंध 'ल्' से जोड़ते हैं तो 'गाय' में प्राणिवाचक का अर्थ कहाँ से आया? क्योंकि 'गाय' में ल् नहीं है। यदि प्राणिवाचक का संबंध 'अ' से जोड़ते हैं तो 'आदमी' में प्राणिवाचक का अर्थ कहाँ से आया? शीघ्र ही यह स्पष्ट हो जाता है कि अन्वय और व्यतिरेक की पद्धति आगे नहीं चल सकती। प्राणिवाचक, मानववाचक, पुरुषवाचक आदि अर्थ यादृच्छिक ढंग से 'लड़का' में निहित हैं। इन अर्थ-अवयवों का संबंध 'लड़का' की विभिन्न ध्वनियों से जोड़ना असंभव है। अब हम यह भी कह सकते हैं कि अन्वय और व्यतिरेक पद्धति से जिस रूप के खंड नहीं हो सकते वह रूप रूपिम है। लघुतम रूप रूपिम का आवश्यक गुण है।

रूपिमों का वर्गीकरण कई प्रकार से किया जाता है। प्रयोग की दृष्टि से कुछ रूपिम शब्द की तरह स्वतंत्र होते हैं और कुछ रूपिम स्वतंत्र नहीं होते। दूसरे प्रकार के रूपिम शब्द की तरह स्वतंत्र रूप से प्रयुक्त होने से पहले अन्य रूपिमों से अवश्य

संयुक्त होते हैं। इनको आबद्ध रूपिम कहते हैं। पहले प्रकार के रूपिमों को मुक्त रूपिम कहते हैं। 'आदमी', 'लड़का', 'पानी', 'पुस्तक', 'दान', 'दया' आदि मुक्त रूपिम हैं। '-ता', '-आलु' आदि आबद्ध रूपिम हैं।

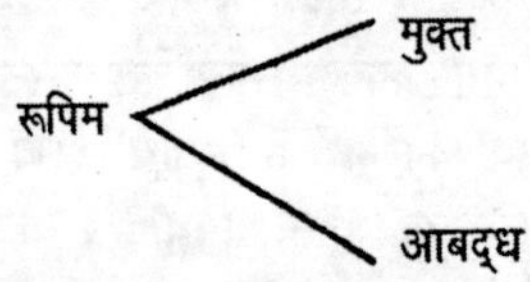

अर्थ और वितरण के आधार पर रूपिमों का वर्गीकरण मूलांश (रूट) तथा प्रत्यय (अफ़िक्स)—इन दो वर्गों में किया जा सकता है। मूलांश शब्द के अर्थ का अधिकांश वहन करता है, प्रत्यय अल्पांश। प्रत्यय का अर्थ मूलांश के अर्थ में परिवर्तन-परिवर्धन करता है। मूलांश शब्द के अर्थ का आधार है। प्रत्यय उसका साज-शृंगार, उदाहरण—'लड़के'। इसमें 'लड़का' मूलांश है, '-ए' प्रत्यय है। इस उदाहरण से हम यह भी दिखा सकते हैं कि मूलांश किस प्रकार शब्दार्थ का मुख्य भाग वहन करता है और प्रत्यय अन्य भाग। इतनी स्पष्ट स्थिति सर्वत्र नहीं मिलेगी। 'लड़के' शब्द के प्रमुख अर्थ-अवयव इस प्रकार हैं—प्राणिवाचक, मानव वाचक, पुरुषवाचक, कम उम्रवाला, बहुवचन आदि।

इन पाँच अर्थ-अवयवों में से चार अर्थ 'लड़का' से संबद्ध हैं, एक अर्थ '-ए' से।

वितरण की दृष्टि से मूलांश तथा प्रत्यय में भेद किया जा सकता है। प्रत्यय का वितरण-क्षेत्र मूलांश के वितरण-क्षेत्र से बड़ा होता है। 'लड़के' में मूलांश तथा '-ए' प्रत्यय है। 'लड़का' मूलांश जितने प्रत्ययों से संयुक्त हो सकता है, उनकी संख्या उतनी नहीं है जितनी संख्या उन मूलांशों की है जिनके साथ '-ए' प्रत्यय संयुक्त हो सकता है। लड़का-लड़के, लड़कों, लड़को, लड़कपन, लड़की और शायद बस। '-ए'—लड़के, घोड़े, बच्चे, केले, समोसे—व्युत्पादक प्रत्ययों का वितरण क्षेत्र भी मूलांशों के वितरण क्षेत्र से बड़ा होता है। जैसे, 'पन'—लड़कपन, बचपन, आदमीपन[1], गधापन आदि। वितरण का दायरा कोशगत अर्थ तथा व्याकरणिक अर्थ के बीच विभाजक रेखा खींचने में मुख्य भूमिका अदा करता है। 'लड़का' कोशगत अर्थ देता है। '-ए' (बहुवचन) व्याकरणिक अर्थ देता है। एक का प्रयोग-क्षेत्र संकुचित है, दूसरे का विस्तृत।

प्रत्यय व्याकरणिक धाराओं को प्रस्तुत करते हैं, एकवचन से बहुवचन बनाने की धारा, विशेषण से संज्ञा बनाने की धारा, क्रिया से विशेषण बनाने की धारा, क्रिया

---

1. 'आदमीपन' आदि सामान्य रूप से प्रयोग में नहीं आते। लेकिन विशेष परिस्थिति में इनका प्रयोग हो सकता है और ये बिलकुल व्याकरणिक हैं, जैसे—'जैसे मैं किसी खास आदमी की बात नहीं कर रहा हूँ। मेरा अभिप्राय आदमी के गुणों से है। वे गुण जिनके कारण आदमी आदमी है यानी आदमीपन।' किसी भी वस्तु या प्राणी के धर्म को बताने के लिए -पन, -त्व, आदि प्रत्यय जोड़ सकते हैं।

से संज्ञा बनाने की धारा आदि। एक धारा को व्यक्त करने के लिए कई प्रत्यय हो सकते हैं, छोटे-छोटे वितरण-क्षेत्र वाले या एक ही प्रत्यय हो सकता है, बड़े वितरण-क्षेत्र वाला। किसी धारा को अस्तित्व में स्वीकार करने के लिए उस धारा को व्यक्त करने के लिए कम से कम एक रूपयुक्त प्रत्यय का होना अनिवार्य है। कोई धारा सदा शून्य प्रत्यय से ही प्रकट हो, यह प्रपंच लिए ठीक है, लाघव के लिए नहीं। किसी प्रत्यय की स्थापना करने से पूर्व हमें यह देखना चाहिए कि उससे प्रकट होने वाली धारा संबद्ध भाषा-भाषी के लिए सहज है अथवा नहीं। हिंदी-भाषी सामान्य रूप से स्त्रीलिंग शब्दों से पुंलिंग शब्द नहीं बनाते। यह उनकी सहज प्रवृत्ति[1] नहीं है, पुंलिंग से स्त्रीलिंग बनाने की प्रवृत्ति है। इसीलिए हिंदी में स्त्री प्रत्ययों की कल्पना ठीक है, पुरुष प्रत्यय की नहीं। 'लड़क्' को मूलांश मानकर उसमें पुरुष प्रत्यय '-आ' जोड़कर 'लड़का' व्युत्पन्न करना उचित नहीं है। 'लड़का' ही मूलांश है। इस पक्ष में एक तर्क और दिया जा सकता है। हिंदी में पुंलिंग शब्द का प्रयोग इसी रूप में संभव है कि उससे दोनों लिंगों के शब्दों का बोध हो सके। जैसे—'मेले में बहुत से आदमी आए थे'। यहाँ 'आदमी' से स्त्रियों का भी बोध हो जाता है। 'सीता के लड़का होने वाला है।' यहाँ 'लड़का' से 'लड़की' का भी ग्रहण हो जाता है। लेकिन उक्त वाक्यों में 'स्त्री' तथा 'लड़की' का प्रयोग करके क्रमशः आदमी तथा लड़के का बोध नहीं कराया जा सकता। इस तरह हम देखते है कि पुंलिंग शब्द सामान्य प्रयोग में स्त्री जाति का बोध करा सकता है लेकिन जो शब्द पुरुष प्रत्यय के कारण पुंलिंग हुए हैं वे स्त्री जाति का बोध नहीं करा पाते। जैसे—'मैदान में भैंसे (भैंसा का बहुवचन) चर रहे हैं।' यहाँ 'भैंसा' से भैंस का ग्रहण नहीं होगा। 'भैंसा' साधारण पुंलिंग शब्द नहीं है। इसमें पुरुष प्रत्यय '-आ' लगा हुआ है। हमारा तर्क यह है कि यदि 'लड़का' में पुरुष प्रत्यय '-आ' होता तो इससे भी लड़की का ग्रहण संभव न होता। 'साँड' से भी गाय का ग्रहण संभव नहीं है, यद्यपि इसमें कोई पुरुष प्रत्यय नहीं है। यहाँ यह कहा जा सकता है कि 'साँड' साधारण पुंलिंग शब्दों (लड़का, आदमी आदि) से भिन्न है। हिंदी में कुछ साधारण स्त्रीलिंग शब्दों से पुंलिंग शब्द का ग्रहण भी संभव है। जैसे 'मैदान में भैंसें चर रही हैं।' यहाँ 'भैंस' से भैंसे का ग्रहण संभव है। (देखिए—किशोरी दास बाजपेयी : 'हिंदी शब्दानुशासन', पृ. 245)। लेकिन स्त्री प्रत्यय से बनने वाले स्त्रीलिंग शब्दों से शायद पुरुष जाति का बोध फिर संभव नहीं। जैसे—'मालिनें फूल बेच रही हैं।' यहाँ 'मालिन' से माली का बोध नहीं हो पाएगा। अब हम इस निष्कर्ष पर पहुँचते हैं कि प्रत्यय से किसी शब्द को पुंलिंग अथवा स्त्रीलिंग बना देने पर उस शब्द का प्रयोग विपरीत लिंग वाले प्राणियों के लिए सहज नहीं है।

1. भोजपुरी में स्त्रीलिंग से पुंलिंग शब्द बनाने की प्रवृत्ति है। हाथी (स्त्री.)-हाथा (पुं.), भैंस (स्त्री.) भैंसा (पुं.)।

इस बात को एक बार स्वीकार कर लेने पर 'लड़का' में पुरुष प्रत्यय '-आ' की कल्पना बिलकुल निराधार दिखाई देगी। बहनोई, मौसा, नंदोई आदि में प्रकृति प्रत्यय की कल्पना आवश्यक नहीं है। भाई, माता, पिता, साँड, गाय आदि की तरह इनको अव्युत्पन्न रूप में ग्रहण किया जा सकता है। इस तरह रूपिम के दो प्रकार हुए।

मूलांश
रूपिम
प्रत्यय

जिसके प्रति प्रत्यय का विधान किया जाता है, वह प्रातिपदिक है। 'लड़कपन' में 'लड़का' के प्रति '-पन' प्रत्यय का विधान किया गया है, इसलिए 'लड़का' प्रातिपदिक है। ('लड़का' से 'लड़क्' एक अन्य नियम द्वारा सिद्ध होता है।) 'घुड़सवारों' में घुड़सवार के प्रति '-ओं' प्रत्यय का विधान किया गया है, इसलिए 'घुड़सवार' प्रातिपदिक है। 'बेजान' में 'जान' प्रातिपदिक है क्योंकि उसके प्रति 'बे-' प्रत्यय का विधान है। चूँकि प्रत्यय विधान की विवक्षा होने पर ही प्रातिपदिक अस्तित्व में आता है, इसलिए वह सदा आबद्ध है, मूलांश अथवा शब्द की तरह स्वतंत्र नहीं।

ऊपर के उदाहरणों में 'लड़का', 'घुड़सवार' दोनों प्रातिपदिक बताये गए। इनमें 'लड़का' मूलांश भी है, जो यहाँ प्रातिपदिक के रूप में है। लेकिन 'घुड़सवार' मूलांश नहीं है, बल्कि दो मूलांशों का संयोग है। अर्थात् यह मूलांश से बड़ी इकाई है। इसलिए मूलांश और प्रातिपदिक को एक नहीं कह सकते। 'घुड़सवार' '-ओं' के संदर्भ में स्वतंत्र नहीं है। (पहले यह कहा भी गया है कि प्रातिपदिक सदा आबद्ध होते हैं) इसलिए यह शब्द भी नहीं है। अतः प्रातिपदिक मूलांश और शब्द से पृथक् एक इकाई है।

शब्द
|
प्रातिपदिक
|
मूलांश

संरचनाओं के वर्णन में लाघव और सामान्यता लाने के लिए पदबंध, उपवाक्य आदि इकाइयों की क्या आवश्यकता है, इसकी चर्चा पीछे की जा चुकी है। वही बात प्रातिपदिक की आवश्यकता को दिखाने के लिए कही जा सकती है। निम्न संरचनाओं को देखिए—लड़कों, घुड़सवारों, सुनारिनों, दासियों। इन सभी शब्दों का विश्लेषण यदि रूपिमों (मूलांश और प्रत्यय) में किया जाय तो यह स्थिति होगी।

लड़का+ओं, घोड़ा+सवार+ओं, सोना+आर+इन+ओं, दास+ई+ओं।

इस विंश्लेषण पद्धति को स्वीकार करने पर दो दिक्कतें सामने आएँगी।

(1) 'लड़का', 'घुड़सवार', 'सुनारिन' तथा 'दासी' में प्रतिस्थापन का संबंध है, यह इस विशेषण से स्पष्ट नहीं है।

(2) '-ओं' का वितरण हमें इस रूप में बताना होगा—

(क) '-ओं' संज्ञा के बाद आता है (लड़का+ओं)

(ख) '-ओं' '-इन' प्रत्यय के बाद आता है। (सोना+आर+इन+ओं)

(ग) '-ओं' 'ई' प्रत्यय के बाद आता है। (दास+ई+ओं)

यह अनावश्यक विस्तार है। यदि 'घुड़सवारों', 'सुनारिन', 'दासी', आदि को उक्त संरचना में एक इकाई मान लें तो '-ओं' के वितरण में एकरूपता आ जाएगी। तब यह कहा जाएगा कि '-ओं' संज्ञा के बाद आता है। 'घुड़सवार', 'सुनारिन' आदि संज्ञाएँ हैं। लेकिन 'सुनारिन' को किस स्तर की इकाई माना जाय? यह मूलांश से बड़ा है, क्योंकि इसमें मूलांश के अतिरिक्त दो अन्य रूपिम हैं। इसे शब्द भी नहीं कहेंगे क्योंकि यह आबद्ध है।[1] इसलिए 'सुनारिन' मूलांश तथा शब्द के बीच की इकाई है। इसे प्रातिपदिक कहेंगे। ऊपर के शब्दों का विश्लेषण इस रूप में अधिक उचित है।

शब्द

प्रातिपदिक	प्रत्यय
लड़का घुड़सवार सुनारिन दासी	ओं

कुछ भाषाओं में मूलांश से प्रत्यय जोड़ने से पूर्व मूलांश में प्रातिपदिक बनाने वाले प्रत्यय जोड़े जाते हैं। प्रातिपदिक बनाने वाले प्रत्यय वर्णन में संक्षिप्तता लाते हैं। संस्कृत से यहाँ एक उदाहरण दिया जा सकता है। यद्यपि संस्कृत वैयाकरणों ने धातु तथा धातु से बने अंग को प्रातिपदिक नहीं कहा है, फिर भी इस संदर्भ में अंग तथा प्रातिपदिक को एक मानकर चलने में कोई हानि नहीं है। 'भू' धातु है।

1. यह ध्यान रखिए कि 'सुनारिन' को 'सुनारिनों' के संदर्भ में आबद्ध कहा जा रहा है। 'सुनारिन सुंदर है' इस वाक्य में 'सुनारिन' प्रातिपदिक नहीं है। यहाँ यह स्वतंत्र शब्द के रूप में है। इसके प्रति किसी प्रत्यय का विधान नहीं है।

इसके बाद लट् लकार के लिए तिप्, तस् आदि प्रत्ययों को रखा जाएगा। लेकिन ये प्रत्यय सीधे 'भू' से जुड़कर भूति, भूतः आदि रूप नहीं बनाएँगे। इन प्रत्ययों को जोड़ने से पूर्व 'भू' के बाद विकिरण प्रत्यय शप् का विधान होगा। भू शप् ति। शप् का 'अ' बचता है। श् तथा प् इत हो जाते हैं। भू अ ति। 'भू' के उकार का गुण होगा, भू→भो। फिर 'भो' के 'ओ' का 'अव्' होगा। इन सब प्रक्रियाओं के लिए सूत्र दिए गए हैं।

भू अ ति→भो अ ति→भव् अ ति→भवति।

'भव' अंग है। इसके बाद प्रत्यय जुड़ेंगे–भवति, भवतः, भवन्ति...।

स्पष्ट है कि 'भव' मूलांश नहीं है, मूलांश से बड़ा है। 'भव' शब्द (पद–इन्फ्लेक्टेड वर्ड) भी नहीं है, शब्द से छोटा है। इस उदाहरण से यह स्पष्ट है कि मूलांश और शब्द के बीच में एक और इकाई की स्थापना आवश्यक है। अब वाक्य से रूपिम तक की इकाइयों का उत्तराधर क्रम इस प्रकार होगा :

वाक्य
|
उपवाक्य
|
पदबंध
|
शब्द
|
प्रातिपदिक
|
रूपिम (मूलांश तथा प्रत्यय)

रचना की दृष्टि से प्रातिपदिक दो प्रकार के हो सकते हैं–सरल तथा सम्मिश्र। सरल प्रातिपदिक मूलांश ही होता है। 'दयालु' में दया सरल प्रातिपदिक है। सम्मिश्र प्रातिपदिक तीन तरह के हो सकते हैं–1. मूलांश+प्रत्यय, 2. मूलांश+मूलांश, 3. मूलांश की पुनरुक्ति 'ईमानदारी' में 'ईमानदार' प्रातिपदिक है, '-ई' प्रत्यय है। यह प्रातिपदिक स्वयं मूलांश+प्रत्यय से बना है–ईमान+दार। 'घुड़सवारी' में 'घुड़सवार' प्रातिपदिक है, '-ई' प्रत्यय। 'घुड़सवार' स्वयं मूलांश+मूलांश है। 'बभूव' में 'बभूव्' अंग (प्रातिपदिक) है और 'अ' प्रत्यय। 'बभूव्' 'भू' धातु के द्वित्व से बना है। यहाँ पूरी प्रक्रिया बताना अपेक्षित नहीं है।

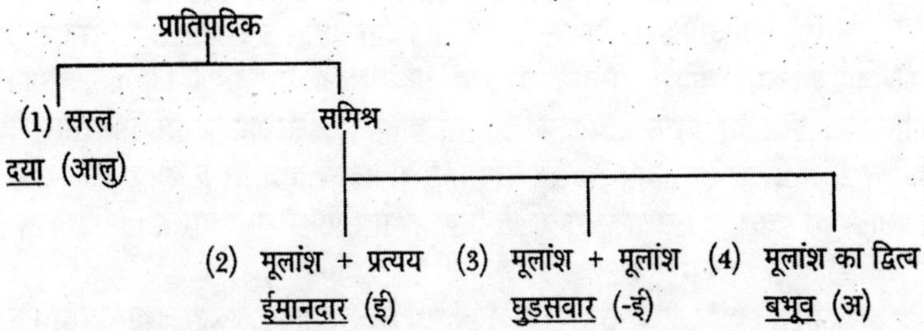

रेखांकित अंश प्रातिपदिक हैं।

जिस प्रकार पदबंध के भीतर पदबंध निहित हो सकता है, उसी प्रकार प्रातिपदिक के भीतर प्रातिपदिक भी निहित हो सकता है, 'ईमानदारी' में '-ई' प्रत्यय के लिए 'ईमानदार' प्रातिपदिक है क्योंकि इसी के प्रति '-ई' प्रत्यय का विधान हैं इसी तरह '-दार' प्रत्यय के लिए 'ईमान' प्रातिपदिक है, क्योंकि 'ईमान' के प्रति '-दार' प्रत्यय का विधान है।

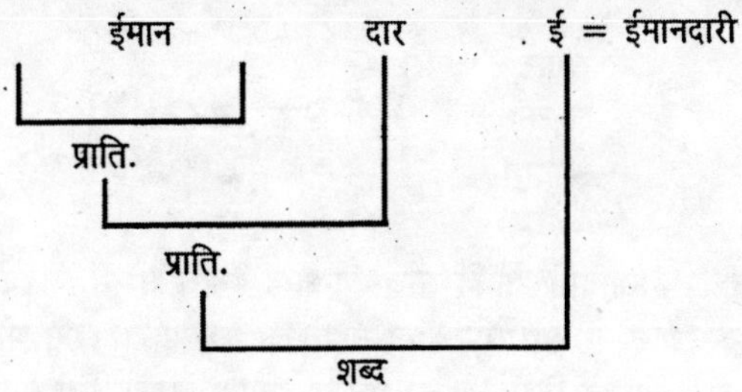

यह परंपरा लंबी हो सकती है।

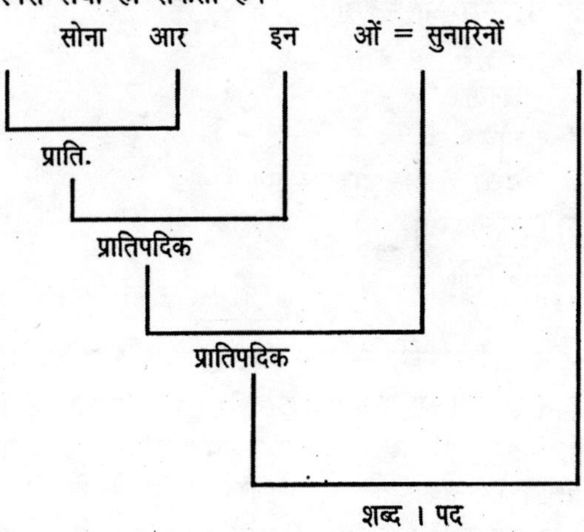

प्रत्ययों का वर्गीकरण अनेक प्रकार से किया जाता है। यहाँ हम विस्तार में नहीं जाएँगे। यहाँ केवल दो-तीन तरह से प्रत्ययों का वर्गीकरण किया जाएगा। प्रातिपदिक के किस तरफ प्रत्यय का विधान होता है, इस आधार पर मोटे तौर से तीन तरह के प्रत्यय हो सकते हैं—पूर्व प्रत्यय, मध्य प्रत्यय तथा पर प्रत्यय। 'लाजवाब' में 'ला-' पूर्व प्रत्यय है। संथाली भाषा के 'मपंझि' में '-प' मध्य प्रत्यय है। 'पंडिताइन' में '-आइन' पर प्रत्यय है।

प्रकार्य की दृष्टि से प्रत्ययों के दो मुख्य वर्ग हैं—व्युत्पादक प्रत्यय तथा रूपसाधक प्रत्यय। व्युत्पादक प्रत्यय एक शब्द से दूसरा शब्द बनाता है। रूपसाधक प्रत्यय शब्द को वाक्य में प्रयुक्त होने के योग्य बनाता है। वाक्य में प्रयोगार्ह शब्द को पद की संज्ञा दी गयी है। व्युत्पादक प्रत्यय से बना हुआ शब्द प्रयोग की दृष्टि से साधारण शब्द के बराबर होता है जबकि पद (रूप साधक प्रत्यय से युक्त शब्द) साधारण शब्द के बराबर नहीं होता। 'सुनार' व्युत्पन्न शब्द है और 'लड़के' पद है। वाक्य में 'सुनार' के स्थान पर साधारण शब्द रख सकते हैं—

सुनार लड़का आदमी	} गहने बनाता है।

'लड़का', 'आदमी' आदि साधारण शब्द हैं। वाक्य में 'लड़के' (बहुवचन, सरल विभक्ति) के स्थान पर साधारण शब्द नहीं रखा जा सकता। जो भी शब्द रखा जाएगा उसमें बहुवचन—सरल विभक्ति का प्रत्यय अवश्य जुड़ा रहेगा अर्थात् साधारण शब्द 'लड़के' के स्थान पर नहीं आ सकता।

लड़के घोड़े बच्चे *लड़का *बच्चा	] दौड़ रहे हैं।

वास्तव में व्युत्पादक प्रत्यय से बना शब्द साधारण शब्द की तरह कोश का अंग होता है। जिस तरह वाक्य में प्रयोग करने से पूर्व साधारण शब्द में रूपसाधक प्रत्यय लगाना पड़ता है, उसी तरह वाक्य में प्रयोग करने से पूर्व व्युत्पन्न शब्दों में भी रूपसाधक प्रत्यय लगाना पड़ता है। निम्न रिक्त स्थान में 'लड़का' और 'लुटेरा' का प्रयोग करने से पूर्व इनमें रूपसाधक '-ए' प्रत्यय जोड़ना होगा। यद्यपि 'लुटेरा'

में व्युत्पादक प्रत्यय '-एरा' पहले से ही जुड़ा हुआ है।

......भाग गए।

[लड़के भाग गये
लुटेरे भाग गये]

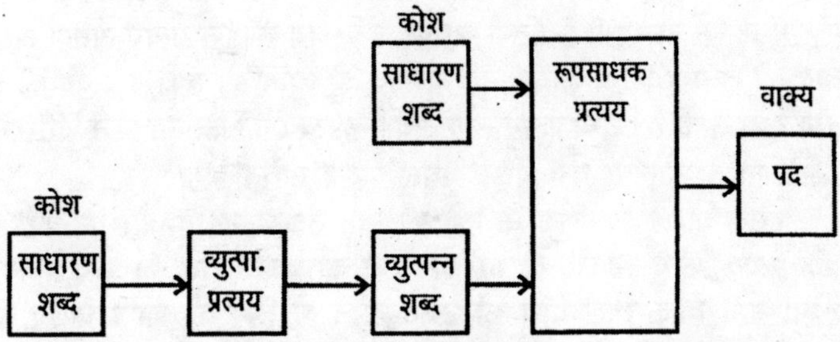

नोट : इस चित्र में प्रातिपदिक और शब्द में भेद नहीं किया गया है।

संस्कृत के सुप् तथा तिङ् प्रत्यय रूपसाधक हैं। हिंदी में संज्ञा में लगने वाले वचन—विभक्ति-सूचक प्रत्यय रूपसाधक हैं, -ए, -ओं, -एं, -यां आदि। हिंदी धातुओं में लगने वाले -ऊं, -ओ, -आ, -ऐ आदि भी रूपसाधक हैं।

व्युत्पादक तथा रूपसाधक प्रत्ययों के कुछ अन्य भेद इस प्रकार हैं—

(1) व्युत्पादक प्रत्ययों से बना शब्द सामान्य रूप से अन्य प्रत्ययों के लिए प्रातिपदिक बन सकता है। सोना+आर→सुनार। '-इन' प्रत्यय के लिए 'सुनार' शब्द प्रातिपदिक बन सकता है—सुनार+इन→सुनारिन। रूपसाधक प्रत्यय से युक्त शब्द सामान्य रूप से प्रातिपदिक नहीं बन सकता। अर्थात् रूपसाधक प्रत्यय शब्द के विस्तार को रोक देता है। लड़का+ए→लड़के। 'लड़के' में अब कोई प्रत्यय नहीं जुड़ सकता।

(2) व्युत्पादक प्रत्यय किसी भी भाषा में सामान्य रूप से संख्या में अधिक होते हैं। जबकि रूपसाधक प्रत्यय कम होते हैं।

(3) व्युत्पादक प्रत्ययों का वितरण क्षेत्र सामान्य रूप से संकुचित होता है। जबकि रूपसाधक प्रत्ययों का वितरण क्षेत्र सामान्य रूप से विस्तृत होता है।

(4) व्युत्पादक प्रत्यय सामान्य रूप से संज्ञा को विशेषण, विशेषण को संज्ञा या क्रिया को विशेषण आदि बना देते हैं और इस तरह शब्द का वर्ग (क्लास) बदल देते हैं। लूट (धातु)+एरा→लुटेरा (संज्ञा)। ज्ञान (संज्ञा)+इ→ज्ञानी (विशेषण)। रूपसाधक प्रत्यय शब्द का वर्ग नहीं बदलते। लड़का (संज्ञा)+ए→लड़के (संज्ञा)।

(5) व्युत्पादक प्रत्यय वाक्य में शब्दों का परस्पर संबंध सूचित नहीं करते। जबकि रूपसाधक प्रत्यय किसी-किसी भाषा में वाक्य में शब्दों का परस्पर संबंध भी सूचित करते हैं। जैसे, संस्कृत में।

प्रत्यय में रूपिम के रूप तथा अर्थ इन दो गुणों का उल्लेख किया जा चुका है। प्रत्यय भी रूपिम हैं। इनमें भी रूप तथा अर्थ दोनों होते हैं। लेकिन भाषा के वर्णन में अनेक बार ऐसी स्थितियाँ आ जाती हैं, जब रूपहीन प्रत्यय अथवा अर्थहीन प्रत्यय की कल्पना करना अधिक सुविधाजनक हो जाता है। रूपहीन प्रत्यय को शून्य प्रत्यय कहा जाता है। शून्य प्रत्यय तथा अर्थहीन प्रत्यय की कल्पना किन परिस्थितियों में अपेक्षित है, इस पर यहाँ थोड़ा विचार करना उचित होगा।

इसके बाद व्याकरणिक धाराओं की बात उठायी गई है और यह कहा गया है कि प्रत्यय किसी-न-किसी व्याकरणिक धारा को प्रकट करते हैं। शून्य प्रत्यय की कल्पना उसी व्याकरणिक धारा को प्रकट करने के लिए की जानी चाहिए, जिस व्याकरणिक धारा को प्रकट करने के लिए भाषा में रूपयुक्त अन्य प्रत्यय मौजूद हों। जैसे संस्कृत में क्विप्, क्विन् तथा ण्वि प्रत्यय धातु को प्रातिपदिक बनाते हैं। लेकिन ये प्रत्यय शब्द में श्रूयमाण नहीं होते, अर्थात् शून्य प्रत्यय के रूप में हैं। प्राङ् धातु है। इसके बाद सुप् प्रत्यय नहीं लग सकते क्योंकि सुप् प्रत्यय संज्ञा के बाद लगते हैं। प्राङ् को संज्ञा बनाने के लिए क्विन् प्रत्यय जोड़ेंगे। प्राङ्+क्विन्→प्राङ्। अब प्राङ् संज्ञा प्रातिपदिक बन गया और इसके बाद सुप् प्रत्यय लग सकते हैं। संस्कृत में धातु से संज्ञा बनाने वाले अन्य कई प्रत्यय हैं, जो श्रूयमाण होते हैं। पच् (धातु)+ण्वुल्→पच+अक→पाचक (संज्ञा)। कृ (धातु)+अण→कार (संज्ञा)। अर्थात् संस्कृत में धातु से संज्ञा बनाने की धारा है। यह धारा ण्वुल्, अण, आदि प्रत्ययों से प्रमाणित होती हैं, न कि क्विप्, क्विन्, आदि प्रत्ययों से। यदि संस्कृत में धातु से संज्ञा बनाने वाले ण्वुल्, अण् आदि प्रत्यय नहीं होते तो क्विप्, क्विन्, आदि शून्य प्रत्ययों का कोई आधार नहीं होता। ऐसा ही उदाहरण हिंदी से भी दिया जा सकता है। हिंदी में धातु से संज्ञा बनाने की धारा है। लड़् (धातु)+आई→लड़ाई (संज्ञा), पी (धातु)+अक्कड़→पियक्कड़ (संज्ञा), लड़् (धातु)+आका→लड़ाका (संज्ञा) आदि। '-आई', '-अक्कड़' आदि प्रत्ययों से प्रमाणित होता है कि धातु से संज्ञा बनाने की धारा हिंदी में है। इस बल पर ही हम 'खेल' (संज्ञा), 'नाच' (संज्ञा), 'चाल' (संज्ञा) आदि में शून्य प्रत्यय स्वीकार करते हैं। खेल (धातु)+ϕ→खेल(संज्ञा)। यदि '-आई' '-अक्कड़' आदि प्रत्यय नहीं होते तो 'खेल', 'चाल' आदि में शून्य प्रत्यय मानना निराधार होता। इन उदाहरणों से स्पष्ट है कि शून्य प्रत्यय की कल्पना की एक विशेष परिस्थिति में ही संभव है, सर्वत्र नहीं।

शून्य प्रत्यय को हम प्रत्यय का लोप मान सकते हैं, प्रत्यय का अभाव नहीं, जैसे—'खेल' (संज्ञा) में 'लड़ाई' के '-आई' प्रत्यय का लोप माना जा सकता है। खेल

(धातु)+आई→खेल। किसी प्रत्यय का अभाव अर्थपूर्ण हो सकता है लेकिन उस अभाव को शून्य प्रत्यय की संज्ञा देना उचित नहीं है। हम यह कह सकते हैं कि 'लड़का' में बहुवचन-सरल विभक्ति के प्रत्यय '-ए' का अभाव है और इस प्रत्यय के अभाव से एकवचन-सरल विभक्ति का बोध होता है। लेकिन इस एकवचन-सरल विभक्ति के लिए 'लड़का' में शून्य प्रत्यय की कल्पना करना असंगत है। क्योंकि हिंदी में एकवचन-सरल विभक्ति को प्रकट करने की कोई धारा नहीं है। और यदि 'लड़का' में एकवचन-सरल विभक्ति के लिए हम शून्य प्रत्यय मानेंगे तो 'लड़का' के प्राणिवाची, मानववाची आदि गुणों के लिए अलग-अलग शून्य प्रत्यय की कल्पना करने में क्या आपत्ति उठा सकते हैं? इस प्रकार 'लड़का' अनेक शून्य प्रत्ययों का गुच्छ हो जाएगा।

प्रातिपदिक (स्टेम) बनाने वाले प्रत्यय मूलांश के अर्थ में कोई वृद्धि नहीं करते। इस दृष्टि से इनको अर्थहीन कहा जा सकता है। संस्कृत के विकरण प्रत्यय इसी तरह के हैं। संक्षिप्तता और नियमबद्धता की रक्षा के लिए ही ऐसे प्रत्ययों की कल्पना की जाती है।

9

सन्निहित अवयव विश्लेषण

भाषा-वर्णन में सन्निहित अवयव विश्लेषण की पद्धति का महत्त्व स्पष्ट करने के लिए वर्गीकरण तथा वितरण वाली पद्धति का परिचय देना आवश्यक है। (देखिए चतुर्भुज सहाय, 'भाषा-वर्णन की विविध प्रविधियाँ'—गवेषणा-24) वर्गीकरण तथा वितरण वाली पद्धति (इसको आगे हम वितरण पद्धति कहेंगे) भाषा के घटकों को सरल क्रम में मानती है। भाषा के वाक्यों का वर्णन करने के लिए शब्दों के वर्गों एवं उपवर्गों की कल्पना की जाती है। ये वर्ग अथवा उपवर्ग मुख्य रूप से शब्दों के प्रकार्यों को देखकर बनाए जाते हैं। वितरण पद्धति रूपप्रक्रियात्मक शब्दों वर्गों की अपेक्षा वाक्य संरचनात्मक शब्दवर्गों को महत्त्व देती है। किसी वाक्य का वर्णन करने के लिए दो बातें देखनी चाहिए—(1) वाक्य में आने वाले शब्द किन शब्दवर्गों से चुने गए हैं और (2) ये शब्द वाक्य में किस स्थान पर प्रयुक्त हैं। इस पद्धति द्वारा वाक्यों का वर्णन करने के लिए शब्दों का सूक्ष्मअतिसूक्ष्म वर्गीकरण अपेक्षित है। साधारण वर्गीकरण से काम नहीं चलता। पहले सभी शब्दों के दो वर्ग किए जा सकते हैं—कोशगत शब्द, व्याकरणिक शब्द। कोशगत शब्द—संज्ञा, विशेषण, क्रिया आदि। व्याकरणिक शब्द—ने, को, और नहीं, किंतु आदि। संज्ञा—मानववाची, मानवेतर, पुंलिंग-स्त्रीलिंग, एकवचन-बहुवचन, सरल-तिर्यक आदि।

उदाहरण के लिए एक वाक्य लीजिए :

(1) राम ने मोहन को मारा।

इस वाक्य में कुल 5 शब्द हैं, राम (व्यक्तिवाचक संज्ञा), ने (परसर्ग, कर्त्ताकारक का चिह्न), मोहन (व्यक्तिवाचक संज्ञा), को (परसर्ग, कर्मकारक का चिह्न) और मारा (भूतकालिक क्रिया)। इन शब्दों का क्रम स्पष्ट है। वाक्य इन शब्दों की सरल संरचना है। सभी शब्द एक ही स्तर पर हैं।

वितरण पद्धति के अनुसार दो वाक्यों में पाया जाने वाला अर्थभेद दो बातों पर निर्भर करता है—(1) भिन्न शब्दवर्गों से शब्दों का चयन, (2) एक ही शब्दवर्ग से लिए गए शब्दों का भिन्न क्रमों में विन्यास।

निम्नलिखित वाक्य के दो अर्थ हैं।

(2) उसने रोते हुए लड़के को उठा लिया।

इस वाक्य की अनेकार्थकता का कारण 'रोते हुए' है। 'रोते हुए' का संबंध दो भिन्न शब्दवर्गों से है। यदि कृदंत विशेषण है तो 'लड़के' की विशेषता बता रहा है और यदि यह क्रिया-विशेषण है तो मुख्य क्रिया की विशेषता बता रहा है। इस वाक्य की अस्पष्टता दूर करने के लिए यह जानना पर्याप्त है कि 'रोते हुए' विशेषण है अथवा क्रिया-विशेषण। सन्निहित अवयव विश्लेषण की सहायता लेने की आवश्यकता नहीं है।

दूसरा वाक्य देखिए—

(3) Flying planes can be dangerous.

इस वाक्य के भी दो अर्थ हैं—(1) उड़ते हुए जहाज खतरनाक हो सकते हैं, (2) जहाज उड़ाना खतरनाक हो सकता है। यहाँ वाक्य की अनेकार्थकता का कारण flying है। यदि यह कृदंत विशेषण शब्दवर्ग से लिया गया है, तो वाक्य का एक अर्थ है और यदि यह क्रियार्थक संज्ञा शब्दवर्ग से लिया गया है तो वाक्य का दूसरा अर्थ है। अर्थात् अस्पष्टता का कारण flying का दो भिन्न शब्दवर्गों से संबंध है। यहाँ वाक्य की आंतरिक और बाह्य संरचना की कल्पना किए बिना भी काम चल सकता है।

एक शब्द का दो भिन्न शब्दवर्गों से संबंध होने के कारण उत्पन्न होने वाली अस्पष्टता का एक अन्य उदाहरण देखिए—

(4) दो।

यह वाक्य अपूर्ण वाक्य है। इसके कई घटक अध्याहृत हैं। यह दो वाक्यों का रूप ले सकता है—(1) (मुझे मिठाई) दो। (2) (तुमको कितनी पुस्तकें चाहिए? उत्तर) दो। पहले वाक्य में 'दो' क्रियावर्ग से लिया गया है। दूसरे वाक्य में वह संख्यावाचक विशेषण वर्ग से लिया गया है।

कभी-कभी दो वाक्यों में केवल इसलिए अर्थभेद होता है कि एक-से ही शब्दों को भिन्न क्रमों में रखा गया है।

(5) राम ने मोहन को मारा।

(6) मोहन ने राम को मारा।

दोनों वाक्यों में 5-5 शब्द हैं। दोनों वाक्यों के शब्द एक ही शब्दवर्ग से लिए गए हैं। 'राम तथा मोहन' (संज्ञा वर्ग), 'ने' तथा 'को' (परसर्ग वर्ग) तथा 'मारा' (क्रिया वर्ग)। यहाँ अर्थभेद का कारण शब्दों का भिन्न क्रमों में प्रयोग है।

किसी भी वाक्य की अव्याकरणिकता का कारण या तो गलत शब्द का चुनाव है, या शब्दों का गलत क्रम में विन्यास है, या दोनों। वाक्य में संबद्ध भाषा के शब्दकोश से चुने गए शब्दों का ही प्रयोग होना चाहिए। निम्नलिखित वाक्य ठीक नहीं है—

(7) *लड़का अच्छा is।

क्योंकि is हिंदी का शब्द नहीं है। निम्नलिखित वाक्य में सभी शब्द हिंदी के हैं किंतु वाक्य ठीक नहीं है, क्योंकि शब्दों का विन्यास उचित क्रम में नहीं है।

(8) *ने लड़के पुस्तक अपनी दी।

इस वाक्य का सही रूप इस प्रकार होगा :

(9) लड़के ने अपनी पुस्तक दी।

निम्नलिखित वाक्य ठीक नहीं है :

(10) *लड़के पुस्तक पढ़ेगा।

इस वाक्य की अव्याकरणिकता का कारण गलत शब्द का चुनाव है। वचन की दृष्टि से संज्ञा के दो वर्ग होंगे, एकवचन, बहुवचन (लड़का : लड़के)। उक्त वाक्य में एकवचन के संज्ञावर्ग से शब्द चुनना आवश्यक है। *लड़की पुस्तक पढ़ेगा, *घोड़ा पुस्तक पढ़ेगा, आदि वाक्य भी गलत शब्दों के चुनाव के कारण ही गलत हैं। वाक्य (10) में पुंलिंग संज्ञा वर्ग से ही शब्द चुनना आवश्यक है, इसी तरह मानववाची संज्ञा वर्ग से शब्द चुनना आवश्यक है।

ऊपर वितरण पद्धति की संक्षिप्त चर्चा की गई। इसके अनुसार वाक्य घटकों की सरल संरचना है। लेकिन वाक्य को सरल संरचना मानने पर कई वाक्यों अथवा संरचनाओं की व्याख्या संभव नहीं है। निम्नलिखित संरचना पर विचार कीजिए—

(11) मोहन की लकड़ी की अलमारी।

इसके दो अर्थ हैं : (1) मोहन की अलमारी, जो लकड़ी की बनी हुई है, (2) वह अलमारी जो मोहन द्वारा खरीदी गई अथवा दी गई लकड़ी से बनी है, मोहन इसका स्वामी नहीं है। सरल संरचना के आधार पर इन दो अर्थों को स्पष्ट करना असंभव है क्योंकि शब्दों के चुनाव और क्रम-विन्यास को लेकर दोनों संरचनाओं में कोई अंतर नहीं है। दोनों अर्थों को स्पष्ट करने के लिए उक्त संरचना के घटकों को उत्तराधर क्रम (हायरार्की) में रखना होगा। सरल संरचना के स्थान पर उत्तराधर क्रम की संरचना की कल्पना करनी होगी।

(मोहन की (लकड़ी की) (अलमारी))

((मोहन की) (लकड़ी की) अलमारी)

प्रस्तुत संदर्भ के लिए यह विश्लेषण पर्याप्त है। संरचनाओं के घटकों में उत्तराधर क्रम मानना अन्य कारणों से भी आवश्यक है।

(12) कोई चिंता की बात नहीं है।

(13) किसी आदमी की बात मत करो।

वाक्य (12) में 'कोई' विकृत नहीं है, लेकिन वाक्य (13) में वह विकृत रूप में प्रयुक्त होता है। वाक्य (12) में 'की' 'कोई' के विकार का हेतु नहीं बनता जबकि वाक्य (13) में 'की' उसके विकार का हेतु बन जाता है। क्यों? वाक्य को सरल

संरचना मानने पर इस समस्या का समाधान करना कठिन है। वाक्य के घटकों को उत्तराधर क्रम से मानने पर इस समस्या का समाधान आसानी से हो जाता है। वाक्य (12) में 'कोई' 'बात' का विशेषण है, 'चिंता' का नहीं, कोई (चिंता की बात)। लेकिन वाक्य (13) में 'कोई' 'आदमी' का विशेषण है (और 'आदमी' के बाद परसर्ग है), 'बात' का नहीं (किसी आदमी) की बात। इससे स्पष्ट है कि वाक्य (12) में 'कोई' और 'चिंता' में वैसा संबंध नहीं है, जैसा संबंध वाक्य (13) में 'कोई' (किसी) और 'आदमी' में है। वाक्य को सरल संरचना मानने पर इस संबंध-भेद को स्पष्ट नहीं किया जा सकता। इस प्रकार आर्थी तथा संरचनात्मक दोनों आधारों पर वाक्यों के घटकों को उत्तराधर क्रम में मानना आवश्यक हो जाता है। सन्निहित अवयव विश्लेषण वाक्य का विश्लेषण उत्तराधर क्रम में करता है और इसलिए यह पद्धति वितरण पद्धति से अधिक सशक्त है।

सन्निहित अवयव विश्लेषण द्वारा सामान्य रूप से एक समय में संरचना के दो ही खंड किए जाते हैं। यदि किसी संरचना के दो ही सार्थक खंड संभव हैं तो सन्निहित अवयव विश्लेषण में कोई कठिनाई उत्पन्न नहीं होती। 'बेईमान' के दो ही सार्थक टुकड़े संभव हैं। कहाँ से इस संरचना को विश्लेषित किया जाय, यह भी स्पष्ट है, बे+ईमान। लेकिन अमानवीय का विश्लेषण कैसे किया जाए? क्या इसे एकसाथ तीन खंडों में विभाजित कर दिया जाय?—अ+मानव+ईय। अथवा एक समय में दो ही खंड किए जाएँ? यदि एक समय में दो ही खंड किए जाते हैं तो वह किस क्रम में हो? अमानव+ईय, फिर अ+मानव अथवा पहले अ+मानवीय, फिर मानव+ईय।

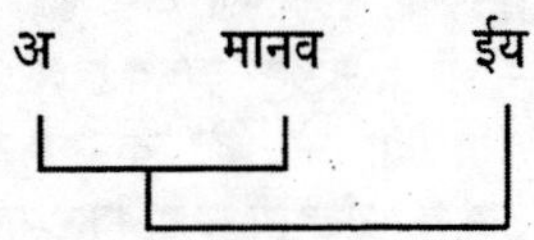

(क)

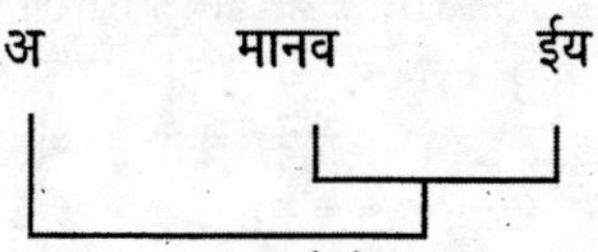

(ख)

एक समय में किसी संरचना के केवल दो ही खंड करने में लाभ क्या है? दूसरे शब्दों में सन्निहित अवयव विश्लेषण का भाषा के वर्णन में क्या महत्त्व है? सन्निहित अवयव विश्लेषण करते समय किन बातों को ध्यान में रखना चाहिए? नीचे इन प्रश्नों के उत्तर देने का प्रयास किया गया है।

सन्निहित अवयव विश्लेषण का महत्त्व दो दृष्टियों से है : (1) अर्थ को स्पष्ट करने की दृष्टि से तथा (2) भाषा-वर्णन में एकरूपता और संक्षिप्तता लाने की दृष्टि से। किसी संरचना का उपयुक्त सन्निहित अवयव विश्लेषण क्या है, इसका निर्णय भी इन्हीं दो दृष्टियों से किया जाता है।

अनेकार्थक संरचना के विभिन्न अर्थों को स्पष्ट करने में सन्निहित अवयव विश्लेषण से सहायता मिलती है। पीछे 'मोहन की लकड़ी की अलमारी' की व्याख्या करने में इस विश्लेषण पद्धति से ही मदद मिली थी। भाषा में ऐसी अनेक संरचनाएँ

मिलती हैं, जिनके एक से अधिक अर्थ होते हैं। इस तरह की अधिकांश संरचनाओं की व्याख्या सन्निहित अवयव विश्लेषण द्वारा संभव है। उदाहरण के लिए—

(14) पके आम और केले।

केवल आम पके हैं, या आम और केले दोनों पके हैं, यह उक्त संरचना से स्पष्ट नहीं है। इस अस्पष्टता को सन्निहित अवयव विश्लेषण के द्वारा दूर कर सकते हैं :

(क) पके आम | और | और | केले

(ख) पके | आम | और | केले

(क) में पहले दो खंड हुए—'पके आम' और 'केले'।

(ख) में पहले दो खंड हुए—'पके' और 'आम और केले'।

संरचना (14) को पहली बार कहाँ से विभाजित करते हैं, यह जानना उक्त संरचना के अर्थ के निर्धारण के लिए महत्त्वपूर्ण है। दूसरा उदाहरण 'अमानवीय' संरचना का लीजिए। इस संरचना के प्रथम दो खंड कौन से हैं, यह जानना अर्थ-निर्धारण के लिए आवश्यक है। (क) अ/मानवीय या (ख) अमानव|ईय। (क) का अर्थ है, वह जो मानवीय नहीं है, अमानवीय व्यवहार (अनुचित और घृणास्पद व्यवहार)। (ख) का अर्थ है वह जो मानव संबंधी नहीं है, देवता संबंधी है या दैत्य संबंधी है, अमानवीय शक्ति, अलौकिक शक्ति। अनुचित तथा घृणास्पद का भाव यहाँ नहीं है, बल्कि चमत्कार का भाव है। इससे स्पष्ट है कि 'अमानवीय' के दो तरह के सन्निहित अवयव विश्लेषण की संगति संरचना के दो भिन्न अर्थों से है। इन उदाहरणों से स्पष्ट है कि संरचना के अर्थ-निर्धारण में इस पद्धति का महत्त्वपूर्ण योग है।

भाषा-वर्णन में एकरूपता और संक्षिप्तता लाने में भी सन्निहित अवयव विश्लेषण की पद्धति बहुत सहायक होती है। पीछे 'लड़कों' तथा 'दासियों' को उदाहरण रूप में प्रस्तुत किया गया है। यदि दासियों को उत्तराधर-क्रम की संरचना न मानकर सरल संरचना मानते हैं तो स्थिति यह होगी—(1) एक-साथ इसके तीन खंड होंगे—दास+ई+यों। (2) '-ओं' का वितरण बताते हुए यह कहना होगा कि प्रत्यय कभी '-ई' प्रत्यय के बाद आता है (दास+ई+ओं) कभी संज्ञा के बाद आता है (लड़का+ओं)। अर्थात् '-ओं' का वितरण दो भिन्न संदर्भों में होता है। (3) 'दासी' तथा 'लड़का' में स्थानापन्नता का संबंध स्पष्ट नहीं होता। वास्तव में 'दास' और 'ई' के मिलने से 'दासी' बनता है जो एक इकाई के रूप में काम करता है और वाक्य में 'लड़का' के स्थान पर प्रयुक्त हो सकता है। यह बहुत महत्त्वपूर्ण बात है जो 'दासियों' को सरल संरचना मानने से खत्म हो जाती है। इन कठिनाइयों को दूर करने के लिए हमें सन्निहित अवयव विश्लेषण की शरण में जाना होगा।

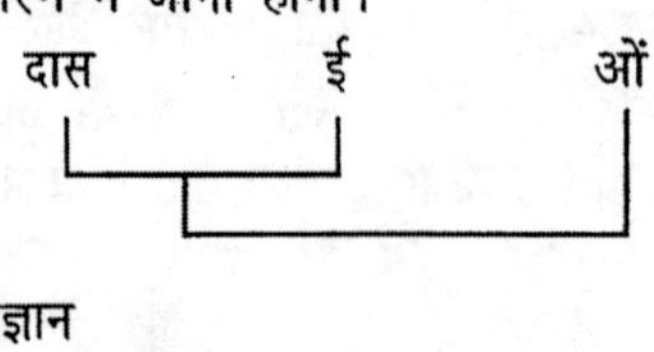

इस विश्लेषण पद्धति से उपर्युक्त सभी आपत्तियाँ दूर हो जाती हैं। (1) अब यह कहना पर्याप्त है कि '-ओं' का वितरण हमेशा संज्ञा के बाद होता है, क्योंकि अब हम दासी को एक इकाई मान रहे हैं जो 'लड़का' की तरह संज्ञा है। 'ओं' का प्रयोग 'ई' के बाद नहीं बल्कि 'दासी' के बाद है। (2) 'दासी' और 'लड़का' में स्थानापन्नता का संबंध है, यह भी स्पष्ट हो जाता है। दोनों एक ही संदर्भ में प्रयुक्त है, '-ओं'। अन्यत्र भी ये एक-दूसरे के स्थान पर प्रयुक्त हो सकते हैं। इस उदाहरण से स्पष्ट है कि सन्निहित अवयव विश्लेषण से वर्णन में एकरूपता तथा संक्षिप्तता आ जाती है।

ऊपर की चर्चा से सन्निहित अवयव विश्लेषण का महत्त्व स्पष्ट है। आगे हम देखेंगे कि किसी संरचना का सन्निहित अवयव विश्लेषण करते समय किन बातों पर ध्यान रखना चाहिए। यहाँ बहुत कुछ वही कहा जाएगा, जो अभी-अभी इस पद्धति के महत्त्व को स्पष्ट करने के लिए कहा गया है। सन्निहित अवयव विश्लेषण करते समय दो मुख्य बातों का ध्यान रखना चाहिए—(1) संरचना के अर्थ पर तथा (2) भाषा के सामान्य संरचनात्मक ढाँचे पर। सन्निहित अवयव विश्लेषण भाषा के सामान्य संरचनात्मक ढाँचे के जितना अनुकूल होगा उतना ही वह सही होगा तथा वर्णन में सामान्यता तथा संक्षिप्तता दिखाई देगी।

पहले हम अर्थ को लें। संरचना के सन्निहित अवयव विश्लेषण को अर्थ के प्रतिकूल नहीं जानना चाहिए। सन्निहित अवयव विश्लेषण संरचना के अपेक्षित अर्थ को बदल देता हो या उसको दबा देता हो तो उसे तुरंत अमान्य कर देना चाहिए। जैसे, यदि निम्न संरचना में 'आम' तथा 'केले' दोनों को 'पका' कहना है तो इसका यह सन्निहित अवयव विश्लेषण बिलकुल अमान्य है।

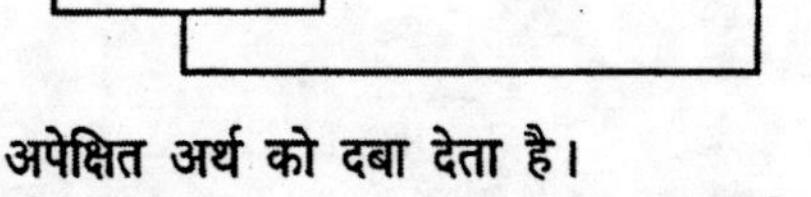

यह विश्लेषण अपेक्षित अर्थ को दबा देता है।

दूसरा उदाहरण है, असुरापान। इसके दो अर्थ हो सकते हैं : (1) सुरा का पान नहीं, (2) असुरा (सुरा से भिन्न दूध आदि) का पान। 'नहीं' का अन्वय एक बार 'पान' से है, एक बार 'सुरा' से। पहले अर्थ के लिए संरचना का निम्न सन्निहित अवयव विश्लेषण अस्वीकार्य है—असुरा|पान। दूसरे अर्थ के लिए यह विश्लेषण अस्वीकार्य है—अ|सुरापान।

सन्निहित अवयव विश्लेषण को जिस प्रकार अर्थ के अनुकूल होना चाहिए उसी प्रकार उसे भाषा के सामान्य संरचनात्मक ढाँचे के अनुकूल भी होना चाहिए। व्याकरण के सामान्य नियमों को बनाने में सन्निहित अवयव विश्लेषण से मदद मिलनी

चाहिए। इसीलिए किसी संरचना का सन्निहित अवयव विश्लेषण अन्य संरचनाओं के साथ ही करना चाहिए। उदाहरण के लिए अध्याय सात में 'दासियों' का सन्निहित अवयव विश्लेषण इस रूप में किया गया है।

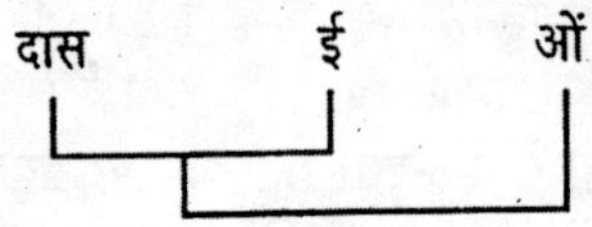

इस शब्द का ऐसा विश्लेषण क्यों किया गया? अन्य विश्लेषण (दास|ई ओं या दास|ई|ओं) क्यों नहीं सही हैं? इन सबके उत्तर हमको तभी मिलेंगे जब हम 'दासियों' को 'लड़कों' तथा इस तरह के अन्य शब्दों के संदर्भ में देखेंगे। मान लीजिए हिंदी न जानने वाले किसी भाषाविद् को 'दासियों' शब्द दे दें और यह भी बता दें कि इस शब्द के तीन सार्थक खंड हैं, और सार्थक खंड भी ये हैं, और फिर उससे इस शब्द के विश्लेषण के लिए कहें। इस परिस्थिति में वह 'दासियों' का जिस तरह से भी विश्लेषण करेगा, उसे सही मानना होगा। किसी एक विश्लेषण को दूसरे से श्रेष्ठ बताना कठिन ही नहीं, बल्कि असंभव होगा। किसी संरचना के दो प्रकार के सन्निहित अवयव विश्लेषणों में से कौन-सा अधिक उचित है, इसका निर्णय करने में हमेशा पूरी भाषा का संदर्भ अपेक्षित है। इसको स्पष्ट करने के लिए कुछ और उदाहरण दिए जा रहे हैं। 'अनदेखी' का सन्निहित अवयव विश्लेषण दो प्रकार से संभव है :

(क) 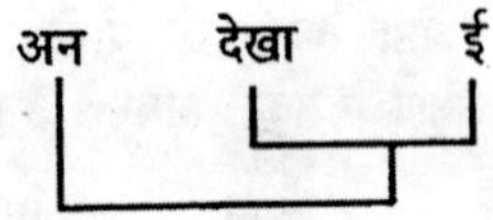

(ख) 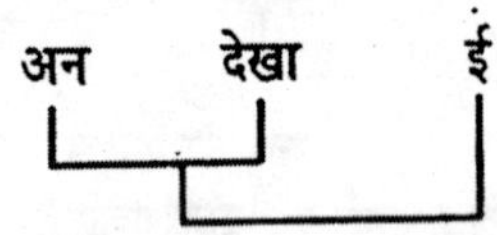

(क) में पहले दो खंड हुए : 'अन' तथा 'देखी'। दूसरी बार 'देखी' के दो खंड हुए : 'देखा' तथा 'ई'। (ख) में पहले दो खंड हुए : 'अनदेखा' तथा 'ई'। दूसरी बार 'अनदेखा' के दो खंड हुए : 'अन' तथा 'देखा'। इन दोनों में से (ख) वाला विश्लेषण हिंदी के व्याकरणिक तथ्यों के अधिक अनुकूल है। अतः वही श्रेष्ठ है। 'ई' भाववाचक संज्ञा बनाने वाला प्रत्यय है और यह विशेषण से आसानी से जुड़ जाता है, बेईमान→बेईमानी, गरीब→गरीबी, उदास→उदासी आदि। इसी तरह 'अनदेखा' (विशेषण) से 'अनदेखी' (भाववाचक संज्ञा) बना (किसी बात की अनदेखी करना)। 'अन' प्रत्यय धातु में लगकर उसे विशेषण बनाता है—पढ़→अनपढ़। इसी तरह

देखा→अनदेखा। अर्थात् पहले 'अनदेखा' बना । फिर उससे 'अनदेखी'। यदि हम (क) वाले विश्लेषण को स्वीकार करेंगे तो असंगति पैदा होगी। (क) के अनुसार पहले 'देखी' बना फिर उससे 'अनदेखी' बना। लेकिन यह आपत्तिजनक है। पहली आपत्ति यह है कि 'हँसी' की तरह 'देखी' का प्रयोग भाववाचक संज्ञा के रूप में नहीं मिलता। दूसरी आपत्ति यह है कि 'अन' प्रत्यय सामान्य रूप से धातु से जुड़ता है, संज्ञा से नहीं। 'देखी' से 'अन' को जोड़ने पर इस सामान्य नियम का एक अपवाद खड़ा हो जाता है। 'अनदेखी' की तरह 'अनहोनी' है :

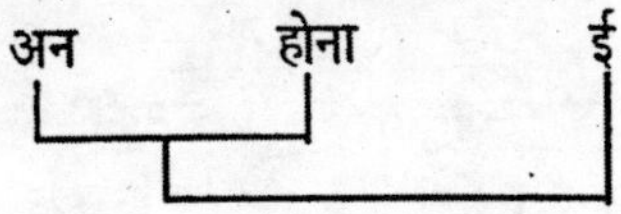

यही विश्लेषण उचित है। 'बेईमानी' का भी विश्लेषण दो तरह से हो सकता है :

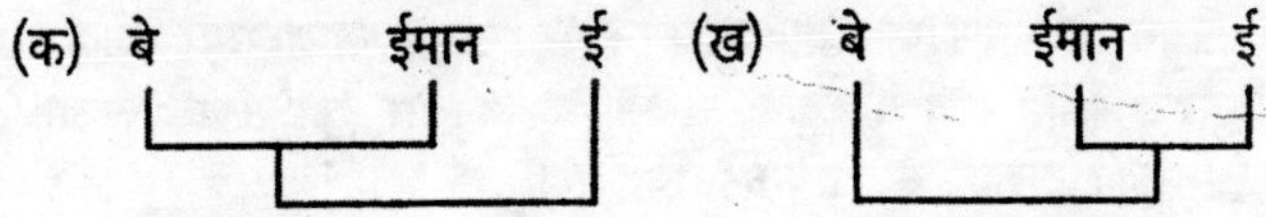

(क) वाला विश्लेषण (ख) वाले से श्रेष्ठ है। (ख) वाले को स्वीकार करने पर यह मानना होगा कि भाववाचक संज्ञा बनाने वाला प्रत्यय 'ई' भाववाचक संज्ञा 'ईमान' से जुड़ता है, जो सर्वथा अवांछनीय है। इसलिए यही कहना उचित है कि पहले 'बेईमान' बनता है, फिर 'ई' जोड़ने से 'बेईमानी' बनता है।

'बड़े लड़के ने' इसका विश्लेषण भी दो तरह से हो सकता है। चाहे जिस तरह विश्लेषण करें, अपेक्षित अर्थ से उसकी संगति बैठ जाती है।

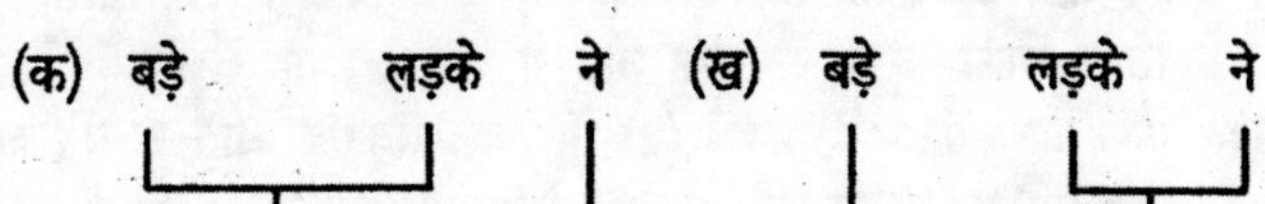

इनमें (क) वाला विश्लेषण अधिक उपयुक्त है। इसके अनुसार 'बड़ा' संज्ञा (लड़का) की विशेपता बता रहा है। 'बड़ा लड़का' एक इकाई है, जो संज्ञा पदबंध है। यदि हम (ख) वाले विशेषण को स्वीकार करेंगे तो यह कहना होगा कि 'बड़ा' कर्त्ता (लड़के ने) की विशेषता बता रहा है। इतना ही कहना पर्याप्त नहीं होगा, अब विशेषण के लिए हमें यह भी कहना होगा कि यह कर्म की विशेषता बताता है, करण

की विशेषता बताता है, अपादान की विशेषता बताता है—आदि। जैसे— बड़े|लड़के को, बड़े|चाकू से, बड़े|शहर से—आदि। इससे विशेषण का प्रयोग बताने में अनावश्यक विस्तार हो जाएगा। यदि हम (क) वाले विशेषण को स्वीकार कर लें तो विशेषण का प्रयोग बड़े संक्षेप में बता सकते हैं, 'विशेषण संज्ञा की विशेषता है'। 'बड़ा लड़का' के साथ ने, को, से आदि परसर्गों को जोड़ने में कोई बाधा नहीं उपस्थित होती क्योंकि यह संरचना स्वयं संज्ञा है। इसी तर्क के आधार पर 'उसकी आज्ञा के अनुसार' संरचना के प्रथम विश्लेषण को हम अधिक संगत कह सकते हैं :

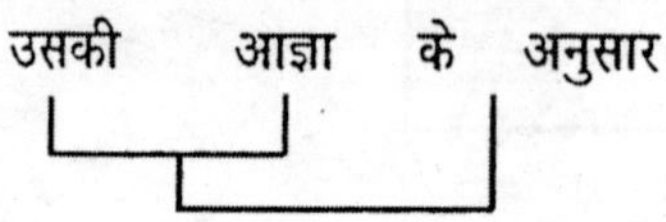

(क)

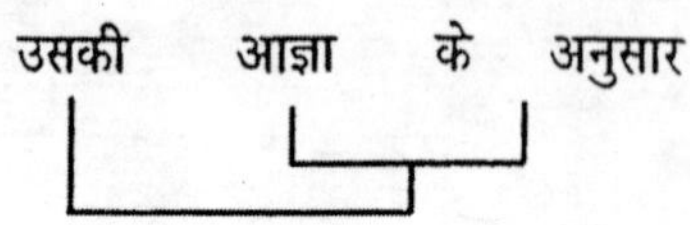

(ख)

प्रथम विश्लेषण को स्वीकार करने पर 'उसकी आज्ञानुसार' ठीक है, 'उसके आज्ञानुसार' नहीं। अर्थ की दृष्टि से भी 'के अनुसार' का संबंध 'आज्ञा' से नहीं, बल्कि 'उसकी आज्ञा' से अधिक उचित है।

सन्निहित अवयव विश्लेषण से प्राप्त होने वाले खंड प्रयोग की दृष्टि से अधिक-से-अधिक स्वतंत्र होने चाहिए। इसका भाव यह है कि खंड ऐसा हो जिसके स्थान पर अधिक-से-अधिक घटकों को स्थानापन्न किया जा सके। इस उदाहरण को लीजिए : 'खाना खाने वाला'—इसके प्रथम दो खंड कौन-से हों?

	कर्म	सकर्मक संज्ञा		धातु	प्रत्यय
(क)	खाना	खाने वाला	(ख)	खाना खा	ने वाला।

पहले (क) पर विचार करें। (1) '...खाने वाला' इस संदर्भ में 'खाना', 'केला', 'आम' आदि शब्द आ सकते हैं, (2) 'खाना...' इस संदर्भ में 'खाने वाला', 'बनाने वाला', 'खरीदने वाला' आदि सकर्मक धातु से बने शब्द आ सकते हैं। संदर्भ (1) में केवल कर्म आ सकता है, संदर्भ (2) में केवल सकर्मक धातु से बने शब्द आ सकते हैं। अब (ख) पर विचार करें—(क) '...ने वाला' इस संदर्भ में अकर्मक, सकर्मक, द्विकर्मक आदि सभी धातुएँ आ सकती हैं। इन धातुओं के साथ कर्म, करण आदि सभी कारक आ सकते हैं। अर्थात् 'खाना खा' एक इकाई के रूप में ज्यादा स्वतंत्र है। 'खाना खा' इकाई के स्थान पर एक साधारण धातु को भी रखा जा सकता है—हँस, खेल आदि हँसने वाला, खेलने वाला, आदि। (2) 'खाना खा' इस संदर्भ में '...ने वाला' के अतिरिक्त धातु से लगने वाले सभी प्रत्यय आ सकते हैं। -ते हुए, -कर, -ऊँ आदि—खाना खाते हुए, खाना खाकर, खाना खाऊँ आदि। इस तरह '...ने वाला' भी अधिक स्वतंत्र इकाई है। संक्षेप में 'खाना खाने वाला' इस संरचना का विश्लेषण

‘कर्म+सकर्मक संज्ञा’ के रूप में उतना उपयुक्त नहीं है जितना ‘धातु+प्रत्यय’ के रूप में। ‘कर्म+सकर्मक संज्ञा’ वाली संरचना से ‘धातु+प्रत्यय’ वाली संरचना हमेशा संख्या में अधिक होगी। वास्तव में पहली संरचना दूसरी संरचना का उपसमुच्चय है। ‘खाना खाने वाला’ तथा ‘हँसने वाला’ दोनों ‘धातु+प्रत्यय’ के साँचे में आ जाते हैं लेकिन ‘हँसने वाला’ ‘कर्म+सकर्मक संज्ञा’ के साँचे में नहीं आ सकता।

ऊपर के विवेचन से स्पष्ट है कि किसी संरचना का सन्निहित अवयव विश्लेषण करते समय दो मुख्य बातों पर ध्यान रखना चाहिए : (1) सन्निहित अवयव विश्लेषण अर्थ के अनुकूल हो अर्थात् वह संरचना के अपेक्षित अर्थ को न दबाए। (2) सन्निहित अवयव विश्लेषण भाषा की पूरी व्यवस्था के अनुकूल हो। भाषा-वर्णन में सामान्यतया तथा संक्षिप्तता लाने में सहायक हो।

10

शब्द-भेद

शब्दावली भाषा का एक महत्त्वपूर्ण अंग है। किसी भी भाषा में शब्दों की संख्या असीमित होती है। भाषा में नए-नए शब्दों का आगमन दूसरी भाषाओं से होता रहता है। उसमें नये-नये शब्दों को गढ़ने की क्षमता भी होती है। इसीलिए व्यक्ति व्याकरण के नियमों पर (जो सीमित होते हैं) अधिकार कर लेता है लेकिन शब्दों की दुनिया में वह हमेशा नौसिखुआ ही बना रहता है। भाषा की संरचनाओं के वर्णन में सरलता तथा संक्षिप्तता लाने के लिए इस विशाल शब्द समूह को अनेक वर्गों में विभाजित करना आवश्यक होता है। कई शब्द वाक्य में एक ही तरह से प्रयुक्त होते हैं, वे एक ही प्रकार के प्रत्ययों से मिलकर शब्द रूपावली का निर्माण करते हैं। ऐसे शब्दों को एक वर्ग में रखकर उस वर्ग के बारे में कुछ कहना आसान होता है, बनिबस्त इसके कि वर्ग के हर शब्द को अलग-अलग लिया जाय और हर शब्द के बारे में एक ही बात बार-बार कही जाय। उदाहरण के लिए, हिंदी में 'घोड़ा' शब्द जिन रूपसाधक प्रत्ययों से मिलकर रूपावली का निर्माण करता है, उन्हीं प्रत्ययों के साथ मिलकर 'लड़का', 'बच्चा' आदि शब्द भी रूपावली का निर्माण करते हैं।

(क)	घोड़ा (ϕ)	घोड़े (-ए$_1$)
	घोड़े (ए^2)	घोड़ों (-ओं)
	घोड़े (ए$_3$)	घोड़ो (ओ)
(ख)	लड़का (ϕ)	लड़के (ए^1)
	लड़के (ए$_2$)	लड़कों (ओं)
	लड़के (ए$_3$)	लड़को (ओ)

इस समानता के आधार पर 'घोड़ा', 'लड़का', 'बच्चा' आदि को एक ही वर्ग में रखना उपयुक्त होगा। इससे -ए$_1$, -ए^2, -ए$_3$, -ओं, -ओ प्रत्ययों का उल्लेख 'लड़का', 'बच्चा' आदि के लिए अलग-अलग नहीं करना पड़ेगा। अमुक वर्ग के शब्दों के साथ प्रत्यय आते हैं, इतना कहना पर्याप्त होगा।

'घोड़ा', 'लड़का' आदि केवल शब्द रूपावली की दृष्टि से ही समान नहीं हैं,

बल्कि वाक्य में प्रयोग की दृष्टि से भी समान हैं। ये वाक्य में कर्त्ता, कर्म आदि स्थानों पर प्रयुक्त हो सकते हैं। इसलिए इनको एक शब्दवर्ग में रखना सर्वथा उपयुक्त है। इस तरह स्पष्ट है कि शब्दों के वर्गीकरण के मूल में व्याकरणिक संक्षिप्तता और सामान्यीकरण का आकर्षण ही है।

संज्ञा, विशेषण, क्रिया, क्रिया-विशेषण प्रमुख शब्दवर्ग हैं। इन विभिन्न शब्दवर्गों को कभी अर्थ के आधार पर परिभाषित करने का प्रयास किया गया है, कभी व्याकरण के आधार पर और कभी इन दोनों आधारों पर। अर्थ के आधार पर किसी शब्दवर्ग को परिभाषित करना कितना मुश्किल है, यह देखने के लिए संज्ञा की इस बहुप्रचलित परिभाषा पर विचार करें—"किसी व्यक्ति, स्थान अथवा वस्तु के नाम को संज्ञा कहते हैं।" इस परिभाषा में पहला दोष यह है कि एक शब्द ('संज्ञा') के स्थान पर दूसरा शब्द ('नाम') रख दिया गया है। एक शब्द को दूसरे शब्द से स्थानापन्न कर देना परिभाषा देना नहीं कहलाता। 'संज्ञा' के स्थान पर 'नाम' कह देने से 'संज्ञा' की परिभाषा नहीं बनती। यह तो ऐसा ही है जैसे राजनीतिशास्त्र का कोई विद्यार्थी अध्यापक से पूछे : 'सर, प्रजातंत्र क्या है?' और अध्यापक उत्तर दे : 'अरे, प्रजातंत्र नहीं जानते। जनतंत्र को प्रजातंत्र कहते हैं।' संज्ञा की इस परिभाषा में 'नाम' 'संज्ञा' के पर्यायवाची के रूप में प्रयुक्त है। लेकिन किसी शब्द का अर्थ समझाने के लिए उसका पर्यायवाची देना पर्याप्त नहीं होता। यदि हम परिभाषा के पक्ष में यह कहें कि व्यक्ति 'नाम' से पहले से परिचित है इसलिए 'संज्ञा' के स्थान पर 'नाम' को दिया गया है तो प्रश्न उठता है कि फिर 'नाम' के स्थान पर एक नया शब्द 'संज्ञा' देने से लाभ क्या है। व्याकरण से संज्ञा को निकालकर 'नाम' को रख लेने में कोई हानि नहीं है, बल्कि लाभ ही होगा। 'नाम' की परिभाषा नहीं देनी होगी। यदि हम 'नाम' और 'संज्ञा' के झगड़े को छोड़ दें तो भी उक्त परिभाषा दोषरहित नहीं होगी। परिभाषा के अनुसार 'मोहन', 'लड़का', 'आगरा', 'पुस्तक' आदि संज्ञाएँ हैं। लेकिन 'क्रोध', 'प्यार', 'लंबाई', 'मोटाई' आदि क्या हैं? इनको संज्ञा की कोटि में रखा जाता है, यद्यपि इनमें से कोई भी व्यक्ति, स्थान, अथवा वस्तु का नाम नहीं है। यदि हम यह कहें कि 'लंबाई' एक मानसिक बिंब प्रस्तुत करता है और यह मानसिक बिंब भी वस्तु के अंतर्गत है तो कठिनाई और बढ़ जाएगी। 'लंबा', 'मोटा', 'जा' आदि भी तो उसी प्रकार का मानसिक बिंब प्रस्तुत करते हैं। तो क्या ये संज्ञाएँ हैं? वास्तव में 'लंबाई' को संज्ञा वर्ग में रखने का आधार व्याकरणिक है, आर्थी नहीं। 'लंबाई' शब्द 'मोहन', 'पुस्तक', 'कलम' आदि की तरह वाक्य में कर्त्ता, कर्म आदि के स्थान पर प्रयुक्त होता है, इसलिए वह संज्ञा वर्ग में है। वह संज्ञा वर्ग में है, इसलिए वह वस्तु का नाम है। यहाँ ध्यान देने की बात है कि हम दो भिन्न छोरों से चल रहे हैं। 'पुस्तक' संज्ञा है क्योंकि वह वस्तु का नाम है। 'लंबाई' वस्तु का नाम है, क्योंकि वह संज्ञा है। 'लंबाई' संज्ञा है, यह वाक्य में उसके प्रयोग को देखकर निश्चित हुआ है, उसके

अर्थ को देखकर नहीं। 'लंबा' और 'लंबाई' को अर्थ के आधार पर अथवा मानसिक बिंब के आधार पर अलग-अलग करना दुःसाध्य है। ये अपनी प्रयोगगत विशेषताओं के आधार पर ही अलग हैं।

शब्दों के वर्गीकरण का दूसरा आधार है : व्याकरण। व्याकरणिक आधार दो प्रकार के हैं : (1) शब्द की रूपावली का आधार तथा (2) वाक्य में शब्द के प्रयोग का आधार। शब्द रूपावली से अभिप्राय है, शब्द के उन समस्त रूपों का समुच्चय जो रूपसाधक प्रत्ययों से बनते हैं। रूपसाधक प्रत्यय वचन, विभक्ति, काल वृत्ति आदि व्याकरणिक कोटियों के बोधक होते हैं। शब्द रूपावली को शब्द में होने वाला रूपविकार भी कह सकते हैं। जो शब्द एक ही प्रकार की शब्द रूपावली का निर्माण करते हैं अथवा जिनका रूपविकार एक ही प्रकार के रूपसाधक प्रत्ययों द्वारा होता है, उनको एक शब्दवर्ग में रखा जाता है। 'घोड़ा' तथा 'लड़का' की रूपावलियाँ पहले दी जा चुकी हैं। इन दोनों शब्दों में लगने वाला प्रत्यय एक ही है। ये वचन तथा विभक्ति के बोधक प्रत्यय हैं। दूसरे शब्दों में यह कह सकते हैं कि 'घोड़ा' तथा 'लड़का' में एक ही रूप विकार होता है। दोनों एक ही प्रकार की व्याकरणिक कोटियों (वचन तथा विभक्ति) को प्रकट करते हैं। इसलिए ये दोनों शब्द एक ही शब्दवर्ग में रखे जाएँगे। इसी तरह 'साधु', 'फूल', 'पुस्तक', 'नदी' आदि भी वचन तथा विभक्ति के कारण विकृत होते हैं, इनमें भी वचन तथा विभक्ति के बोधक रूपसाधक प्रत्यय लगते हैं, इसलिए इनको भी 'घोड़ा' तथा 'लड़का' के वर्ग में रखा जाएगा। इन सभी शब्दों का वर्ग हिंदी में संज्ञा वर्ग कहलाता है। 'काला' संज्ञा वर्ग में नहीं है क्योंकि इसकी रूपावली 'घोड़ा', 'साधु', 'पुस्तक', अथवा 'नदी' की रूपावली से भिन्न है। 'जा' भी संज्ञा वर्ग में नहीं है क्योंकि इसकी रूपावली संज्ञा की रूपावली से भिन्न है। 'जा' विभक्ति के लिए विकृत नहीं होता। 'लड़का' काल, वृत्ति, अवस्था के लिए विकृत नहीं होता। अब रूपावली के आधार पर संज्ञा की परिभाषा इस प्रकार दे सकते हैं—"जो शब्द वचन तथा विभक्ति-बोधक -ए, -ओं, -याँ, -एँ आदि प्रत्ययों के साथ आ सकता है, वह संज्ञा है।" 'लड़का' संज्ञा है, क्योंकि यह -ए अथवा -ओं आदि प्रत्ययों के साथ आ सकता है, लड़के (-ए$_1$—बहुवचन सरल विभक्ति) लड़कों (-ओं बहुवचन—तिर्यक विभक्ति)। 'जा' संज्ञा नहीं है क्योंकि -ए$_1$, -ओं आदि प्रत्यय इसमें नहीं जुड़ सकते। संज्ञा की उक्त परिभाषा रूपविकार अथवा रूपावली पर आधारित है तथा अर्थ पर आधारित संज्ञा की परिभाषा से अधिक स्पष्ट और सुनिश्चित है।

वाक्य में प्रयोग के आधार पर भी शब्दों का वर्गीकरण किया जाता है। जो शब्द वाक्य में एक ही तरह के प्रकार्य करते हैं, उनको एक ही वर्ग में रखा जा सकता है। कर्त्ता, कर्म, करण आदि कारकों में जैसे 'घोड़ा' का प्रयोग संभव है। वैसे ही 'लड़का' का भी, 'साधु', 'बहिन', 'माँ', 'पुस्तक', 'चाकू' आदि का भी। इसलिए

ये सब एक ही शब्द वर्ग के सदस्य हैं। 'जा', 'उठ', 'पढ़' आदि सभी वाक्य में विधेय के स्थान पर प्रयुक्त हो सकते हैं। इसलिए सभी एक ही शब्दवर्ग के सदस्य हैं। 'ने', 'को', 'से', 'पर' आदि कारक संबंधों को प्रकट करते हैं, इसलिए ये सब एक ही शब्दवर्ग के सदस्य हैं। वाक्य में प्रयोग के आधार पर संज्ञा की परिभाषा इस प्रकार दे सकते हैं : "जो शब्द वाक्य में कर्त्ता, कर्म आदि कारकों में प्रयुक्त हो सकता है, वह संज्ञा है।" इस परिभाषा के अनुसार 'जा' संज्ञा नहीं है। 'जाना' कर्त्ता के रूप में प्रयुक्त हो सकता है। इसलिए यह संज्ञा है। संज्ञा की यह परिभाषा भी अर्थ पर आधारित परिभाषा से अधिक स्पष्ट और निश्चित है। रूपावली तथा वाक्य प्रयोग—इन दोनों आधारों पर संज्ञा की परिभाषा इस प्रकार बनती है : "संज्ञा वह शब्द है जो वचन तथा विभक्ति के कारण विकृत होता है तथा वाक्य में कर्त्ता, कर्म आदि कारकों में प्रयुक्त होता है।"

उपर्युक्त दोनों व्याकरणिक आधारों में वाक्य प्रयोग वाला आधार अधिक प्रबल है। कुछ शब्द रूपविकार की दृष्टि से एक वर्ग में नहीं आ पाते। लेकिन यदि वाक्य-प्रयोग की दृष्टि से उनमें समानता है, तो उनको एक ही वर्ग में रखा जा सकता है। 'पानी', 'प्रेम' आदि शब्द निर्विकार रहते हैं, फिर भी इनको 'लड़का', 'साधु', 'पुस्तक' आदि की तरह संज्ञा वर्ग में ही रखते हैं। इसका कारण यह है कि 'पानी', 'प्रेम' आदि अन्य संज्ञा शब्दों की तरह ही वाक्य में प्रयुक्त होते हैं। अंग्रेजी में long (long : longer : longest) good, short आदि की तरह beautiful के रूप में नहीं होते लेकिन तब भी beautiful को long आदि के साथ विशेषण वर्ग में रखा जाता है। इसका कारण यह है कि beautiful अन्य विशेषण शब्दों (long, short आदि) की तरह ही वाक्य में प्रयुक्त होता है।

पीछे संज्ञा की व्याकरणिक परिभाषा दी गई। यह परिभाषा अर्थ पर आधारित नहीं है और इसीलिए यह अस्पष्टता के दोष से मुक्त है। लेकिन अब विचारणीय बात यह है कि इस परिभाषा का उपयोग क्या है। "संज्ञा वह शब्द है जिसमें -एँ, -ओं, -ओ, आदि रूपसाधक प्रत्यय लगते हैं और जो वाक्य में कर्त्ता, कर्म आदि कारकों में प्रयुक्त होता है।" अर्थात् किसी शब्द के बारे में यह तय करने के लिए कि वह संज्ञा है अथवा नहीं, हमें दो उपाय करने होंगे : (1) हम शब्द में लगने वाले सभी रूपसाधक प्रत्ययों को देखें तथा वाक्य में उसके समस्त प्रयोगों को देखें। तभी हम यह तय कर पाएँगे कि यह शब्द संज्ञा है अथवा नहीं। लेकिन किसी शब्द के सभी रूपों और प्रयोगों को देख लेने के बाद उस शब्द को 'संज्ञा' आदि 'नाम' देना कोई अर्थ नहीं रखता। 'लड़का' को संज्ञा कहकर हम यही तो सूचित करना चाहते हैं कि इसमें वचन-विभक्ति-बोधक प्रत्यय लग सकते हैं, यह कर्त्ता, कर्म आदि कारकों में प्रयुक्त हो सकता है। लेकिन यदि 'लड़का' के बारे में ये सूचनाएँ हमको पहले ही प्राप्त हो जाती हैं तो उसे 'संज्ञा' कहने का कोई औचित्य नहीं है। (2) दूसरा

उपाय यह हो सकता है कि वैयाकरण ऐसे शब्दों की एक सूची बना दे, जिनमें -ए, -ओं आदि रूपसाधक प्रत्यय लगते हैं और जो कर्त्ता, कर्म आदि कारकों में प्रयुक्त होते हैं। सामान्य जन के लिए यह सूची सहायक होगी। जो शब्द इस सूची में हैं, उनमें -ए, -ओं आदि प्रत्यय लगेंगे और वे कर्त्ता, कर्म आदि के रूप में प्रयुक्त होंगे। अब महत्त्वपूर्ण प्रश्न यह उठता है कि इस तरह शब्द सूची तैयार करने के बाद संज्ञा को रूपावली और वाक्य प्रयोग के आधार पर परिभाषित करने की आवश्यकता क्या है। सीधे यही क्यों न कह दिया जाय कि जो शब्द इस सूची में हैं वो संज्ञाएँ हैं।

ऊपर की चर्चा से यह स्पष्ट हो जाता है कि संज्ञा की व्याकरणिक परिभाषा भी अर्थ पर आधारित परिभाषा की तरह दोषपूर्ण है। वास्तव में किसी शब्दवर्ग को परिभाषित करने का सबसे निरापद तरीका शब्दवर्ग के समस्त अथवा अधिकांश सदस्यों को परिगणित करना है। संस्कृत वैयाकरण शब्दवर्ग की परिभाषा देने की कठिनाई से भली भाँति परिचित थे। प्रातिपदिक (संज्ञा) वह है जो अर्थपूर्ण है लेकिन धातु नहीं। धातु क्या है? इसके लिए धातु पाठ देखिए। सर्वनाम क्या है? इसके लिए सर्वनामों की सूची देखिए। कोई परिभाषा नहीं। उपसर्ग क्या है? उनको गिना दिया गया।

सामान्य रूप से भाषा के समस्त शब्दों को आठ वर्गों में विभाजित किया जाता है, संज्ञा, सर्वनाम, विशेषण, क्रिया, क्रिया-विशेषण, संयोजक, परसर्ग तथा विस्मयादि-बोधक शब्द। विस्मयादि-बोधक शब्द अन्य शब्दों की तरह वाक्य की संरचना के अंग नहीं बनते। 'अहा', 'ओह', 'आह', 'अरे', आदि वाक्य से पृथक रहते हैं। अन्य सात शब्दवर्गों को संरचनात्मक प्रकार्य के आधर पर तीन प्रमुख वर्गों में समाविष्ट किया जा सकता है, संज्ञा, क्रिया और अव्यय (परसर्ग, संयोजक आदि)। वाक्य एक प्रतिज्ञप्ति के रूप में होता है। प्रतिज्ञप्ति के दो खंड होते हैं, वस्तु और वस्तु के बारे में दी गई टिप्पणी अथवा कथन। व्याकरण की शब्दावली में दोनों खंडों को क्रमशः उद्देश्य और विधेय कहा जाता है। उद्देश्य के स्थान पर आने वाला शब्द संज्ञा है और विधेय के स्थान पर आने वाला शब्द क्रिया। इस प्रकार अर्थ अथवा आधारभूत संबंधों की दृष्टि से संज्ञा और क्रिया दो मुख्य शब्दवर्ग ठहरते हैं। कभी-कभी वाक्य विश्लेषण इस तरह का भी किया जाता है, व्यापार और व्यापार में भाग लेने वाले। व्यापार के अंतर्गत सकर्मक, अकर्मक, दशासूचक आदि सभी क्रियाएँ आ जाती हैं। व्यापार में भाग लेने वाले विभिन्न संज्ञा शब्द होते हैं। सर्वनाम संज्ञावर्ग का ही उपवर्ग है। विशेषण क्रिया की तरह वाक्य में कार्य करता है। आधुनिक भाषाविद् क्रिया और विशेषण को मूलतः एक ही शब्दवर्ग के सदस्य मानते हैं (देखिए विश्वजीत—'हिंदी में क्रिया तथा विशेषण की समधर्मिता'—गवेषणा, अंक-21) क्रिया संज्ञा की विशेषता बताती है। विशेषण भी संज्ञा की विशेषता बताता है।

लड़का <u>दौड़ रहा है।</u>

क्रिया

<u>दौड़नेवाला</u> लड़का।

विशेषण

क्रिया तथा विशेषण में जो भेद है, वह केवल बाह्य संरचना की चीज है। क्रिया की तरह अकर्मक, सकर्मक विशेषणों की कल्पना भी भाषाविद करते हैं। निष्कर्ष यह है कि क्रिया और विशेषण को एक ही शब्दवर्ग में रखना चाहिए।

क्रिया-विशेषण क्रिया तथा विशेषण की विशेषता बताता है। 'विशेषता बताना' जहाँ तक इस प्रकार्य का संबंध है, क्रिया-विशेषण क्रिया तथा विशेषण से अलग नहीं है। अंतर केवल विशेष्य को लेकर है। क्रिया तथा विशेषण का विशेष्य संज्ञा है। क्रिया-विशेषण का विशेष्य क्रिया, विशेषण तथा क्रिया-विशेषण है। क्रिया-विशेषण का प्रयोग क्रिया अथवा विशेषण के स्थान पर सामान्य रूप से किया जा सकता है।

(क) वह अच्छा नाच रहा है।

(ख) वह अच्छा नहीं नाच रहा है।

(ग) उसका नाचना अच्छा है।

(घ) उसका नाचना अच्छा नहीं है।

(क) तथा (ग) में 'अच्छा' का प्रकार्य मूलतः एक है लेकिन (क) में वह क्रिया-विशेषण है तथा (ग) में विशेषण है। (ख) में 'नहीं' 'अच्छा' से अन्वित है, क्रिया से नहीं। यह संबंध (घ) में स्पष्ट हो जाता है।

इस तरह संज्ञा तथा क्रियावर्ग में सर्वनाम, विशेषण और क्रिया-विशेषण भी आ जाते हैं।

तीसरा वर्ग उन शब्दों का है जो वाक्य में संज्ञा शब्दों के परस्पर संबंधों को प्रकट करते हैं, जो दो शब्दों अथवा वाक्यों को जोड़ते हैं। ने, को, से, पर आदि परसर्ग, किंतु अथवा, या आदि संयोजक इस वर्ग में आएँगे। ही, भी, तो को क्रिया-विशेषण के वर्ग में रखा जा सकता है। वास्तव में सभी अवर्गीकृत शब्दों को क्रिया-विशेषण के वर्ग में समेट लिया जाता है। 'नमस्ते', 'जयहिंद', 'धन्यवाद' आदि को विस्मयादिबोधक वर्ग में रखा जा सकता है क्योंकि ये वाक्य की संरचना के अंग नहीं बनते।

रूपविकार के आधार पर शब्दों के दो वर्ग बनते हैं : विकारी तथा अविकारी। अविकारी शब्द ही अव्यय कहलाते हैं। परसर्ग, संयोजक, निपात, निषेधवाचक शब्द, क्रिया-विशेषण आदि अव्यय वर्ग में आते हैं। हिंदी में संज्ञा, सर्वनाम, विशेषण तथा क्रिया विकारी शब्द हैं।

11

भाषा-वर्णन के दो मॉडल

इस अध्याय में भाषा-वर्णन के दो **मॉडलों** पर विचार किया जाएगा, मद विन्यास मॉडल (IA model) और मद प्रक्रम मॉडल (IP model)। शब्द-शब्द रूपावली (WP model) के संबंध में यहाँ कुछ भी नहीं कहा जाएगा। सब से पहले हम मद विन्यास मॉडल को लेंगे, फिर मद प्रक्रम मॉडल को। दोनों की अलग-अलग चर्चा करने के बाद तुलनात्मक दृष्टि से विचार किया जाएगा।

मद विन्यास मॉडल के मूल में वही विचारधारा है जो संरचनात्मक भाषाविज्ञान के मूल में है। संरचनात्मक भाषाविज्ञान के अनुसार वाक्य इकहरी संरचना है, दुहरी (आंतरिक तथा बाह्य संरचना) नहीं। दो वाक्यों का संबंध वाक्यों में आए हुए मदों (items) और उनकी व्यवस्था (arrangement) पर निर्भर करता है। लेकिन रचनांतरण व्याकरण में दो वाक्यों का संबंध उनकी आंतरिक संरचना के साम्य और वैषम्य पर निर्भर करता है। यह आंतरिक संरचना नितांत अमूर्त्त संरचना होती है। इस प्रकार की अमूर्त्त इकाई के लिए संरचनात्मक भाषाविज्ञान में कोई स्थान नहीं है। संरचनात्मक भाषाविज्ञान में प्रत्यक्ष वस्तुओं का ही विश्लेषण और वर्णन किया जाता है। इसलिए भाषा-वर्णन का मद विन्यास मॉडल संरचनात्मक भाषाविज्ञान के अधिक अनुकूल है।

मद विन्यास मॉडल में दो मदों का संबंध वितरण पर निर्भर करता है। यदि दो मद परिपूरक वितरण में हैं, तो वे वस्तुतः एक हैं। यदि दो मद व्यतिरेकी वितरण में हैं तो वे एक-दूसरे से पृथक हैं। एक ही संदर्भ में प्रयुक्त होने वाले मद एक ही वितरण वर्ग के सदस्य हैं। कुछ मद बड़े होते हैं, कुछ छोटे होते हैं। बड़े मद छोटे मदों को जोड़कर बनते हैं। निष्कर्ष यह है कि भाषा में मद होते हैं और इन मदों का वितरण अथवा विन्यास होता है। इन मदों के समय की दृष्टि से पूर्वापर संबंध नहीं होता। कोई मद किसी अन्य मद से व्युत्पन्न नहीं होता। किन्हीं भी दो मदों में प्रक्रिया (process) का संबंध नहीं होता। उदाहरणार्थ—'किताब' तथा 'किताबें' ये दो मद हैं। इनमें अंतर यह है कि 'किताब' एक साधारण मद है, जबकि 'किताबें' दो भिन्न मदों की व्यवस्था है, किताब+एँ। इनका क्रम सुनिश्चित है। 'किताब' तथा

'किताबें' में मदों की संख्या को लेकर भेद है। यह नहीं कहा जाएगा कि 'किताब' से 'किताबें' बनता है, -एँ प्रत्यय जोड़कर। क्योंकि इस कथन से यह व्यंजित होता है कि भाषा में 'किताबें' से पूर्व 'किताब' की स्थिति है। अर्थात् समय की दृष्टि से 'किताब' पहले है, 'किताबें' बाद में। इस प्रकार का दो मदों का ऐतिहासिक संबंध मद विन्यास मॉडल के प्रतिकूल है। बनना, जोड़ना, लुप्त करना—इस तरह की प्रक्रियाएँ दो मदों में पूर्वापर संबंध को जन्म देती हैं। दूसरा उदाहरण देखिए—नदी, नदि(याँ)। 'नदी' तथा 'नदि' ये दो मद हैं। मद विन्यास मॉडल के अनुसार इनमें परिपूरक संबंध है। इनमें मूल और व्युत्पन्न का संबंध नहीं है। ये एक ही रूपिम के दो उपरूप (allomorphs) हैं। दो उपरूपों में विकल्प (alternation) का संबंध होता है, परिवर्तन का नहीं। विकल्प 'या तो—या' का संबंध है। एकसाथ सभी विकल्प (alternants) मौजूद होते हैं। {नदी} या तो 'नदी' से व्यक्त होता है, या 'नदि' से। 'नदी' 'नदि' बन जाता है, -यां प्रत्यय के आने पर, यह नहीं कहा जाएगा।

मद विन्यास मॉडल के अनुसार भाषा का वर्णन करते समय वाक्य को मदों की व्यवस्था के रूप में देखना पड़ता है। वाक्य का विश्लेषण और वर्णन मदों को रेखीय क्रम (linear order) में मानकर भी किया जाता रहा है और उत्तराधर-क्रम (hierarchy) में भी मानकर। वाक्य में आए हुए मदों को उत्तराधर-क्रम में मानकर वाक्य का विश्लेषण और वर्णन करने पर सन्निहित अवयव विश्लेषण की प्रविधि का सहारा लेना पड़ता है। वाक्य में मदों को चाहे जिस क्रम में (सरल क्रम में अथवा उत्तराधर-क्रम में) स्वीकार करें, लेकिन मद विन्यास मॉडल के अनुसार इतना निश्चित है कि वाक्य की संरचना इकहरी है। वाक्य के प्रत्यक्ष और श्रूयमाण रूप का ही विश्लेषण और वर्णन किया जाएगा। अमूर्त्त आंतरिक संरचना की कल्पना नहीं की जाएगी।

मद विन्यास मॉडल के अनुसार भाषा के व्याकरण का रूप इस प्रकार बनेगा।

1. सरल मदों की सूची। रूपिमों की सूची।
2. मिश्रित मदों अथवा संरचनाओं की सूची।
   (क) प्रत्येक संरचना में वे स्थान जहाँ अन्य मद घटक के रूप में कार्य करते हैं।
   (ख) संरचना में घटक के रूप में काम करने वाले मद सरल भी हो सकते हैं और मिश्रित भी। (मिश्रित मद अथवा संरचना अपने से बड़ी संरचना के घटक के रूप में कार्य करती है।)

उदाहरण के लिए—'विशेषण+विशेष्य' एक संरचना है। इस संरचना में दो स्थान हैं, जहाँ मद घटक के रूप में आएँगे। ये मद सरल हो सकते हैं—'सफेद+मकान'। ये मद मिश्रित भी हो सकते हैं; 'सफेद और बड़ा+मकान' या 'सफेद+मकान और मोटर', 'सफेद और बड़ा' तथा 'मकान और मोटर' स्वयं संरचनाएँ हैं।

मद विन्यास मॉडल के अनुसार प्रत्येक आर्थी[1] इकाई के लिए एक सुस्पष्ट ध्वनि इकाई होनी चाहिए। दूसरे शब्दों में प्रत्येक रूपिम (जो एक अमूर्त आर्थी इकाई है) के लिए एक सुनिश्चित ध्वनिरूप (माफ़) होना चाहिए। आदर्श स्थिति तो वह होगी जहाँ ध्वनिरूप का रूप सर्वत्र एक ही हो। ये ध्वनिरूप संरचना में अनुक्रम में प्रयुक्त होते हैं। किसी संरचना का आदर्श विश्लेषण वह है जहाँ प्रत्येक आर्थी इकाई के लिए पृथक-पृथक एक ध्वनि इकाई मिल जाय। जितनी आर्थी इकाइयाँ हों उतनी ही ध्वनि इकाइयाँ हों। 'लड़ाई' में दो अमूर्त आर्थी इकाइयाँ हैं और इनको प्रकट करने के लिए दो भिन्न ध्वनि इकाइयाँ भी हैं। इनको इस रूप में रखा जा सकता है :

{लड़}	{आई}	आर्थी इकाइयाँ
|	|	
[लड़]	[आई]	ध्वनि इकाइयाँ

'{ }' रूपिम अथवा अमूर्त आर्थी इकाई का चिह्न है। यहाँ आर्थी इकाइयों तथा ध्वनि इकाइयों में एक के लिए एक का संबंध (one-to-one correspondence) हैं। {लड़} तथा {आई} हमेशा एक ही रूप [लड़] तथा [आई] द्वारा व्यक्त होते हैं। अंग्रेजी के बहुवचन प्रत्यय {-z} की तरह अनेक रूपों में व्यक्त नहीं होते। {-z} /-z~-s~-iz z~···/ आदि रूपों में व्यक्त होता है। 'लड़ाई' अर्थ और रूप की दृष्टि से 'पढ़ाई' तथा लड़ाकू से आंशिक समानता रखता है। पढ़ाई और 'लड़ाकू' के आधार पर 'लड़ाई' में निहित आर्थी इकाइयों तथा ध्वनि इकाइयों का सुस्पष्ट विभाजन हो जाता है और इनमें एक के लिए एक का संबंध स्थापित हो जाता है। भाषा की इकाइयों में पायी जाने वाली यह आंशिक अर्थ-ध्वनिगत समानता संरचना के विश्लेषण का आधार है।

ऊपर 'लड़ाई' का उदाहरण देकर जिस आदर्श स्थिति का उल्लेख किया गया है, वह स्थिति भाषा में सर्वत्र नहीं मिलती। कभी-कभी संरचना का विश्लेषण करने पर आर्थी इकाइयों तथा ध्वनि इकाइयों में एक के लिए एक का संबंध नहीं मिलता, आर्थी इकाइयाँ ज्यादा हैं, ध्वनि इकाइयाँ कम, ध्वनि इकाइयाँ ज्यादा हैं, आर्थी इकाइयाँ कम। कभी कठिनाई दूसरे रूप में भी आती है। एक ही आर्थी इकाई के लिए विभिन्न संदर्भों में कई इकाइयाँ मिलती हैं। इन सब स्थितियों से निपटने के लिए मद विन्यास मॉडल में आवश्यकतानुसार उपरूप, रिक्त रूप (empty morph), शून्य उपरूप (zero allomorph), संपृक्त रूप (portmanteau) आदि की कल्पना करनी पड़ती है। सबसे

1. आर्थी इकाई सामान्य रूप से रूपिम के लिए तथा ध्वनि इकाई सामान्य रूप से रूप (माफ) के लिए यहाँ प्रयुक्त किया गया है। वैसे आर्थी इकाइयाँ तथा ध्वनि इकाइयाँ क्रमशः रूपिम तथा रूप से बड़ी भी हो सकती हैं।

पहले हम उस स्थिति को लेते हैं जहाँ एक आर्थी इकाई विभिन्न संदर्भों में कई ध्वनि इकाइयों अथवा रूपों (माफ्स) द्वारा व्यक्त होती है। यदि ये रूप परिपूरक वितरण में होते हैं तो इनको एक ही ग्रुप में रखा जाता है। इस ग्रुप के सदस्यों में परस्पर विकल्प का संबंध होता है। इन सदस्यों को उपरूप कहते हैं। एक उदाहरण लीजिए—हिंदी में आर्थी इकाई {नदी} दो रूपों द्वारा व्यक्त होती है—[नदी] तथा [नदि]। ये दोनों रूप परिपूरक वितरण में हैं। इसलिए ये एक ही ग्रुप के दो सदस्य हैं। इन सदस्यों को उपरूप कहेंगे। उपरूप का प्रयोग नियंत्रित (conditioned) होता है। [नदी] जिस संदर्भ में प्रयुक्त होता है, उस संदर्भ में [नदि] प्रयुक्त नहीं हो सकता। इसी तरह इसका उलटा समझना चाहिए। यह नियंत्रण कभी स्वनप्रक्रियात्मक होता है, कभी शब्दरूपात्मक और कभी व्याकरणिक। इन विभिन्न प्रकार के नियंत्रणों को समझने के लिए एक उदाहरण दिया जाता है। अंग्रेजी में संज्ञा के बहुवचन-बोधक प्रत्यय {-z} के अनेक उपरूप हैं, /-z~s~iz~in~···/। इनमें /-s/ तथा /-z/ स्वनप्रक्रियात्मक आधार पर नियंत्रित हैं। जिस संज्ञा शब्द के अंत में अघोष ध्वनि (s š č को छोड़कर) है उसके बाद /-s/ आता है, जिस संज्ञा शब्द के अंत में घोष ध्वनि (z ž j को छोड़कर) है, उसके बाद -z/ आता है, /cats/, /dogz/ आदि। /-in/ शब्दरूपात्मक आधार पर नियंत्रित है। /ox/ के साथ /-in/ आएगा। /-in/ कहाँ प्रयुक्त होता है, इसके लिए कोई नियम न देकर उन शब्दों की सूची दी जाती है, जिनके साथ यह प्रयुक्त होता है। व्याकरणिक नियंत्रण के लिए पाइक महोदय का उदाहरण दिया जा सकता है। I तथा me एक ही रूपिम के दो उपरूप हैं। कर्मकारक का बोध me के रूप से नहीं, बल्कि वाक्य में शब्द के स्थान से होता है। इसी प्रकार कर्त्ताकारक का बोध I के रूप में नहीं, बल्कि वाक्य के शब्द के स्थान पर होता है। मुख्य क्रिया के पूर्व कर्त्ता का स्थान है और इस स्थान पर I आएगा। मुख्य क्रिया के बाद कर्म का स्थान है और इस स्थान पर me आएगा। इस तरह I तथा me का वितरण कर्त्ता तथा कर्म के स्थान द्वारा नियंत्रित होता है। कर्त्ता तथा कर्म का आधार व्याकरणिक आधार है। यदि कर्मकारक का अर्थ me से ही निकलता है तो you को लेकर कठिनाई होगी। क्योंकि you कर्त्ता और कर्म दोनों स्थानों पर एक ही रूप में प्रयुक्त होता है। इसलिए यही मानना उचित है कि कर्त्ता तथा कर्म का अर्थ वाक्य में शब्दक्रम से निकलता है, I तथा me के रूप से नहीं।

कभी-कभी उपरूप की संख्या घटाने के लिए रिक्त रूप की कल्पना की जाती है। इस स्थिति को स्पष्ट करने के लिए हिंदी से एक उदाहरण दिया जा सकता है। 'ले' तथा 'दे' धातुओं को लीजिए। इन धातुओं के चार-चार रूप मिलते हैं : ले (लेता), लि (लिया), लू (लूँगा), तथा 'लीज्' (लीजिए), दे (देता), दि (दिया), दू (दूँगा), तथा दीज् (दीजिए)। यदि हम 'लीज्' तथा 'दीज्' में -ईज् को प्रत्यय का अंश मान लें तो 'ले' तथा 'दे' के तीन ही उपरूप होंगे : /ले~लि~ल्/ /दे~दि~द्/। लेकिन -इए

के दो उपरूप हो जाएँगे—/-इए~-ईजिए/। अर्थात् एक तरफ उपरूप की संख्या घटी तो दूसरी तरफ बढ़ गई। उपरूपों की संख्या में कमी नहीं हुई। लेकिन यदि हम 'लीजिए' तथा 'दीजिए' में -ईज को न धातु का अंश मानें, न प्रत्यय का, तो उपरूपों की संख्या घट सकती है। -ईज को धातु तथा प्रत्यय दोनों से अलग मान लेने पर धातु के तीन उपरूप रह जाएँगे और प्रत्यय का केवल एक। लेकिन -ईज की क्या स्थिति होगी? यह एक ध्वनि इकाई तो है लेकिन इसके साथ किस आर्थी इकाई को जोड़ा जाय? चूँकि इसके साथ कोई आर्थी इकाई नहीं जोड़ी जा सकती इसलिए इसे रिक्त ध्वनि की इकाई कहेंगे। यही रिक्त रूप की कल्पना है। यह -ईज 'लीजिए', 'दीजिए' के अतिरिक्त अन्य रूपों में दिखाई देता है—'पीजिए', 'कीजिए'। इस विवरण से स्पष्ट है कि रिक्त रूप की कल्पना वर्णन-सौकर्य के लिए की जाती है।

रूपस्वनिम की कल्पना से भी उपरूपों के विस्तार से बचा जा सकता है। नदी के दो उपरूप हैं, /नदी~नदि/। इसी तरह अन्य ईकारांत स्त्रीलिंग शब्दों के दो-दो उपरूप हैं, सखी, गली, कली, जलेबी आदि। इन रूपिमों के दो-दो उपरूप मान लिए जाएँ या इन रूपिमों को स्वनिमों में व्यक्त न मानकर रूपस्वनिमों (morphophonemes) में व्यक्त मान लिया जाए? एक रूपस्वनिम एक से अधिक स्वनिमों द्वारा व्यक्त हो सकता है। 'नदी', 'गली' आदि का अंतिम रूपस्वनिम 'ई' दो स्वनिमों द्वारा व्यक्त होता है, कभी |ई| के द्वारा, कभी |इ| के द्वारा। |ई| तथा |इ| एक ही रूपस्वनिम के दो विकल्प हैं। इनका रूपस्वनिम 'ई' के साथ वैसा ही संबंध है जैसा संबंध दो उपरूपों का एक रूपिम के साथ होता है। रूपस्वनिम रूपिम तथा स्वनिम के बीच की इकाई है।

{नदी}	रूपिम
नदी	रूपस्वनिमिक रूप
|नदी |नदि|	स्वनिमिक रूप

रूपस्वनिम को मान लेने पर |नदी| और |नदि| में परिवर्तन मानने की आवश्यकता नहीं है। यहाँ परिवर्तन केवल |ई| तथा |इ| में हो रहा है। |ई| तथा |इ| का यह संबंध/गली~गलि, कली~कलि/ आदि में है। अर्थात् 'नदी', 'गली' आदि इन रूपिमों के लिए दो-दो उपरूपों को मानने की आवश्कता नहीं रही। 'नदी' का अंतिम रूपस्वनिम 'ई' 'मंत्री', 'माली' आदि के रूपस्वनिम 'ई' से भिन्न है।

जहाँ किसी संरचना का विश्लेषण करने पर आर्थी इकाइयों तथा ध्वनि इकाइयों में एक के लिए एक का संबंध नहीं मिलता वहाँ दो में से कोई एक स्थिति उत्पन्न

हो सकती है, आर्थी इकाइयाँ ज़्यादा हैं, ध्वनि इकाइयाँ कम, या ध्वनि इकाइयाँ ज्यादा हैं, आर्थी इकाइयाँ कम। उदाहरणार्थ 'लड़ाई' में दो आर्थी इकाइयाँ हैं : (1) एक विशिष्ट व्यापार तथा (2) उस व्यापार का भाव। इन दोनों अर्थों को प्रकट करने के लिए दो भिन्न रूप भी हैं। [लड़] तथा {आई}। 'खेल' (संज्ञा) में भी दो आर्थी इकाइयाँ हैं। (1) एक विशिष्ट व्यापार, (2) उस व्यापार का भाव। लेकिन दोनों अर्थों को प्रकट करने के लिए दो भिन्न रूप नहीं हैं। 'खेल' धातु का अर्थ प्रकट करता है। लेकिन भाववाचक का अर्थ कैसे प्रकट हो रहा है? यहाँ 'खेल' में {आई} शून्य उपरूप की कल्पना करनी होगी। शून्य उपरूप अन्य रूपयुक्त उपरूपों में से ही एक है। उनसे घट-बढ़कर नहीं है, उनका समकालिक है। मद प्रक्रम मॉडल के अनुसार 'खेल' में {आई} प्रत्यय का लोप मानने से काम चल सकता है, खेल+आई→खेल। लेकिन 'लोप' प्रक्रिया का नाम है और प्रक्रिया को मद विन्यास मॉडल में स्थान नहीं है।

कभी-कभी शून्य उपरूप अपना प्रभाव मूल रूप पर छोड़ जाता है। 'लड़ाई', 'खेल' आदि की तरह 'चाल' भी भाववाचक संज्ञा है। 'खेल' की तरह 'चाल' में भी भाववाचक प्रत्यय का शून्य उपरूप मानना होगा। लेकिन शून्य उपरूप का कोई संकेत 'खेल' में नहीं है, जबकि 'चाल' में है। 'चाल' मूलतः 'चल' है। 'चल' के अकार के स्थान पर आकार हो जाता है, शून्य उपरूप के साथ। कुछ विद्वान 'चाल' में शून्य उपरूप न मानकर भाववाचक आदेश प्रत्यय (replacive infix) मानते हैं। 'आ', 'चल' के 'अ' को हटाकर आता है।

कभी-कभी जब दो आर्थी इकाइयाँ एक ही ध्वनि इकाई से प्रकट होती हैं तब शून्य उपरूप की कल्पना न करके यह मान लिया जाता है कि वह ध्वनि इकाई या रूप एकसाथ दो अर्थों को प्रकट कर रहा है। इस तरह के रूप को संपृक्त रूप (portmanteau) कहते हैं। फ्रेंच भाषा से एक उदाहरण दिया जा रहा है। इस भाषा में संज्ञा से पूर्व लगने वाले दो निर्धारक हैं, la और le। la स्त्रीलिंग संज्ञाओं के पूर्व लगता है, le पुंलिंग संज्ञाओं के पूर्व। a रूपिम 'को' (to) का अर्थ देने वाला है। 'to the class' के लिए फ्रेंच में होगा—'a la classe (स्त्री.)', 'to the boy' के लिए होगा—augarcon(पुं.)। जबकि होना चाहिए था a le garcon ! au स्वनिमिक दृष्टि से /o/ है। यह /o/a का भी अर्थ दे रहा है और le का भी अर्थ दे रहा है। इसलिए यह संपृक्त रूप है।

ऊपर शून्य उपरूप तथा संपृक्त रूप की चर्चा की गई। जिन स्थितियों में इन दोनों की कल्पना की जाती है, उन स्थितियों में थोड़ी समानता भी है और थोड़ा अंतर भी। पहली समानता यह है कि इनकी कल्पना तभी की जाती है जब आर्थी इकाइयाँ ज्यादा हों, ध्वनि की इकाइयाँ कम। अर्थात् इनमें एक के लिए एक का संबंध न हो। दूसरी समानता यह है कि शून्य उपरूप तथा संपृक्त रूप दोनों की स्थापना के लिए अन्य उदाहरणों से बल मिलना चाहिए। उसी अर्थ को प्रकट करने

के लिए शून्य उपरूप की कल्पना की जा सकती है, जिस अर्थ को प्रकट करने के लिए कम-से-कम एक रूपयुक्त उपरूप हो अथवा अन्य स्वतंत्र रूपिम हो। 'खेल' में भाववाचक अर्थ के लिए शून्य उपरूप मानना इसलिए संभव हुआ क्योंकि 'लड़ाई' में -आई एक रूपयुक्त भाववाचक प्रत्यय है। au को संपृक्त रूप इसलिए मानते हैं कि इससे प्रकट होने वाले दोनों अर्थ अन्यत्र अलग-अलग रूपों द्वारा प्रकट होते हैं। यदि निश्चयवाचक निर्धारक और 'को' के अर्थ सर्वत्र au से ही प्रकट होते तो au को संपृक्त रूप नहीं माना जाता। जैसे, हिंदी में -ओं एक-साथ विभक्ति का भी अर्थ देता है, वचन का भी। लेकिन -ओं संपृक्त रूप नहीं है। क्योंकि हिंदी में संज्ञा में विभक्ति तथा वचन सर्वत्र एक ही रूप अथवा रूपिम से प्रकट होते हैं, इनके लिए अलग-अलग प्रत्यय हिंदी में नहीं हैं।

शून्य उपरूप तथा संपृक्त रूप की स्थिति में एक महत्त्वपूर्ण अंतर भी है। संपृक्त रूप जिन दो अर्थों को प्रकट करता है वे दोनों सीधे एक-दूसरे से मिलकर किसी बृहत्तर अर्थ इकाई का निर्माण शायद नहीं करते। कम से कम संपृक्त रूप के उपर्युक्त उदाहरण में तो यही स्थिति है। le तथा a के अर्थ संपृक्त रूप में au से प्रकट होते हैं। लेकिन इनके अर्थ वास्तव में इस तरह एक-दूसरे से संयुक्त नहीं हैं। le का अर्थ garcon के अर्थ से संयुक्त होता है और a का अर्थ पूरे le garcon के अर्थ के साथ-साथ संयुक्त होता है। जहाँ हम शून्य उपरूप मानते हैं, वहाँ यह स्थिति नहीं होती। दोनों अर्थ सीधे एक-दूसरे से संयुक्त होते हैं। 'खेल' (संज्ञा) में धातु का अर्थ और भाववाचक शून्य उपरूप का अर्थ दोनों सीधे एकसाथ संयुक्त होते हैं। दोनों अर्थ मिलकर एक बृहत्तर अर्थ इकाई को जन्म देते हैं! इसलिए au तथा 'खेल' को हम एक ही प्रकार की इकाई नहीं मान सकते। यदि हम शून्य उपरूप तथा संपृक्त रूप में उपर्युक्त अर्थगत भेद नहीं मानेंगे तो 'खेल' को संपृक्त रूप तथा au में एक शून्य उपरूप न मानने का क्या कारण होगा, यह स्पष्ट नहीं है।

जहाँ आर्थी इकाइयाँ कम और ध्वनि इकाइयाँ ज्यादा होती हैं वहाँ रिक्त रूप की कल्पना की जाती है। रिक्त रूप की चर्चा इसी अनुभाग में ऊपर की जा चुकी है।

शून्य उपरूप, रिक्त रूप तथा संपृक्त रूप मद विन्यास मॉडल में लगभग वही काम करते हैं जो काम मद प्रक्रम मॉडल में लोप आगम तथा आदेश की प्रक्रियाएँ करती हैं। मद विन्यास मॉडल के अनुसार जहाँ शून्य उपरूप मानने की जरूरत है, वहाँ मद प्रक्रम मॉडल के अनुसार लोप मानने से काम चल जाएगा। जहाँ हम यह कह सकते हैं कि 'खेल' (संज्ञा) में {आई} का शून्य उपरूप है, वहाँ दूसरी तरह हम यह भी कह सकते हैं कि 'खेल' में {आई} का लोप है। लेकिन पहल कथन मद विन्यास मॉडल का है और दूसरा मद प्रक्रम मॉडल का। शून्य उपरूप अन्य रूपयुक्त उपरूपों की तरह रूपिम का एक सदस्य है और अन्य उपरूपों का समकालीन है। इसी तरह मद विन्यास मॉडल में जहाँ रिक्त रूप की व्यवस्था की जाती है, वहाँ

मद प्रक्रम मॉडल में आगम की व्यवस्था की जा सकती है। 'दीजिए' में '-ईज्' को रिक्त रूप भी कह सकते हैं और यह भी कह सकते हैं कि विशेष परिस्थिति में 'दे' के बाद '-ईज' का आगम होगा। इसी तरह मद विन्यास मॉडल में जहाँ किसी संपृक्त रूप को मानना पड़ता है वहाँ मद प्रक्रम मॉडल में आदेश द्वारा काम चल सकता है। संपृक्त रूप au के लिए यह भी कह सकते हैं कि a तथा le के स्थान पर au का आदेश होगा। यह आदेश एकादेश है। इससे स्पष्ट होता है कि मद प्रक्रम मॉडल में जिन उद्देश्यों की पूर्ति-लोप आदि प्रक्रियाओं द्वारा होती है उन्हीं उद्देश्यों की पूर्ति के लिए मद विन्यास मॉडल में स्वतंत्र मदों की कल्पना कर ली जाती है।

मद प्रक्रम मॉडल के अनुसार भाषा के मदों में कुछ मूल (अव्युत्पन्न) होते हैं और कुछ व्युत्पन्न। व्युत्पन्न मद मूल मदों पर कुछ नियमों को लागू करने से प्राप्त होते हैं। मूल और व्युत्पन्न मदों में पूर्वापर संबंध होता है। मूल पहले से होता है और व्युत्पन्न मद प्रक्रिया के बाद अस्तित्व में आता है, जैसे—'लड़' तथा 'लड़ाई' दो मद हैं। इनमें 'लड़' मूल है, और भाषा में पहले से वर्तमान है। 'लड़ाई' व्युत्पन्न है और प्रत्यय जोड़ने की प्रक्रिया के द्वारा अस्तित्व में आता है, लड़+आई→लड़ाई। 'लड़' और 'लड़ाई' व्युत्पादन की प्रक्रिया द्वारा एक-दूसरे से जुड़े हैं।

मद प्रक्रम मॉडल के अनुसार किसी भाषा के व्याकरण के दो प्रमुख हिस्से होंगे : अव्युत्पन्न मदों की सूची तथा व्याकरणिक नियमों की सूची (व्याकरणिक नियमों में स्वन प्रक्रियात्मक नियमों की सूची का भी समाहार कर लिया गया है)। इन दोनों सूचियों की सहायता से ही भाषा की समस्त व्याकरणसम्मत रंरचनाओं को व्युत्पन्न किया जा सकता है। संरचनाओं को सूचीबद्ध करने की आवश्यकता नहीं होती। आधुनिक युग का बहुचर्चित व्याकरण संप्रदाय रचनांतरण व्याकरण मद प्रक्रम मॉडल को ही अपनाकर चलता है। आंतरिक संरचना की परिकल्पना मूल (बेस) की परिकल्पना से भिन्न नहीं है। रूपिमों (formatives) की सूची तथा पदबंध संरचनात्मक नियमों (Phrase Structure Rules) किसी भाषा की अनंत वाक्य-संरचनाओं को जन्म दे सकते हैं। रचनांतरण नियम, आदेश, आगम, लोप आदि प्रक्रियाओं के ही दूसरे नाम हैं।

मूल रूप (बेस फ़ार्म) की प्रकृति पर यहाँ थोड़ा विचार कर लेना अच्छा होगा। दो या दो से अधिक रूपों में से कौन मूल रूप है, कौन व्युत्पन्न रूप है, इसका निर्णय करने में प्रयत्नलाघव, भाषा के सामान्य नियमों की रक्षा अथवा सामान्य नियमों से अविरोध आदि बातों को ध्यान में रखना पड़ता है। 'नदी' तथा 'नदि' ये दो रूप हैं। इनमें प्रयत्नलाघव की दृष्टि से 'नदी' को मूल रूप मानना अधिक संगत है। मूल रूप 'नदी' प्रत्ययों से पूर्व 'नदि' बन जाता है, नदि (याँ), नदि (यों)। 'नदि' का प्रयोगक्षेत्र सीमित है और इसके प्रयोगक्षेत्र का निर्देश करना आसान है। 'नदि' को मूल रूप मानने पर 'नदी' का प्रयोगक्षेत्र बताना होगा, जो काफी विस्तृत है। 'नदि' कहाँ-कहाँ 'नदी' बन जाता है, यह बताना अधिक श्रमसाध्य है।

ऊपर के उदाहरण से स्पष्ट है कि व्यापक प्रयोगक्षेत्र वाले रूप को मूल रूप मानना अधिक सुविधाजनक है। लेकिन कभी-कभी अन्य बातों को ध्यान में रखना पड़ता है। मूल रूप का निर्णय करते समय भाषा की प्रकृति को भी ध्यान में रखना पड़ता है। अंग्रेजी भाषा से एक उदाहरण दिया जा रहा है। इस भाषा में संज्ञा को बहुवचन बनाने वाले प्रत्यय के दो रूप अधिक प्रयोग में आते हैं : /-s/ तथा /-z/ । इनमें से /-z/ को मूल रूप मानना अंग्रेजी की प्रकृति के अधिक अनुकूल है। यहाँ मूल रूप के निर्णय में /-s/ तथा /-z/ के प्रयोगक्षेत्र के छोटे-बड़े होने का आधार नहीं लिया गया है। अंग्रेजी में स्वरों के बाद /s/ तथा /z/ दोनों ध्वनियाँ आती हैं, cease/siys/ तथा seize/siyz । (/iy/ स्वर के बाद /s/तथा/z/)। स्वरांत संज्ञा शब्दों के बहुवचन प्रत्यय का केवल /-z/ रूप आता है, /-s/ नहीं। अब हम यदि इस परिस्थिति में बहुवचन प्रत्यय का मूलरूप /-z/ को न मानकर /-s/ को मानें तो हमे यह कहना होगा कि स्वरांत संज्ञा शब्दों के बाद /-s/ /-z/ में बदल जाता है, boys/boyz/,fees/fiyz/ आदि। लेकिन यह कथन बहुत ही कृत्रिम और आरोपित होगा क्योंकि यह इस तथ्य के प्रतिकूल पड़ता है कि अंग्रेजी में स्वरों के बाद /s/ का उच्चारण भी संभव है। कभी-कभी मूल रूप अत्यंत सीमित प्रयोग वाला भी होता है। संस्कृत में स्नान अर्थ वाली धातु का मूल रूप 'ष्णो' है। यह मूल रूप कुछ शब्दों तक ही सीमित है, जैसे निष्णात। अन्यत्र 'ष्णो' का 'स्ना' रूप ही मिलता है। अब प्रश्न यह है कि 'स्ना' को मूल रूप न मानकर 'ष्णा' को क्यों माना गया। इसका एक कारण है। संस्कृत में कुछ धातुएँ सोपदेश हैं और कुछ धातुएँ षोपदेश हैं। धातुपाठ में जिन धातुओं में दन्त्य सकार है, वे सोपदेश हैं, जिन धातुओं में मूर्धन्य षकार है, वे षोपदेश हैं। 'ष्णा' षोपदेश धातु है। 'ष्णा' के षकार के स्थान पर सकार का आदेश हो जाता है और मूर्धन्य षकार के स्थान पर सकार का आदेश होते ही 'ष्णा' के णकार का नकार हो जाता है, ष्णा→स्णा→स्ना। 'स्ना' का सकार आदेश से प्राप्त है। क्योंकि धातु के मूल रूप में षकार है, सकार नहीं। अब यदि 'स्ना' के पूर्व उपसर्ग है और उपसर्ग में षत्व का निमित्त है तो इसके सकार का पुनः षकार हो जाएगा और नकार का पुनः णकार हो जाएगा, जैसे—निष्णात। 'नि' उपसर्ग में वर्तमान 'इ' षत्व का निमित्त है इसलिए 'नि' को जोड़ते ही 'स्ना' 'स्णा' रूप में बदल जाता है लेकिन इन्हीं परिस्थितियों में सोपदेश धातुओं के सकार के स्थान पर षकार नहीं होगा जैसे—प्रतिसूत्रयति। 'प्रति' उपसर्ग में षत्व का निमित्त 'इ' है फिर भी 'सूत्रयति' के 'स' का 'ष' नहीं होगा क्योंकि यह धातु मूल रूप में ही सकार के साथ है : 'सूत्र'। इस धातु का सकार आदेश से प्राप्त नहीं है। इससे स्पष्ट है कि 'स्ना' तथा 'सूत्र' के सकार एक तरह के नहीं हैं। लेकिन यदि 'स्ना' को ही मूल रूप मानते तो 'स्ना' तथा 'सूत्र' के सकार में अंतर कैसे हो पाता? दोनों के सकार में अंतर करने के लिए ही 'स्ना' का मूल रूप 'ष्णा' रखा गया। इस तरह स्पष्ट है कि मूल रूप का निर्धारण करने में कई

तरह से सोचना पड़ता है। मूल रूप का निर्धारण कई स्थितियों में बहुत कठिन बन जाता है। कभी-कभी तो ऐसे रूप को मूल रूप मानना पड़ता है जो पूर्णतया काल्पनिक होता है। भाषा में कहीं भी इसका प्रयोग नहीं मिलता। दीर्घ ॠकारांत 'कॄ' के धातु का यह रूप केवल धातुपाठ में ही मिलता है, अन्यत्र नहीं। काल्पनिक मूल रूप के लिए हॉकेट (A course in Modern Linguistics) ने लैटिन से एक उदाहरण दिया है। यहाँ उसी उदाहरण को हम ज्यों का त्यों रख रहे हैं (इस उदाहरण के लिए हम लेखक के आभारी हैं) :

(1) | re·ks | राजा ने | re·gis | राजा का
(2) | lu·ks | प्रकाश ने | lu·kis | प्रकाश का
(3) | niks | बर्फ़ ने | ni·wis | बर्फ़ का

|-s| कर्त्ता (nominative case) का सूचक है और |-is| संबंधवाचक है। क्रमशः |re·g-|, |lu·k-| तथा |nigw-| को मूल रूप माना जा सकता है। इनमें प्रथम दो काल्पनिक मूल रूप नहीं हैं। इस रूप में भी इनका प्रयोग है। |re·g-| संबंधवाचक एकवचन के प्रत्ययों के साथ मिलता है। |lu·k-| कर्त्ता तथा संबंधवाचक प्रत्ययों के साथ मिलता है लेकिन |nigw-| काल्पनिक मूल रूप है। संज्ञा की रूपावली में यह रूप नहीं मिलता है। इसके कर्त्ता तथा संबंधवाचक रूपों की निष्पत्ति इस प्रकार होती है–

(1) nigw+s→nigs | दो व्यंजनों के बीच में |w| का लोप लैटिन की प्रकृति के अनुकूल है।

nigs→niks | शब्दांत में |-gs| का गुच्छ लैटिन ध्वनि व्यवस्था के प्रतिकूल है। अतः -gs→-ks।

(2) nigw+is→ni'wis | दो स्वरों के मध्य में |gw| अनुक्रम लैटिन ध्वनिव्यवस्था के प्रतिकूल है, इसलिए |g| का लोप हो जाता है लेकिन |g| लुप्त होने के साथ-साथ पूर्व स्वर को दीर्घ बना जाता है।

इससे स्पष्ट है कि |nigw-| पूर्ण रूप से काल्पनिक होते हुए भी लैटिन की ध्वनि व्यवस्था के अनुसार कितना सही है। इसे मूल रूप स्वीकार करने में किसी अतिरिक्त नियम का भार व्याकरण पर नहीं पड़ता।

ऊपर मद विन्यास मॉडल तथा मद प्रक्रम मॉडल की चर्चा की गई। दोनों मॉडलों में दोष और गुण दिखाए जा सकते हैं। एक दृष्टि से मद विन्यास मॉडल उत्तम है तो दूसरी दृष्टि से मद प्रक्रम मॉडल उत्तम है। इन दोनों में एक मौलिक भेद यह है कि मद प्रक्रम मॉडल में जिस तरह काल्पनिक और अमूर्त मदों के लिए स्थान है, उस तरह मद विन्यास मॉडल में नहीं। यह भेद बहुत ही दूरगामी प्रभाव रखता है। केवल प्रत्यक्ष और मूर्त मदों को ही स्थान देने के कारण अर्थबोध की दृष्टि से

मद विन्यास मॉडल अधिक सही है। अर्थबोध प्रत्यक्ष अथवा श्रूयमाण मदों के ही द्वारा होता है। मूल रूप या आंतरिक संरचना (जो कभी-कभी नितांत कल्पित और अमूर्त होती है) से अर्थबोध होता है, यह मानने पर गंभीर संकट उपस्थित हो जाता है। एक ही एकार्थक संरचना के लिए एक से अधिक मूल रूप कल्पित किए जा सकते हैं। इन मूल रूपों में कौन सही है, कौन गलत है, यह निर्णय हमेशा संभव नहीं है। कौन मूल रूप ज्यादा सही है, कौन मूल रूप कम सही है, इसका निर्णय भी अत्यंत कठिन है। और फिर किसी संरचना अथवा शब्द के मूलरूप का ज्ञान वैयाकरण को होता है साधारण जन को नहीं। लेकिन अर्थबोध दोनों को होता है। वैयाकरण और साधारण जन दोनों को संरचना का जो रूप सुलभ है वह श्रूयमाण रूप ही है। इस स्थिति को स्पष्ट करने के लिए एक छोटा और सरल उदाहरण लीजिए। मान लीजिए—'नदी' और 'नदि' में 'नदी' मूल रूप है। 'नदी' को मूल रूप मानने में यह अंतर्निहित है कि जो मूल रूप 'नदी' का अर्थ जानता है, वही 'नदि' का अर्थ जान सकता है। लेकिन यदि किसी के सामने अन्य शब्दों के साथ पहले 'नदि' रूप ही आता है तो क्या उसे 'नदि' का अर्थबोध नहीं होगा?

नदियाँ
सखियाँ
रोटियाँ

फिर 'नदि' (श्रूयमाण रूप) का अर्थ जानने के लिए 'नदी' मूल रूप का अर्थ जानना आवश्यक है, इसे सत्य कैसे कहा जाय?

लेकिन केवल मूर्त मदों को ही स्थान देने के कारण मद विन्यास मॉडल में एक कमी भी आ जाती है जो मद प्रक्रम मॉडल में नहीं आती। अमूर्त मदों को स्थान देने के कारण मद प्रक्रम मॉडल के नियम अधिक सामान्य और व्यापक प्रभाव वाले बन जाते हैं और इस दृष्टि से यह मद विन्यास मॉडल की तुलना में अधिक सशक्त प्रमाणित होता है। पीछे दिए गए उदाहरण को ही लीजिए, |niks|तथा|ni·wis|मद विन्यास मॉडल के अनुसार इन रूपों का वर्णन करते समय|nik~ni·w|को {nik} रूपिम के उपरूपों के रूप में स्वीकार करना पड़ता और इनका वितरण बतलाना पड़ता। लेकिन मद प्रक्रम मॉडल के अनुसार|nigw|को मूल रूप मान लेने पर वैयाकरण का कार्यभार बिलकुल हल्का हो जाता है। पहले से वर्तमान उच्चारण नियमों के द्वारा ही|nik-|तथा|ni.w-|दोनों रूप प्राप्त हो जाते हैं। अर्थात्|nigw|को मूल रूप मानने में प्रयत्नलाघव है।

12

आंतरिक और बाह्य संरचना

आंतरिक तथा बाह्य संरचना से क्या अभिप्राय है, प्रत्येक वाक्य के लिए इन दो प्रकार की संरचनाओं की कल्पना क्यों आवश्यक है, इन दोनों संरचनाओं में कैसे संबंध स्थापित होता है, इन बातों पर विचार करने से पूर्व भूमिका के रूप में हमें भाषा-वर्णन की उस पद्धति पर विचार कर लेना चाहिए जिसके अनुसार वाक्य इकहरी संरचना है। यहाँ आंतरिक और बाह्य संरचना का भेद नहीं किया जाता। वाक्य का जो रूप श्रूयमाण होता है, वही वाक्य का एकमात्र रूप है। वाक्य-संरचना का अध्ययन इस श्रूयमाण रूप की संरचना के अध्ययन तक ही सीमित है। यह पद्धति वाक्य में प्रयुक्त शब्दों के परस्पर संरचनात्मक संबंधों तथा इन संबंधों पर आश्रित वाक्यार्थ की व्याख्या वाक्य के प्रत्यक्ष तथा श्रूयमण स्तर पर ही करती है।

वाक्य का एक ही स्तर (श्रूयमाण स्तर) पर किया गया अध्ययन भी दो प्रकार का हो सकता है, वाक्य में आए हुए घटकों को सरल क्रम में मानकर अथवा वाक्य में आए हुए घटकों को उत्तराधर क्रम में मानकर। (अध्याय 11 में जो बातें कही गई हैं यहाँ कुछ दूर तक उनकी पुनरावृत्ति होगी।) वाक्य में शब्दों को सरल क्रम में मानने पर वाक्य के अध्ययन के लिए दो बातें आवश्यक हो जाती हैं : (1) भाषा के समस्त शब्दों का विस्तृत वर्गीकरण और (2) प्रत्येक शब्दवर्ग के प्रयोग अथवा वितरण क्षेत्र का निर्धारण। शब्दों का वर्गों तथा उपवर्गों में वर्गीकरण उनके प्रकार्य (वाक्य में प्रयोग) के आधार पर किया जाता है। किसी वाक्य का वर्णन करते समय यह देखना होगा कि वाक्य में कितने शब्द हैं, ये किन शब्दवर्गों से लिए गए हैं तथा ये किस क्रम में हैं। वाक्यों में निहित अर्थभेद दो बातों पर निर्भर करता है : (1) भिन्न शब्दवर्गों से शब्दों का चयन, अथवा (2) एक ही शब्दवर्गों से लिए गए शब्दों का भिन्न क्रमों में प्रयोग। इन दोनों स्थितियों को स्पष्ट करने के लिए एक उदाहरण देखिए–

(1) मोहन ने रोते हुए लड़के को उठा लिया।

यह वाक्य अपने लिखित रूप में अस्पष्ट अर्थ वाला है। यदि हम वाक्य में आए हुए शब्दों का वर्ग निर्धारण करें तो यह अस्पष्टता दूर हो जाती है–

(2)	मोहन	ने	रोते हुए	लड़के	को	उठा लिया
	|	|	|	|	|	|
	संज्ञा	परसर्ग	विशेषण	संज्ञा	परसर्ग	क्रिया

(3)	मोहन	ने	रोते हुए	लड़के	को	उठा लिया
	|	|	|	|	|	|
	संज्ञा	परसर्ग	क्रिया-विशेषण	संज्ञा	परसर्ग	क्रिया

इससे स्पष्ट है कि वाक्य (1) श्रूयमाण स्तर पर दो वाक्यों को प्रस्तुत करता है। वाक्य की अस्पष्टता का कारण यह है कि 'रोते हुए' दो भिन्न शब्दवर्गों से संबंध रखता है। इसलिए जब तक यह निर्धारित न हो जाय कि वह किस शब्दवर्ग से लिया गया है। वाक्य अस्पष्ट बना रहेगा। वाक्य में जिस स्थान पर 'रोते हुए' का प्रयोग हुआ है, वहाँ विशेषण भी आ सकता है और क्रिया-विशेषण भी। यदि उन्हीं शब्दों को इस क्रम में रखें–

(4) मोहन ने लड़के को रोते हुए उठा लिया।

तो वाक्य अस्पष्ट नहीं रहता। वाक्य (4) में 'रोते हुए' केवल क्रिया-विशेषण ही हो सकता है, विशेषण नहीं। क्योंकि वाक्य में जिस स्थान पर उसका प्रयोग हुआ है, वह स्थान क्रिया-विशेषण के लिए है। इन दो वाक्यों को देखिए–

(5) राम ने मोहन को मारा।

(6) मोहन ने राम को मारा।

इन दोनों वाक्यों का विश्लेषण करने पर एक ही प्रकार के शब्द मिलेंगे। इसलिए इन दोनों वाक्यों में निहित अर्थभेद का कारण भिन्न शब्द वर्गों से शब्दों का चयन नहीं है, बल्कि एक ही प्रकार के शब्दों का भिन्न क्रमों में प्रयोग है। पहले वाक्य में राम 'ने' से पूर्व है, दूसरे वाक्य में 'ने' के बाद और 'को' से पूर्व है।

यह पहले कहा जा चुका है कि यह अध्ययन पद्धति शब्दों के वर्गीकरण तथा वितरण पर अत्यधिक बल देती है। लेकिन आगे हम देखेंगे कि शब्दों का सूक्ष्मातिसूक्ष्म वर्गीकरण तथा उनका वितरण भी भाषा की समस्त संरचनाओं का वर्णन करने में समर्थ नहीं होता।

किसी भाषा का वाक्य बनाने के लिए उस भाषा के शब्दकोश से ही शब्दों का चयन किया जाता है।

(7) *The boy mango eats.

यह वाक्य हिंदी भाषा का नहीं है क्योंकि शब्दों का चयन अंग्रेजी भाषा के शब्दकोश से हुआ है।

(8) *लड़का खाता आम है।

यह वाक्य भी हिंदी का नहीं है। यद्यपि सभी शब्द हिंदी के हैं। इन शब्दों का वाक्य में ठीक क्रम में प्रयोग नहीं हुआ है।

(9) लड़का आम खाता है।

यह वाक्य हिंदी का सही वाक्य है। लेकिन–

(10) लड़के आम खाता है।

यह वाक्य गलत है। यद्यपि सभी शब्द हिंदी के हैं और सही क्रम में हैं। इस कठिनाई को दूर करने के लिए संज्ञा वर्ग के दो उपवर्ग किए जाएँगे : एकवचन-बहुवचन। क्रिया के भी दो उपवर्ग होंगे : एकवचन-बहुवचन। संज्ञा तथा क्रिया में अन्विति होगी।

(11) लड़के आम खाते हैं।

यह वाक्य सही है।

(12) लड़की आम खाता है।

यह वाक्य पुनः गलत है। संज्ञा वर्ग के दो अन्य उपवर्ग होंगे पुंलिंग-स्त्रीलिंग। क्रिया के भी ये दो उपवर्ग होंगे। क्रिया तथा संज्ञा में लिंग की दृष्टि से भी अन्विति होगी। इससे स्पष्ट है कि संज्ञा वर्ग के अन्य उपवर्गों (जातिवाचक, व्यक्तिवाचक आदि) के अतिरिक्त ये उपवर्ग भी होंगे–

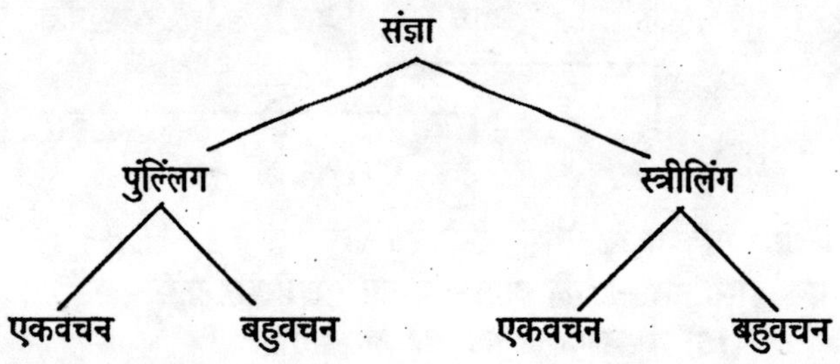

क्रिया के भी ये उपवर्ग होंगे–

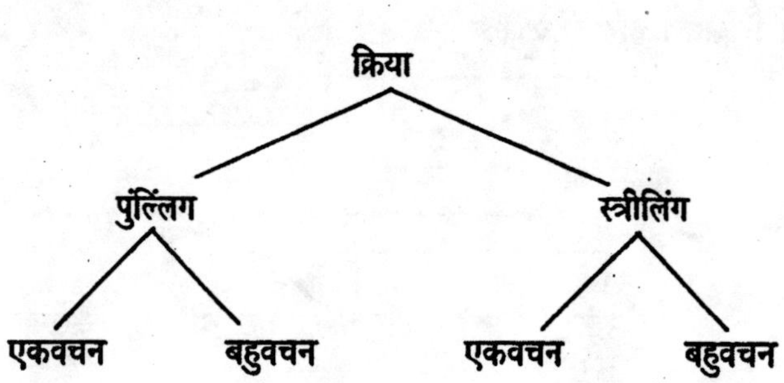

यह ध्यान रखें कि संज्ञा का यह वर्गीकरण भी पर्याप्त नहीं है। सही वाक्यों की संरचना के लिए अभी संज्ञा के अन्य भेदोपभेदों की आवश्यकता होगी।

(13) विवाह कल होगा।

(14) *घर कल होगा।

पहला वाक्य सही है, दूसरा गलत। 'विवाह' तथा 'घर' को एक ही उपवर्ग में यदि रखा जाएगा तो वाक्य (14) की अशुद्धता की व्याख्या नहीं की जा सकती। अतः संज्ञा के दो अन्य उपवर्ग होंगे, घटनार्थक संज्ञा (जैसे विवाह, सभा आदि) तथा अघटनार्थक संज्ञा (जैसे घर, स्कूल आदि)। लेकिन भाषा में कुछ ऐसी संरचनाएँ भी मिलती हैं जिनकी व्याख्या वर्गीकरण तथा वितरण की पद्धति से संभव नहीं है।

(15) पके आम और केले।

केवल आम पके हैं अथवा आम और केले दोनों? दोनों बार संरचना में वे ही शब्द हैं और उसी क्रम में। फिर इस संरचना की अस्पष्टता कैसे दूर होगी। इस तरह की कठिनाई को दूर करने के लिए वाक्य में आए हुए घटकों को उत्तराधर क्रम में मानना आवश्यक हो जाता है।

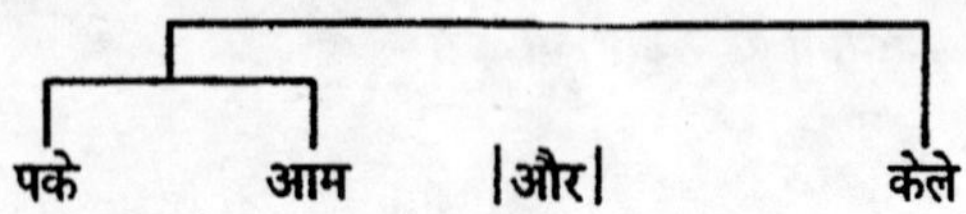

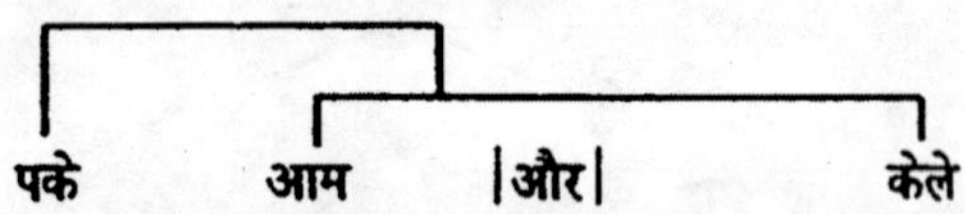

इसे सन्निहित अवयव विश्लेषण कहते हैं।

एक दूसरी संरचना की अस्पष्टार्थकता पर विचार करें—

(16) मोहन की लकड़ी की अलमारी।

इसके दो अर्थ हैं— मोहन की अलमारी जो लकड़ी की बनी है, अथवा वह अलमारी जो मोहन द्वारा दी गई लकड़ी से बनी है। इन दोनों अर्थों को सन्निहित अवयव विश्लेषण द्वारा स्पष्ट किया जा सकता है :

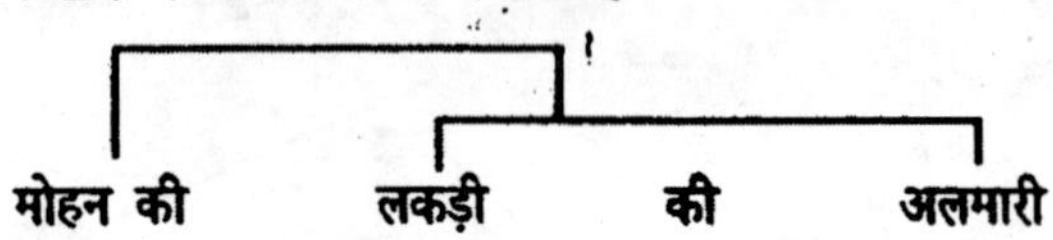

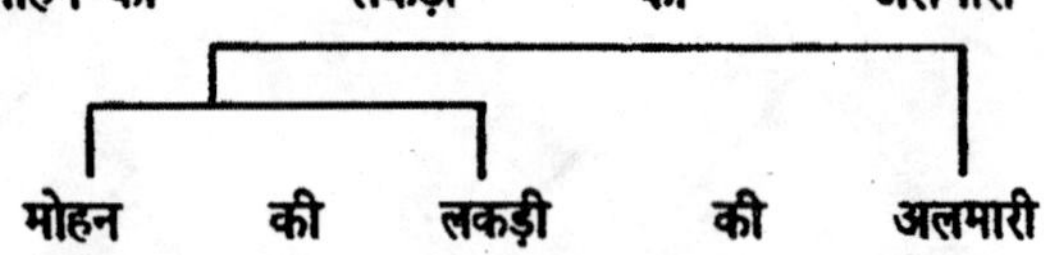

इन उदाहरणों से स्पष्ट है कि किसी संरचना में आए हुए घटकों को उत्तराधर क्रम में रखकर उसके विभिन्न अर्थों को स्पष्ट किया जा सकता है।

दो निकटस्थ घटक एक दूसरे से सीधे संबद्ध हों, यह आवश्यक नहीं है।

(17) लड़का मोटी पुस्तक लाया।

इस वाक्य में 'मोटी' 'लड़का' तथा 'पुस्तक' के बीच में है लेकिन उसका सीधा संबंध 'पुस्तक' से है, 'लड़का' से नहीं। इस तरह का संबंध घटकों को उत्तराधर क्रम में मानने पर ही संभव है। उक्त वाक्य में आए हुए घटकों के परस्पर संबंधों को निम्न आरेख द्वारा स्पष्ट रूप में दिखाया जा सकता है। यह एक तरह का सन्निहित अवयव विश्लेषण ही है।

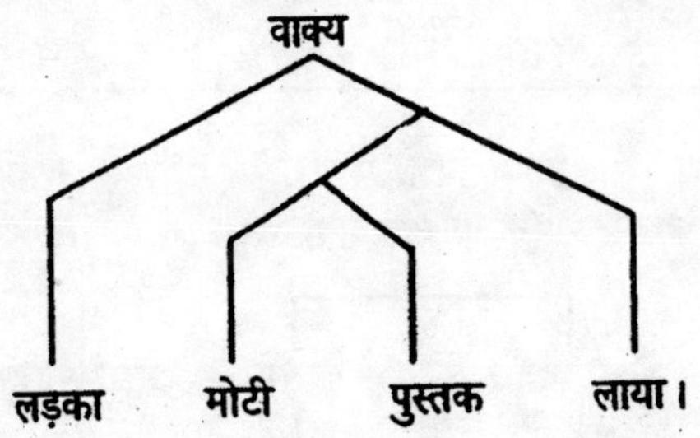

यदि इस आरेख में घटकों के नाम भी दे दिए जाएँ तो यह अधिक उपादेय हो जाएगा।

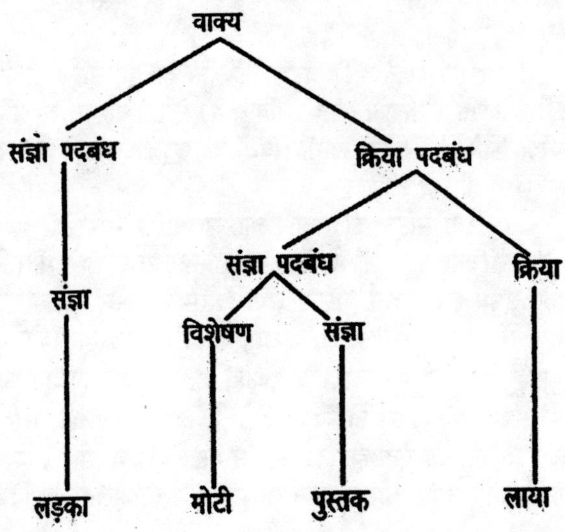

इस आरेख से यह भी सूचित होता है कि 'लड़का' तथा 'मोटी पुस्तक' एक ही तरह के घटक हैं। दोनों संज्ञा पदबंध हैं।

आरेख में दिखाए गए घटकों का नामकरण कभी-कभी अन्य कारणों से भी आवश्यक हो जाता है।

(18) मोहन हाथ से पुस्तक गिरा देता है।

इस वाक्य में 'हाथ से' अपादान भी हो सकता है और करण भी। लेकिन इन दोनों संबंधों का स्पष्टीकरण केवल सन्निहित अवयव विश्लेषण द्वारा संभव नहीं है। घटकों के नाम जब तक नहीं दिए जाएँगे तब तक वाक्य अस्पष्ट ही रहेगा। दोनों अर्थों में वाक्य का सन्निहित अवयव विश्लेषण एक ही प्रकार से होगा।

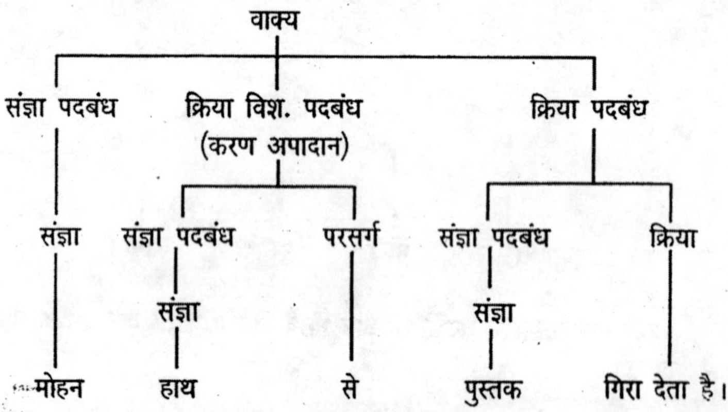

इस तरह हम देखते हैं कि घटकों को नाम देते हुए सन्निहित अवयव विश्लेषण करना भाषा-वर्णन की काफी सशक्त प्रविधि है। लेकिन यह सशक्त प्रविधि भी संरचना द्वारा व्यक्त होने वाले अनेक आर्थी संबंधों का उद्घाटन करने में सफल नहीं होती। सरंचना (16) को ही लीजिए—

(16) मोहन की लकड़ी की अलमारी।

इस संरचना के दोनों अर्थों को अलग-अलग दिखाने में सन्निहित अवयव विश्लेषण समर्थ है। लेकिन 'मोहन' तथा 'अलमारी' और 'लकड़ी' तथा 'अलमारी' के संबंधों में परस्पर क्या भेद है, यह सन्निहित अवयव विश्लेषण द्वारा स्पष्ट नहीं होता। मोहन अलमारी का स्वामी है। लकड़ी अलमारी का उपादान कारण है। लेकिन ये दोनों संबंध 'की' द्वारा ही व्यक्त होते हैं, अर्थात् एक ही तरह से व्यक्त होते हैं। उक्त संरचना का एक ही स्तर पर (श्रूयमाण अथवा बाह्य स्तर पर) किया गया विश्लेषण स्वामी संबंध और उपादान संबंध को अलग-अलग नहीं दिखा सकता। इन

संबंधों को स्पष्ट करने के लिए उक्त संरचना के लिए दो स्तरों की कल्पना करना आवश्यक है, आंतरिक अथवा अमूर्त स्तर तथा बाह्य अथवा श्रूयमाण स्तर।[1] आगे इन स्तरों की संरचनाओं को ही क्रमशः आंतरिक संरचना और बाह्य संरचना कहा जाएगा। (16) जैसी संरचनाओं की व्याख्या करने के लिए रचनांतरण व्याकरण भाषा-वर्णन में आंतरिक संरचना तथा बाह्य संरचना की धारणा का समावेश करता है।

'मोहन की अलमारी' तथा 'लकड़ी की अलमारी' दोनों की बाह्य संरचना एक है। लेकिन इनकी कामचलाऊ आंतरिक संरचनाएँ इस प्रकार होंगी—

आंतरिक संरचना		**बाह्य संरचना**
मोहन के पास अलमारी है	→	मोहन की अलमारी
अलमारी लकड़ी से बनी है	→	लकड़ी की अलमारी

यहाँ इतना दिखाना ही पर्याप्त है कि एक ही प्रकार की बाह्य संरचना के दो भिन्न स्रोत हैं।

जिस प्रकार वर्गीकरण तथा वितरण वाली पद्धति अनेक संरचनाओं की अस्पष्टता को दूर करने में असमर्थ है, उसी प्रकार कई संरचनाओं की अस्पष्टता दूर करने में सन्निहित अवयव विश्लेषण भी असमर्थ है। पहले कहा जा चुका है कि ये दोनों पद्धतियाँ वाक्य का अध्ययन केवल एक ही स्तर—बाह्य संरचना के स्तर—पर करती हैं। जब कि कई संरचनाओं की अस्पष्टता को दूर करने के लिए बाह्य संरचना के साथ-साथ आंतरिक संरचना की कल्पना भी आवश्यक होती है।

(19) मुझे मोहन का खाना बनाना पसंद नहीं है।

उक्त वाक्य अनेकार्थक है। 'मोहन का खाना बनाना' का कई तरह से अर्थ लगाया जा सकता है। लेकिन सभी अर्थों के लिए वाक्य का सन्निहित अवयव विश्लेषण एक ही प्रकार से किया जाएगा। इस वाक्य की अस्पष्टता को दूर करने का उपाय यह है कि इस वाक्य के जितने अर्थ हैं, उतनी ही आंतरिक संरचनाओं की कल्पना की जाय। पूरे वाक्य को छोड़कर हम 'मोहन का खाना बनाना' केवल इस पर ही विचार करें क्योंकि वाक्य की अस्पष्टता वाक्य के इसी अंश पर निर्भर है। इस अंश के कम से कम तीन अर्थ हैं। इन तीन भिन्न अर्थों के लिए जो तीन भिन्न आंतरिक संरचनाएँ चाहिए, वे लगभग इस प्रकार होंगी—

---

1. 'श्रूयमाण स्तर' का प्रयोग बाह्य स्तर अथवा बाह्य संरचना के लिए ही हम करते रहे हैं। इससे पूर्व हम बाह्य स्तर या बाह्य संरचना का प्रयोग नहीं करना चाहते थे। सही मायने में तो श्रूयमाण संरचना बाह्य संरचना की तुलना में अधिक बाह्य है। बाह्य संरचना (Surface Structure) पहले आंतरिक ध्वनि संरचना के रूप में होती है। उस पर उच्चारण नियमों को लागू करने के बाद श्रूयमाण संरचना प्राप्त होती है।

(कोई) मोहन के लिए खाना बनाता है→

मोहन का खाना बनाना।

(यह तथ्य कि) मोहन खाना बनाता है→

मोहन का खाना बनाना।

(वह ढंग जिस ढंग से) मोहन खाना बनाता है→

मोहन का खाना बनाना।

उक्त आंतरिक संरचनाएँ वास्तव में मूल आंतरिक संरचनाएँ नहीं हैं। मूल आंतरिक संरचना का रूप तो कुछ और ही होगा। ऊपर दी गई आंतरिक संरचनाएँ वाक्य की अस्पष्टता को दूर करने के लिए पर्याप्त हैं, बस इतना ही प्रयोजन है।

आंतरिक और बाह्य संरचना की यह कल्पना बिलकुल नयी नहीं है। संस्कृत वैयाकरण संरचना के इन दोनों पक्षों से भली भाँति परिचित थे। सामासिक शब्दों की व्याख्या में यह बिलकुल स्पष्ट दिखाई देता है। अस्पष्ट सामासिक शब्द की अस्पष्टता विग्रह के द्वारा दूर होती है। यह विग्रह आंतरिक संरचना के समकक्ष है। 'पीतांबर'—इसके दो अर्थ हैं और इसका दो तरह से विग्रह हो सकता है; 'पीत अम्बर' (पीला कपड़ा), कर्मधारय समास, 'वह जो पीत अम्बर धारण करता है अर्थात् कृष्ण', यह बहुव्रीहि है। सन्निहित अवयव विश्लेषण द्वारा दोनों अर्थों के लिए एक ही तरह से विश्लेषण संभव है।

जिस तरह भाषा में अनेकार्थक वाक्य होते हैं, उसी तरह पर्यायवाची वाक्य भी होते हैं। नीचे के दो वाक्यों पर विचार कीजिए :

(20) मैंने उससे कहा कि तुम बैठो।

(21) मैंने उससे बैठने के लिए कहा।

दोनों वाक्य अर्थ की दृष्टि से एक हैं, यद्यपि वाक्य-संरचना की दृष्टि से इनमें काफी अंतर है। यदि इन दोनों वाक्यों में अर्थगत संबंध के साथ-साथ संरचनात्मक संबंध भी दिखाया जा सके तो बेहतर है। यह संरचनात्मक संबंध बाह्य संरचना के स्तर पर नहीं दिखाया जा सकता। इसीलिए वर्गीकरण तथा वितरण वाली पद्धति तथा सन्निहित अवयव विश्लेषण वाली पद्धति इन वाक्यों में संरचनात्मक संबंध नहीं दिखा सकती। इन वाक्यों में संरचनात्मक संबंध दिखाने के लिए यह आवश्यक है कि इन दोनों के लिए एक मूल आंतरिक संरचना की कल्पना की जाए और इस मूल आंतरिक संरचना से ही लोप, आगम आदि के द्वारा दोनों वाक्यों की बाह्य संरचना को निष्पादित किया जाए—

मूल आंतरिक संरचना

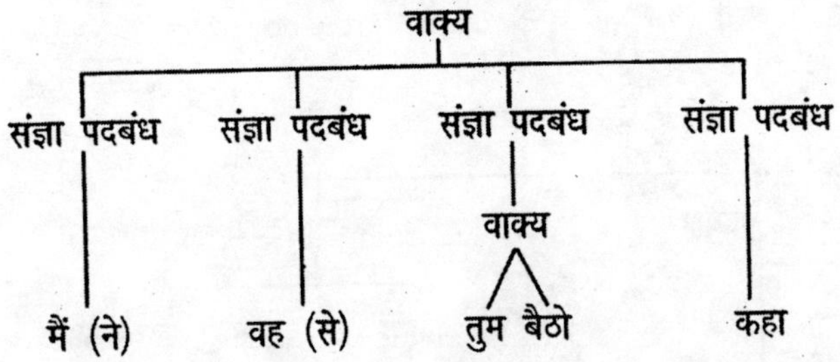

'तुम बैठो' वाक्य को संज्ञा बनाने के लिए उससे पहले 'कि' जोड़ना होगा—'कि तुम बैठो'। फिर इसे मुख्य वाक्य के अंत में स्थानांतरित कर दिया जाएगा—'मैंने उससे कहा कि तुम बैठो'। 'तुम बैठो' को संज्ञा बनाने के लिए मुख्य क्रिया में 'ने के लिए' को जोड़ा जाएगा। 'तुम' लुप्त हो जाएगा। 'तुम बैठो'→'ϕ बैठने के लिए'। यह कर्म के स्थान पर रहेगा—'मैंने उससे बैठने के लिए कहा'। इस व्याख्या से दोनों वाक्य न केवल अर्थ की दृष्टि से बल्कि संरचना की दृष्टि से भी जुड़े हुए हैं। इस तरह स्पष्ट है कि जिस तरह अस्पष्ट वाक्यों की व्याख्या के लिए आंतरिक संरचना की कल्पना आवश्यक है उसी प्रकार पर्यायवाची वाक्यों की व्याख्या के लिए भी।

आंतरिक संरचना की कल्पना भाषा के अनेक तथ्यों को एकसाथ उद्घाटित करने में समर्थ होती है। इसके लिए अंग्रेजी की निजवाचक संरचना को लिया जा सकता है।

(22) The boy hit himself.

निज वाचक सर्वनाम को कर्म के रूप में लेने वाली क्रियाएँ वे ही हैं, जो अन्यत्र निजवाचक वाक्य के कर्ता को कर्म के रूप में भी ले सकती हैं। वाक्य (22) संभव है क्योंकि वाक्य (23) भी संभव है :

(23) Mohan hit the boy.

'hit' क्रिया himself को कर्म के रूप में ले सकती है, वाक्य (22)। इसलिए निजवाचक वाक्य के कर्ता the boy को भी कर्म के रूप में ले सकती है, वाक्य (23)।

यदि वाक्य (24) संभव नहीं है तो वाक्य (25) भी संभव नहीं है :

(24) *The man demands himself.

(25) *I demand the man.

दोनों वाक्य इसलिए गलत हैं क्योंकि इनमें उचित कर्म नहीं है। 'demand' क्रिया himself को कर्म के रूप में नहीं ले सकती और इसीलिए निजवाचक वाक्य के कर्त्ता the man को भी कर्म के रूप में नहीं ले सकती। इससे संकेत मिलता है कि निजवाचक वाक्य का कर्त्ता तथा कर्म तद्रूप होते हैं। कर्त्ता तथा कर्म की इस

तद्रूपता को आंतरिक संरचना में ही दिखाया जा सकता है। वाक्य (22) की आंतरिक संरचना में कर्त्ता तथा कर्म दोनों स्थानों पर the boy है।

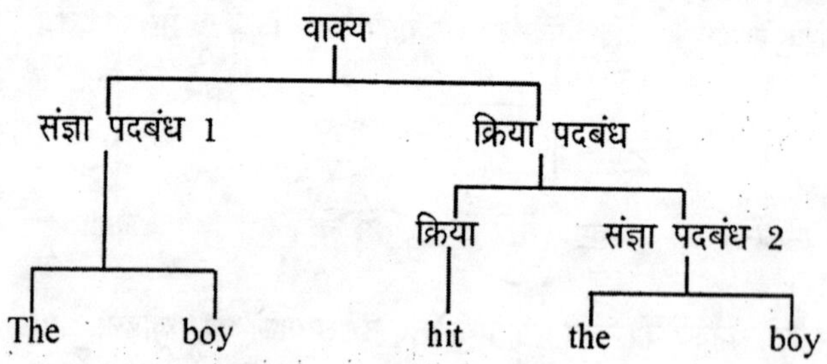

संज्ञा पदबंध 1=संज्ञा पदबंध 2

रचनांतरण नियम के द्वारा संज्ञा पदबंध 2 निजवाचक सर्वनाम के रूप में बदल जाता है।

निजवाचक वाक्य में कर्त्ता तथा कर्म की यह तद्रूपता आज्ञार्थक वाक्यों में लुप्त कर्त्ता के निर्णय में सहायक होती है। आज्ञार्थक वाक्यों में कर्त्ता के स्थान पर केवल you आता है। क्योंकि वाक्य (26) सही है, वाक्य (27) नहीं :

(26) Cut yourself.

(27) *Cut himself.

अमूर्त आंतरिक संरचना की पुष्टि क्रियाविशेषणों के प्रयोग से भी होती है–

(28) मोहन ने **थोड़ी देर के लिए** खिड़की खोल दी।

(29) खिड़की बंद हो गई, मोहन ने उसे **फिर** खोल दिया।

(30) मोहन ने उसे साइकिल **हमेशा के लिए** दे दी।

वाक्य (28) में 'थोड़ी देर के लिए' किस अर्थ-इकाई की विशेषता बता रहा है? 'खोलना' व्यापार-गर्भ (Action) क्रिया है। खोलने का व्यापार लगातार थोड़ी देर तक हुआ, यहाँ यह अभिप्राय नहीं है। 'थोड़ी देर के लिए' वास्तव में एक विशेष दशा की विशेषता बता रहा है। 'खिड़की खुली है' अथवा 'खिड़की का खुला होना' यह दशा थोड़ी देर के लिए है। लेकिन यह दशा अथवा अर्थ-इकाई बाह्य संरचना में व्यक्त नहीं है। यदि हम 'थोड़ी देर के लिए' क्रिया-विशेषण की सही व्याख्या करना चाहते हैं तो उक्त वाक्य में 'खिड़की खुली है' इस अर्थ-इकाई को स्पष्ट रूप में अलग दिखाना उचित होगा। यह वाक्य की आंतरिक संरचना में ही संभव है। 'खोलना' को 'खुलना' का प्रेरणार्थक रूप मानने वाली व्यवस्था भी इस बात को पुष्ट करती है। जिन सकर्मक क्रियाओं में 'दशा' का अर्थ निहित नहीं है, उन सकर्मक क्रियाओं से वाक्य (28) की तरह वाक्य सामान्य रूप से नहीं बनेंगे।

(31) *मोहन ने थोड़ी देर के लिए पानी पी लिया।

यदि हम इस वाक्य की विशेष व्याख्या न करें तो यह वाक्य गलत है। यदि पानी पीने से थोड़ी देर बाद मोहन पानी को फिर उगलने वाला है तो उक्त वाक्य ठीक है। अथवा मोहन को अब कुछ देर तक पानी की आवश्यकता नहीं है, पानी पीने का असर थोड़ी देर तक रहेगा, यह अर्थ उक्त वाक्य से निकालें तो भी वाक्य ठीक है, 'ऊँट ने कई दिनों के लिए पानी पी लिया'। 'पीना' किसी अन्य क्रिया का प्रेरणार्थक रूप भी नहीं है।

वाक्य (29) पर विचार करें। दूसरे उपवाक्य में 'फिर' क्रिया-विशेषण का प्रयोग हुआ है। उक्त वाक्य में खोलने का व्यापार दुबारा हुआ है, यह भाव नहीं है। मोहन ने तो पहली बार खिड़की खोली। जो चीज दुबारा घटित हुई है, वह है दशा। 'खिड़की खुली है' यह दशा दुबारा प्राप्त हुई और 'फिर' इस दशा से ही अन्वित है। लेकिन 'फिर' जिस दशा की विशेषता बता रहा है, वह दशा वाक्य की बाह्य संरचना में प्रत्यक्ष नहीं है। उसे आंतरिक संरचना में ही एक अर्थ-इकाई के रूप में दिखाया जा सकता है। वाक्य (30) में 'हमेशा के लिए' की व्याख्या भी इसी प्रकार संभव है। 'हमेशा के लिए' भविष्य को भी अपने भीतर समेटता है। वाक्य की मुख्य क्रिया भूतकाल में है। फिर इस भूतकाल की क्रिया और भविष्यार्थक क्रिया-विशेषण में मेल कैसे होगा?

(32) *मैं दिल्ली में हमेशा के लिए रहा।

उक्त वाक्य गलत है क्योंकि 'हमेशा के लिए' तथा भूतकालिक क्रिया 'रहा' में सामंजस्य नहीं है। वाक्य (30) के सही होने का कारण यह है कि 'देना' क्रिया में 'रखना' का अर्थ निहित है। मोहन ने जिसे साइकिल दी है, वह हमेशा के लिए साइकिल को अपने पास रखेगा। इस 'रखेगा' से 'हमेशा के लिए' का सामंजस्य है। लेकिन वाक्य के अथवा 'देना' क्रिया के बाह्य रूप में 'रखना' का अर्थ प्रत्यक्ष नहीं है। इस अर्थ-इकाई को अलग से दिखाने के लिए आंतरिक संरचना की सहायता लेनी होगी।

इन उदाहरणों से यह विदित होता है कि वाक्य संरचना के कई अंशों की स्पष्ट और तर्कसंगत व्याख्या वाक्य की आंतरिक संरचना के स्तर पर ही संभव है। अब तक वैयाकरणों ने वाक्य की आंतरिक संरचना के पक्ष में कई प्रबल प्रमाण खोज लिए हैं।

इस अनुभाग को समाप्त करने से पूर्व 'फिर', 'थोड़ी देर के लिए', तथा 'हमेशा के लिए' क्रिया-विशेषणों पर एक और दृष्टि से विचार कर लेना उपयुक्त होगा। ये सभी क्रिया-विशेषण जिन अर्थ-इकाइयों की विशेषता बता रहे हैं वे सभी अपने से बड़ी अर्थ संरचना में आधायित (embedded) हैं। सामान्य रूप से कोई अर्थ-संरचना (अथवा वाक्य) अपने वैकल्पिक घटकों के साथ बड़ी संरचना में प्रवेश नहीं करती।

यही कारण है कि वाक्य (33) क्रिया-विशेषण के साथ वाक्य में आधायित नहीं होता।

(33) लड़का रोते-रोते सोया।

(34) उषा ने लड़के को रोते-रोते सुलाया।

'रोते-रोते' की तरह अन्य बहुत से क्रिया-विशेषण आधायित वाक्य की क्रिया की विशेषता बताते हुए मुख्य वाक्य (matrix sentence) में प्रकट नहीं होते। फिर वाक्य (28), (29) तथा (30) में प्रयुक्त क्रिया-विशेषण आधायित क्रिया की विशेषता कैसे बता रहे हैं? इसका समाधान यह होगा कि वाक्य (28) व (30) के क्रिया-विशेषण अन्य क्रिया-विशेषणों से भिन्न हैं। ये किसी न किसी रूप में निर्वर्त्य हैं। वाक्य (28) में 'थोड़ी देर के लिए' 'खोलना' क्रिया के कारण संभव हुआ। इसी तरह 'फिर' और 'हमेशा के लिए' भी क्रमशः 'खोलना' तथा 'देना' क्रियाओं के कारण ही प्राप्त हुए हैं। 'रोते-रोते' इस रूप में 'सुलाना' क्रिया से संबंधित नहीं है।

ऊपर आंतरिक तथा बाह्य संरचना के बारे में विचार किया गया। आंतरिक संरचना की आवश्यकता पर प्रकाश डाला गया। यह भी कहा गया कि आंतरिक संरचना अमूर्त होती है और बाह्य संरचना से दूर–कभी-कभी बहुत दूर–होती है। आंतरिक संरचना तथा बाह्य संरचना की इस दूरी अथवा अंतराल को रचनांतरण नियम भरते हैं। आंतरिक संरचना पर रचनांतरण नियमों को लागू करने से बाह्य संरचना प्राप्त होती है। आंतरिक तथा बाह्य संरचना की इस धारणा को हम भाषा की व्याकरणिक संरचना तक ही सीमित न करके भाषा की ध्वनि-संरचना तक ले जाते हैं। किसी घटक के स्वनप्रक्रियात्मक रूप पर उच्चारण नियमों को लागू करने से उच्च घटक का स्वनिक रूप प्राप्त होता है।

13

आश्रित उपवाक्य

संरचना की दृष्टि से वाक्य तीन प्रकार के माने जाते हैं : साधारण वाक्य, मिश्रित वाक्य, तथा संयुक्त वाक्य। परंपरागत व्याकरण के अनुसार एक समापिका क्रिया वाला वाक्य साधारण वाक्य है, एक से अधिक समापिका क्रियाओं वाला वाक्य या तो मिश्रित है या संयुक्त।

(1) लड़का घर <u>जा रहा है।</u>
(साधारण वाक्य)

(2) लड़का घर <u>जा रहा है</u> क्योंकि उसका भाई बीमार है।
(मिश्रित वाक्य)

(3) लड़का घर <u>जा रहा है</u> लेकिन वहाँ दो दिन से अधिक नहीं रुकेगा।
(संयुक्त वाक्य)

उपर्युक्त वाक्यों में रेखांकित अंश समापिका क्रियाएँ हैं। मिश्रित तथा संयुक्त वाक्य में अंतर यह है कि मिश्रित वाक्य में एक मुख्य उपवाक्य और कम-से-कम एक आश्रित उपवाक्य होता है और संयुक्त वाक्य में दो या दो सें अधिक मुख्य उपवाक्य होते हैं। वाक्य (2) में 'लड़का घर जा रहा है' मुख्य उपवाक्य है। 'क्योंकि उसका भाई बीमार है' आश्रित उपवाक्य है। यह मुख्य उपवाक्य की तरह स्वतंत्र नहीं है। मुख्य उपवाक्य बिना आश्रित उपवाक्य के प्रयोग में आ सकता है। लेकिन आश्रित उपवाक्य बिना मुख्य उपवाक्य के प्रयोग में नहीं आ सकता।

(4) लड़का घर जा रहा है। [वाक्य (2) का मुख्य उपवाक्य]

(5) *क्योंकि उसका भाई बीमार है। [वाक्य (2) का आश्रित उपवाक्य]

वाक्य (3) के दोनों उपवाक्य प्रयोग की दृष्टि से एक-दूसरे से स्वतंत्र हैं, इसलिए यह संयुक्त वाक्य है।

इस अध्याय में हम केवल आश्रित उपवाक्यों की चर्चा करेंगे। प्रकार्य की दृष्टि से आश्रित उपवाक्य सामान्य रूप से तीन प्रकार के माने जाते हैं, संज्ञा उपवाक्य, विशेषण उपवाक्य, तथा क्रियाविशेषण उपवाक्य। जो उपवाक्य संज्ञा की तरह कर्म,

कर्त्ता आदि स्थानों पर प्रयुक्त हो सकते हैं, उनको संज्ञा उपवाक्य की संज्ञा दी जाती है। जो उपवाक्य संज्ञा की विशेषता बनाते हैं, वे विशेषण उपवाक्य और जो क्रिया की विशेषता बताते हैं, वे क्रिया विशेषण उपवाक्य कहलाते हैं। इनका एक-एक उदाहरण नीचे है :

(6) मैं जानता हूँ **कि तुम बहुत होशियार हो।**
(संज्ञा उपवाक्य)

(7) वह मोटर मेरी है, **जो काली है।**
(विशेषण उपवाक्य)

(8) मोहन बाजार नहीं जाएगा **क्योंकि वह बीमार है।**
(क्रिया-विशेषण उपवाक्य)

आगे के अनुभागों में हिंदी के आश्रित उपवाक्यों की संक्षिप्त चर्चा की जाएगी।

संज्ञा उपवाक्य कभी 'यह' का पूरक बनकर आता है, कभी भाववाचक संज्ञा का पूरक बनकर आता है।

(9) मैं यह चाहता हूँ **कि तुम पास हो जाओ।**

(10) मैं आशा करता हूँ **कि तुम पास हो जाओगे।**

वाक्य (9) में संज्ञा उपवाक्य 'यह' का पूरक है और वाक्य (10) में संज्ञा उपवाक्य 'आशा' का पूरक है।

वाक्य में 'यह' का ऐच्छिक रूप से लोप भी संभव है।

(11) मैं चाहता हूँ कि तुम पास हो जाओ।

संज्ञा उपवाक्य केवल भाववाचक संज्ञाओं का ही पूरक बनता है। यह जिस भाववाचक संज्ञा का पूरक बनता है, उस भाववाचक संज्ञा के पूर्व सामान्य रूप से केवल 'यह' निर्धारक का प्रयोग किया जा सकता है।

(12) मैं **यह** आशा करता हूँ कि तुम पास हो जाओगे।

(13) *मैं **वह** आशा करता हूँ कि तुम पास हो जाओगे।

संज्ञा उपवाक्य का प्रयोग वाक्य में कर्त्ता के स्थान पर, कर्म के स्थान पर और परसर्गीय पदबंध में होता है।

(14) **यह सही है कि मोहन बीमार है।**
(कर्त्ता के स्थान पर)

(15) मैं चाहता हूँ **कि तुम मेरे साथ रहो।**
(कर्म के स्थान पर)

(16) वह **इस बात से** खुश है **कि तुम आ गए।**
(परसर्गीय पदबंध में)

ऊपर संज्ञा उपवाक्य के जितने उदाहरण आए हैं उनमें 'कि' का प्रयोग किया गया है। सामान्य रूप से किसी उपवाक्य को संज्ञा उपवाक्य में बदलने के लिए उस

उपवाक्य के पहले 'कि' जोड़ दिया जाता है। लेकिन वाक्य की बाह्य तथा आंतरिक संरचना को मानने वाले वैयाकरण संज्ञा उपवाक्य को अन्य रूपों में भी स्वीकार करते हैं। उनके अनुसार निम्नलिखित वाक्यों में काले अंश भी संज्ञा उपवाक्य हैं–

(17) मैं **घर जाना** चाहता हूँ।

(18) मैंने मोहन से **घर जाने के लिए** कहा।

काले अंश अपने पूर्ण रूपों में निम्न वाक्यों में दिखाई देते हैं–

(19) मैं (यह) चाहता हूँ **कि मैं घर जाऊँ।**

(20) मैंने मोहन से (यह) कहा **कि तुम घर जाओ।**

'कि मैं घर जाँऊ' तथा 'घर जाना' अर्थ की दृष्टि से एक हैं। इनमें वाक्य संरचनात्मक संबंध भी सरलता से जोड़ा जा सकता है।

उपवाक्य	**संज्ञा उपवाक्य**
संज्ञाकरण	
मैं घर जाऊँ–––→	(1) कि मैं घर जाऊँ या
	(2) मेरा घर जाना।

वाक्य (17) में 'मेरा घर जाना' को कर्म की जगह रखने पर 'मेरा' का लोप हो जाएगा क्योंकि मुख्य वाक्य का कर्त्ता 'मैं' तथा 'मेरा' में तद्रूपता है। इसी तरह 'कि वह घर जाए' तथा 'घर जाने के लिए' भी अर्थ की दृष्टि से एक हैं। इनमें भी वाक्य संरचनात्मक संबंध जोड़ा जा सकता है।

इस तरह 'कि' के अतिरिक्त 'का...ना' तथा '–ने के लिए' को भी किसी वाक्य को संज्ञा अथवा संज्ञा उपवाक्य बनाने वाला समझना चाहिए। कहीं-कहीं '–ते हुए' और 'ϕ' (शून्य) को भी संज्ञा उपवाक्य बनाने वाले तत्त्व के रूप में स्वीकार किया गया है। लेकिन इनकी स्थिति स्पष्ट नहीं है।

(21) मैंने **मोहन को घर जाते हुए** देखा।

(22) मैंने देखा **कि मोहन घर जा रहा है।**

(23) मैं **मोहन को विद्वान** मानता हूँ।

(24) मैं मानता हूँ **कि मोहन विद्वान है।**

(21) तथा (22) को अर्थ की दृष्टि से संबद्ध मानने में कठिनाई है, वाक्य (21) में 'देखना' तीन घटक वाली क्रिया है–कर्त्ता, कर्म, कर्मपूरक। लेकिन वाक्य (22) में 'देखना' दो घटक वाली क्रिया है–कर्त्ता, कर्म। इसी तरह वाक्य (23) में 'मानना' तीन घटक वाली क्रिया है तथा वाक्य (24) में दो घटक वाली क्रिया है। वैसे भी वाक्य (23) में 'मानना' to consider के समान है और वाक्य (24) में to accept के समान है।

यहाँ 'कि संज्ञा उपवाक्य' के रूप के बारे में थोड़ा कहना आवश्यक है। 'का–ना' अथवा '–ने के लिए' वाले संज्ञा उपवाक्य पूर्ण उपवाक्य के रूप में नहीं आते। उनके

रूप लोप आदि के कारण विकृत हो चुके रहते हैं। लेकिन 'कि संज्ञा उपवाक्य' में उपवाक्य के सभी अवयव बने रहते हैं। अतः हमें केवल इस पर ही विचार करना है। आगे संज्ञा उपवाक्य से हमारा अभिप्राय 'कि' वाले संज्ञा उपवाक्यों से ही है।

संज्ञा उपवाक्य का रूप मुख्य उपवाक्य की मुख्य क्रिया पर निर्भर करता है। संज्ञा उपवाक्य प्रश्नवाचक होगा अथवा अप्रश्नवाचक, संयोजित वाक्य (Copula Sentence) होगा अथवा असंयोजित, प्रश्नवाचक में क–प्रश्नवाचक होगा अथवा हाँ/नहीं प्रश्नवाचक–यह सब मुख्य उपवाक्य की मुख्य क्रिया पर निर्भर है। इतना ही नहीं, मुख्य उपवाक्य की मुख्य क्रिया संज्ञा उपवाक्य की समापिका क्रिया के रूप को भी अनुशासित करती है। निम्नलिखित उदाहरणों से स्पष्ट होगा कि संज्ञा उपवाक्य का रूप किस प्रकार नियंत्रित होता है।

(25) मैं चाहता हूँ कि मोहन घर **जाए**।
(26) *मैं चाहता हूँ कि **क्या** वह घर जाएगा।
(27) *मै चाहता हूँ कि मोहन घर **जाता है**।
(28) मोहन ने मुझे यह बताया कि गाड़ी **कहाँ** जा रही है।
(29) *मोहन ने मुझे यह बताया कि **क्या** गाड़ी जा रही है।
(30) उषा ने पूछा कि **क्या** रमेश घर जाएगा।
(31) उषा ने पूछा कि **कौन** घर जाएगा।
(32) *उषा ने पूछा कि रमेश घर जाएगा।
(33) उसने कहा कि मोहन खाना खा रहा है।
(34) *उसने कहा कि **क्या** मोहन खाना खा रहा है।

इसी प्रकार संज्ञा उपवाक्य लेने वाली अन्य क्रियाओं से वाक्य बनाकर देखना चाहिए कि उनके साथ संज्ञा उपवाक्य का रूप कैसे नियंत्रित है। संज्ञा उपवाक्य लेने वाली कुछ क्रियाएँ इस प्रकार हैं : देखना, सुनना, कहना, पूछना, मानना, चाहना, जानना, स्वीकार करना, सोचना, समझना आदि।

विशेषण उपवाक्य प्रकार्य की दृष्टि से दो प्रकार के होते हैं : निर्देशात्मक विशेषण उपवाक्य तथा वर्णनात्मक विशेषण उपवाक्य। निर्देशात्मक विशेषण उपवाक्य सामान्य रूप से वक्ता तथा श्रोता के ज्ञात समुच्चय में उपसमुच्चय का निर्देश करता है। दूसरे शब्दों में, यह समुच्चय में उपसमुच्चय का निर्माण करता है। समुच्चय वक्ता तथा श्रोता दोनों के लिए ज्ञात और निर्दिष्ट होता है। उपसमुच्चय अनिर्दिष्ट होता है। इसे निर्दिष्ट बनाने का कार्य निर्देशात्मक विशेषण उपवाक्य का है। वर्णनात्मक विशेषण उपवाक्य समुच्चय का वर्णन करता है, उसमें किसी उपसमुच्चय का निर्माण नहीं करता। यह समुच्चय अनंत सदस्यों का हो सकता है, सीमित सदस्यों का हो सकता है अथवा एक ही सदस्य का (व्यक्तिवाचक संज्ञा) भी हो सकता है। यह समुच्चय वक्ता तथा श्रोता दोनों के लिए निर्दिष्ट भी हो सकता है, और अनिर्दिष्ट भी। निर्देशात्मक तथा

वर्णनात्मक उपवाक्यों के इस अर्थगत भेद को समझने में 'काला' विशेषण के निम्नलिखित दो प्रयोग सहायक होंगे : (1) काला घोड़ा, (2) काला कौवा। पहले प्रयोग में 'काला' निर्देशात्मक है। विभिन्न रंगों वाले घोड़ों में काले रंग के घोड़े का निर्देश है। दूसरे प्रयोग में 'काला' वर्णनात्मक है। 'काला' कौवे का नित्य धर्म है। यह विशेषण कौवे को अन्य कौवों से पृथक नहीं करता।

अब निर्देशात्मक तथा वर्णनात्मक उपवाक्यों का एक-एक उदाहरण दिया जा रहा है।

(35) मोहन की **वह साइकिल** खो गई, **जो पुरानी थी।**
(निर्देशात्मक)

(36) मोहन की **एक साइकिल** खो गई, **जो पुरानी थी।**
(वर्णनात्मक)

इस दोनों वाक्यों की परस्पर तुलना करने पर इनमें कई अर्थगत अंतर दिखायी देंगे। वाक्य (35) में यह निहित है कि मोहन के पास एक से अधिक साइकिलें थीं। जबकि वाक्य (36) में इस तरह का कोई निहितार्थ नहीं है। वाक्य (36) से हम अधिक-से-अधिक यह अर्थ निकाल सकते हैं कि अन्य कई वस्तुओं में से मोहन की एक साइकिल खो गई, जो (मोहन के सौभाग्य से) पुरानी थी। वाक्य (35) से यह भी अर्थ निकलता है कि मोहन के पास जितनी भी साइकिलें थीं, उनको वक्ता भी जानता है और श्रोता भी जानता है। मोहन की साइकिलों का समुच्चय दोनों के लिए ज्ञात है। वाक्य (36) से इस प्रकार का अर्थ नहीं निकलता। मोहन की साइकिल दोनों के लिए अनिश्चित है। 'जो पुरानी थी' वाक्य (35) में निर्देशात्मक है और वाक्य (36) में वर्णनात्मक। उक्त उपवाक्य के इन दोनों प्रकार्यों को स्पष्ट करने के लिए प्रश्नवाचक शब्दों की भी सहायता ली जा सकती है। **कौन-सी** साइकिलें खो गई?, इस प्रश्न के उत्तर में केवल वाक्य (35) आा सकता है, वाक्य (36) नहीं। **क्या** खो गया ? इस प्रश्न के उत्तर में दोनों वाक्य आ जाते हैं, थोड़ी-सी भिन्न परिस्थितियों में। एक दूसरा उदाहरण लीजिए—

(37) **गीला** धागा बिजली का सुचालक है।

इस वाक्य में 'गीला' की व्याख्या निर्देशात्मक रूप में भी हो सकती है और वर्णनात्मक रूप में भी। नीचे तीन प्रश्नवाचक वाक्य हैं।

(38) क्या बिजली सुचालक है?

(39) कैसा धागा बिजली का सुचालक है?

(40) कौन-सा धागा बिजली का सुचालक है?

हम समझते हैं, इन तीनों प्रश्नों के उत्तर के रूप में वाक्य (37) आ सकता है। पहले प्रश्न के उत्तर में यदि हम वाक्य (37) को देखते हैं तो इसका अभिप्राय है कि ताँबा, लोहा, चाँदी आदि सुचालकों में से गीला धागा भी एक है। दूसरे प्रश्न

के उत्तर रूप में यदि वाक्य (37) को देखते हैं तो इसका अभिप्राय है कि कई प्रकार के धागों में से गीला धागा सुचालक है। लेकिन वक्ता और श्रोता के मन में कोई निर्दिष्ट और सुनिश्चित समुच्चय नहीं है। इसीलिए यहाँ 'गीला' वर्णनात्मक है। यदि तीसरे प्रश्न के उत्तर रूप में वाक्य (36) को देखें तो 'गीला' निर्देशात्मक है। यहाँ वक्ता तथा श्रोता के सामने धागों का एक निश्चित समुच्चय है। संभवतः निर्देशात्मक 'गीला' पर अधिक बलाघात भी है, वर्णनात्मक 'गीला' की तुलना में।

'गीला' को विशेषण उपवाक्य के रूप में बदला जा सकता है।

(41) कोई भी धागा, जो गीला है, बिजली का सुचालक है।

(42) ऐसा धागा जो गीला है, बिजली का सुचालक है।

(43) धागा, जो गीला है, बिजली का सुचालक है।

(44) वह धागा, जो गीला है, बिजली का सुचालक है।

'जो गीला है' केवल वाक्य (44) में निर्देशात्मक है।

जहाँ कोई सामान्य कथन होता है, वहाँ निर्देशात्मक उपवाक्य के प्रयोग के लिए वक्ता तथा श्रोता के लिए निर्दिष्ट समुच्चय आवश्यक नहीं जान पड़ता।

(45) जो (आदमी) बोएगा, सो काटेगा।

यह भी कहा जा सकता है कि यहाँ सभी आदमियों के समुच्चय से अभिप्राय है। और यह समुच्चय निर्दिष्ट न होते हुए भी वक्ता तथा श्रोता के लिए ज्ञात है। निर्देशात्मक उपवाक्य के ऐसे भी उदाहरण मिलते हैं जहाँ निर्दिष्ट वस्तु वक्ता तथा श्रोता के लिए समान समुच्चय से नहीं होती। जैसे—

(46) जो शहर तुम्हें पसंद आएगा, वह मुझे भी पसंद होगा।

(47) जो कोई आदमी बाहर हो, उसे भेज दो।

(48) मैं वह काम करूँगा, जो तुम चाहोगे।

(49) अब जो चित्र तुम बनाओगे, वह मैं लूँगा।

इन उदाहरणों से यह नहीं लगता है कि वक्ता तथा श्रोता के मन में एक ही समुच्चय है और उसी समुच्चय में से वस्तु निर्दिष्ट की जा रही है। लेकिन निर्देशात्मक उपवाक्य का उपसमुच्चय बनाने वाला कार्य यहाँ भी है।

वर्णनात्मक उपवाक्य और निर्देशात्मक उपवाक्य में एक अर्थगत अंतर और है। वर्णनात्मक उपवाक्य संज्ञा के द्वारा संकेतित वस्तु अथवा व्यक्ति को और स्पष्ट करता है। बिना इसके भी संज्ञा अभिप्रेत वस्तु अथवा व्यक्ति को संकेतित करने में समर्थ होती है। लेकिन निर्देशात्मक उपवाक्य जिस संज्ञा के साथ आता है वह संज्ञा बिना निर्देशात्मक उपवाक्य के अभिप्रेत वस्तु अथवा व्यक्ति को संकेतित नहीं कर सकती। संज्ञा निर्देशात्मक उपवाक्य के साथ ही किसी वस्तु अथवा व्यक्ति को संकेतित करने में समर्थ होती है। शायद यही कारण है कि संज्ञा और निर्देशात्मक उपवाक्य के मध्य वैसा विराम संभव नहीं है जैसा संज्ञा और वर्णनात्मक उपवाक्य

के मध्य संभव है। अर्थात् वर्णनात्मक उपवाक्य ज्यादा स्वतंत्र हैं। निम्नलिखित वाक्यों को लीजिए।

(50) मुझे वह पेंसिल दीजिए, जो लाल है। (निर्देशात्मक)

(51) मेरे पास एक पुस्तक है, जो बहुत पुरानी है। (वर्णनात्मक)

'वह पेंसिल—जो लाल है' अभीष्ट वस्तु को संकेतित करता है। केवल 'पेंसिल' अभीष्ट वस्तु को संकेतित नहीं कर सकता। 'एक पुस्तक' अभीष्ट वस्तु का संकेतित करने में समर्थ है। 'जो बहुत पुरानी है' यह उपवाक्य संकेतित वस्तु को और अधिक स्पष्ट करता है। जिस प्रकार यह उपवाक्य अर्थ की दृष्टि से अधिक स्वतंत्र है उसी प्रकार संरचना की दृष्टि से भी यह अधिक स्वतंत्र है। यह मुख्य उपवाक्य से 'और' के द्वारा भी जुड़ सकता है।

(52) *मुझे पेंसिल दीजिए और वह (पेंसिल) लाल है।

(53) मेरे पास एक पुस्तक है और वह (पुस्तक) बहुत पुरानी है।

(54) *मुझे पेंसिल दीजिए और जो लाल है।

(55) मेरे पास एक पुस्तक है और जो बहुत पुरानी है।

ऊपर निर्देशात्मक तथा वर्णनात्मक उपवाक्यों में निहित अर्थभेद पर विचार किया गया। इन दोनों उपवाक्यों में संरचना की दृष्टि से भी कई भेद हैं। इनमें से कुछ भेद तो स्पष्ट ही अर्थगत भेद पर निर्भर हैं। जैसे, कुछ विद्वानों के अनुसार निर्देशात्मक उपवाक्य सन्निवेश (Embedding) के द्वारा मुख्य उपवाक्य का अंग बनता है और वर्णनात्मक उपवाक्य संयोजन (Conjoining) के द्वारा अन्य मुख्य उपवाक्य के साथ जुड़ता है। इस स्थिति भेद का अर्थ से स्पष्ट ही संबंध है। वर्णनात्मक उपवाक्य अर्थ की दृष्टि से भी अधिक स्वतंत्र है, यह पहले कहा जा चुका है। उसकी यह स्वतंत्रता ही संयोजन द्वारा प्रकट होती है। अस्तु। अब इन दोनों उपवाक्यों में पाए जाने वाले कुछ अन्य भेदों का उल्लेख किया जाएगा। (क) निर्देशात्मक उपवाक्य का प्रयोग होने पर शीर्ष संज्ञा के साथ 'वह' आएगा। यह न तो संकेतवाचक है, न पुरुषवाचक। यह संबंधवाचक है। वर्णनात्मक उपवाक्य का प्रयोग होने पर शीर्ष संज्ञा के साथ कई तरह के शब्द आ सकते हैं, कोई, एक, ϕ, ऐसा आदि। निर्देशात्मक उपवाक्य के जितने भी उदाहरण ऊपर आए हैं, उनमें 'वह-जो' का प्रयोग हुआ है। नीचे वर्णनात्मक उपवाक्य के कुछ उदाहरण दिए जा रहे हैं।

(56) कल आप से मिलने एक आदमी आया था जो लंबा कुर्ता पहने हुए था।

(57) मैंने एक ऐसी झील देखी है, जो नील-कमलों से भरी हुई है।

(58) शायद रात को कोई चोर आया था, जिसके पैरों के निशान पड़े हुए हैं।

(59) कर्ण जो बहुत बड़ा दानी था, महाभारत के युद्ध में दो दिनों के लिए सेनापति भी बना था।

वर्णनात्मक उपवाक्य में कभी-कभी 'वह-जो' का प्रयोग भी मिलता है। लेकिन

यहाँ 'वह' के स्थान पर 'ऐसा' को भी रख सकते हैं, और इस रूप में यह 'निर्देशात्मक उपवाक्य के 'वह' से भिन्न है।

(60) मुझे [वह / ऐसा] आदमी पसंद है जो ईमानदार हो।

उक्त वाक्य में जो उपवाक्य के 'हो' पर भी ध्यान दीजिए। यह क्रियारूप निर्देशात्मक रूप वाक्य में संभवतः नहीं आएगा। (ख) निर्देशात्मक उपवाक्य मुख्य उपवाक्य के आदि, मध्य, तथा अंत तीनों स्थितियों में आ सकता है। वर्णनात्मक उपवाक्य उपवाक्य के केवल मध्य और अंत में आ सकता है, आदि में नहीं।

(61) वह मेज मुझे दो, जो चौड़ी है।

(62) वह मेज जो चौड़ी है, मुझे दो।

(63) जो मेज चौड़ी है, वह मुझे दो।

वर्णनात्मक उपवाक्य के उदाहरण नीचे हैं।

(64) कल यहाँ एक आदमी आया था, जो लंबा कुर्ता पहने हुए था।

(65) ? कल यहाँ एक आदमी, जो लंबा कुर्ता पहले हुए था, आया था।

(66) *जो लंबा कुर्ता पहने हुए था, कल यहाँ एक आदमी आया था।

मध्य वर्णनात्मक उपवाक्य के लिए वाक्य (59) को भी देखा जा सकता है। वाक्य (59) इस रूप में नहीं हो सकता।

(67) *जो बहुत बड़ा दानी था, कर्ण महाभारत के युद्ध में दो दिनों के लिए सेनापति भी बना था।

निर्देशात्मक उपवाक्य तथा वर्णनात्मक उपवाक्य में यह भी काफी महत्त्वपूर्ण अंतर है। इन उदाहरणों से लगता है कि दोनों प्रकार के उपवाक्यों में आने वाले 'जो' दो प्रकार के हैं। निर्देशात्मक उपवाक्य में 'जो' सार्वनामिक विशेषण के रूप में है और वर्णनात्मक उपवाक्य में सर्वनाम के रूप में। संबंधवाचक का गुण दोनों जगह है। निर्देशात्मक उपवाक्य में प्रयुक्त 'जो' के बाद संज्ञा लुप्त है, वर्णनात्मक उपवाक्य में 'जो' संज्ञा है ही नहीं। निर्देशात्मक जो उपवाक्य को मुख्य उपवाक्य के पूर्व रखते ही संज्ञा व्यक्त हो जाती है और मुख्य उपवाक्य में 'वह' के साथ प्रयुक्त संज्ञा लुप्त हो जाती है परवर्ती संज्ञा का इस तरह का लोप तद्रूपता के कारण होता है। निर्देशात्मक जो उपवाक्य में 'जो' के बाद संज्ञा है, इसी कारण वह मुख्य उपवाक्य के पूर्व भी आ सकता है। वर्णनात्मक उपवाक्य में 'जो' शुद्ध सर्वनाम है, इसके बाद संज्ञा नहीं है, यह संज्ञा के स्थानापन्न है। इसी से यह मुख्य उपवाक्य के पूर्व नहीं आता। सर्वनाम सामान्य रूप से संज्ञा के प्रयोग के बाद आता है। निर्देशात्मक उपवाक्य में दोनों जगहों पर संज्ञा का प्रयोग किया जा सकता है, लेकिन वर्णनात्मक जो उपवाक्य में नहीं।

(68) वह मेज मुझे दो जो मेज चौड़ी है। (निर्देशात्मक)

(69) *कल यहाँ एक आदमी आया था जो आदमी लंबा कुर्ता पहने हुए था।

वर्णनात्मक उपवाक्य में प्रयुक्त 'जो' समानाधिकरण संयोजक लगता है, आश्रित नहीं। (ग) निर्देशात्मक उपवाक्य संज्ञा के साथ आने वाले निर्धारकों में से ही एक है। निर्धारक भी संज्ञा को निर्दिष्ट बनाते हैं और निर्देशात्मक उपवाक्य भी। प्रकार्य की दृष्टि से दोनों संबंधित होने के कारण ही निर्देशात्मक उपवाक्य का कई निर्धारकों के साथ रूपावलीगत (Paradigmatic) संबंध है। निर्धारकों में से कइयों के साथ इसका प्रयोग नहीं होता। दूसरी तरफ वर्णनात्मक उपवाक्य का प्रयोग निर्धारकों के साथ अधिक स्वतंत्र है। कुछ उदाहरण नीचे दिए जा रहे हैं।

	निर्धारक	
(70)	*कोई *एक *वह *यह *प्रत्येक	वह पुस्तक लाओ, जो मोटी है।
(71)	*कुछ *कई	वे पुस्तकें लाओ, जो मोटी हैं।
(72)	कोई एक प्रत्येक	(ऐसी) पुस्तक लाओ, जो मोटी हो।
(73)	वह यह	पुस्तक लाओ, जो मोटी है।
(74)	कुछ कई	(ऐसी) पुस्तकें लाओ, जो मोटी हों।

वाक्य (70) तथा (71) में निर्देशात्मक उपवाक्य का प्रयोग हुआ है और वाक्य (72) से (74) में वर्णनात्मक उपवाक्य का प्रयोग हुआ है। इन वाक्यों में संकेतवाचक सर्वनाम 'वह' निर्धारक के रूप में प्रयुक्त हुआ है। केवल वाक्य (70) तथा (71) में निर्धारकों से बाहर 'वह' और 'वे' संबंधवाचक के रूप में हैं।

इस विवरण से भी यह स्पष्ट होता है कि निर्देशात्मक उपवाक्य संज्ञा पदबंध में सन्निविष्ट है, उसका ही अंग है। वर्णनात्मक उपवाक्य का संज्ञा पदबंध से स्वतंत्र होने का पुनः संकेत मिलता है।

'मेरी', 'तुम्हारी' आदि निर्धारकों के साथ दोनों प्रकार के उपवाक्य आ सकते हैं। इनके साथ अन्य निर्धारक भी आ सकते हैं–

(75) **मेरी** वह (संकेत वाचक) पुस्तक लाओ।

(76) **मेरी** वह (संबंध वाचक) पुस्तक लाओ जो मोटी है।

(77) **मेरी** पुस्तक लाओ, जो मोटी है।

(78) **मेरी** वह (संकेत वाचक) पुस्तक लाओ, जो मोटी है।

निम्नलिखित वाक्य में प्रयुक्त 'मोटी' वर्णनात्मक भी हो सकती है और निर्देशात्मक भी।

(79) मेरी मोटी पुस्तक मेज पर है।

(क) मेरी वह पुस्तक मेज पर है, जो मोटी है। (निर्देशात्मक)

(ख) मेरी पुस्तक मेज पर है, जो मोटी है। (वर्णनात्मक)

हिंदी के निर्देशात्मक उपवाक्यों और निर्धारकों के परस्पर संबंधों को अधिक विस्तार से देखने की जरूरत है।

जब-तब, जहाँ-तहाँ, जैसे-वैसे—इन सर्वनात्मक क्रियाविशेषणों का विश्लेषण भी विशेषण उपवाक्य की तरह संभव है।

जिस समय-उस समय=जब-तब

जिस जगह-उस जगह=जहाँ-वहाँ

जिस तरह-उस तरह=जैसे-वैसे

(80) तुम जिस समय/जब खाना खाओगे, उस समय/तब मैं पढूँगा।

(81) जिस जगह/जहाँ आदमी बैठा है, उस जगह/वहाँ पान की एक छोटी-सी दुकान भी है।

(82) तुम जिस तरह/जैसे पढ़ते हो, उस तरह/वैसे मैं नहीं पढ़ सकता।

यहाँ वक्ता तथा श्रोता के मन में समय, जगह और तरह के कोई समान समुच्चय नहीं हैं। कुछ समयों में से एक समय का निर्धारण अथवा कुछ स्थानों में से एक स्थान का निर्धारण यहाँ नहीं जान पड़ता। सामान्य निर्देशात्मक उपवाक्य से सामान्य यह एक चीज और भिन्न दिखाई दे रही है। निर्देशात्मक उपवाक्य सामान्य रूप से परवर्ती संज्ञा का लोप तद्रूपता के कारण हो जाता है। अर्थात् संज्ञा या तो 'जो' के साथ प्रकट रूप में रहती है अथवा 'वह' के साथ/ दोनों के साथ संज्ञा का प्रयोग नहीं होता। लेकिन यहाँ स्थिति भिन्न है। दोनों उपवाक्यों में 'समय', 'जगह' तथा 'तरह' का प्रयोग हुआ है। द्वितीय उपवाक्यों में इनका लोप्र करने पर वाक्य अशुद्ध हो जाएँगे।

कुछ प्रमुख क्रियाविशेषण इस प्रकार हैं :

समय वाचक क्रियाविशेषण उपवाक्य

स्थान वाचक क्रियाविशेषण उपवाक्य

रीति वाचक क्रियाविशेषण उपवाक्य

कारण वाचक क्रियाविशेषण उपवाक्य

प्रयोजन वाचक क्रियाविशेषण उपवाक्य

शर्त वाचक क्रियाविशेषण उपवाक्य

रियायत वाचक क्रियाविशेषण उपवाक्य

इनके उदाहरण नीचे दिए जा रहे हैं।

समय वाचक–

(83) **जब** वह आएगा, **तब** मैं जाऊँगा।

(84) **ज्यों** ही वह स्टेशन पहुँचा, **त्यों** ही गाड़ी आ गई।

(85) **जैसे** ही घंटा बजा, **वैसे** ही छात्र कक्षा से बाहर आ गए।

स्थान वाचक–

(86) **जहाँ** स्त्रियों की पूजा होती है, **वहाँ** देवता निवास करते हैं।

(87) **जिधर** लड़के खेल रहे हैं, **उधर** एक गहरा कुआँ है।

रीति वाचक–

(88) **जैसे** तुम काम करोगे, **वैसे** ही मैं भी करूँगा।

कारण वाचक–

(89) वह घर नहीं जाएगा **क्योंकि** उसे छुट्टी नहीं मिली।

(90) **चूँकि** उसे छुट्टी नहीं मिली, **इसलिए** वह घर नहीं जाएगा।

प्रयोजन वाचक–

(91) तुम जल्दी जाओ |**ताकि**| गाड़ी न छूटे।
|**जिससे**|

(92) ? मैंने उसे दस रुपये दिए कि मिठाई खरीद ले और बच्चों को बाँट दे।

शर्त वाचक–

(93) **यदि** वह आएगा, **तो** मैं अवश्य जाऊँगा।

रियायत वाचक–

(94) | यद्यपि | वह बीमार है, | तथापि | काम करेगा।
| हालांकि | | फिर भी |
| तो भी |

14

वाक्य के प्रकार

अर्थ की दृष्टि से वाक्यों को मुख्य तीन वर्गों में रखा जा सकता है—निश्चयार्थक वाक्य, आज्ञार्थक वाक्य, तथा विस्मयादिबोधक वाक्य। लोक व्यवहार में भी मनुष्य भाषा के द्वारा तीन प्रकार के कार्यों को पूरा करता है,—(1) किसी वस्तु के बारे में कोई निश्चयात्मक कथन करना। (2) किसी को आज्ञा देना। तथा (3) आश्चर्य, घृणा आदि मनोवेगों को प्रकट करना।

निम्नलिखित तीन वाक्य क्रमशः इसके उदाहरण हैं।

(1) मनुष्य मरणशील है।

(2) तुम तुरंत घर जाओ।

(3) अहा! यह फूल कितना सुंदर है!

ये वाक्य क्रमशः निश्चयार्थक, आज्ञार्थक तथा विस्मयादिबोधक हैं।

निश्चयार्थक वाक्य किसी-न-किसी प्रतिज्ञप्ति को व्यक्त करता है। इस प्रतिज्ञप्ति को सत्य अथवा असत्य ठहराया जा सकता है। निश्चयार्थक वाक्य ही सही मायने में स्वीकारात्मक अथवा निषेधात्मक होते हैं, आज्ञार्थक अथवा विस्मयादिबोधक वाक्य नहीं।

(4) मनुष्य मरणशील है।

(5) मनुष्य मरणशील नहीं है।

उक्त दोनों वाक्य निश्चयार्थक हैं। इसमें से एक वाक्य (अर्थात् उससे व्यक्त प्रतिज्ञप्ति) सत्य है, एक वाक्य असत्य है। दोनों एक साथ सत्य अथवा असत्य नहीं हो सकते। इस तरह सत्यता और असत्यता का निर्णय वाक्य (2) तथा (3) के बारे में नहीं किया जा सकता।

एक और दृष्टि से निश्चयार्थक वाक्य अन्य दो प्रकार के वाक्यों से अलग हैं। आज्ञार्थक और विस्मयादिबोधक वाक्य सामान्यतः वास्तविक संदर्भ से पृथक नहीं होते। प्यास लगने पर ही हम पानी के लिए किसी को आज्ञा देते हैं। कोई सुंदर दृश्य देखने पर ही हम 'अहा, कितना सुंदर है' आदि वाक्यों को कहते हैं। संदर्भ

से अलग ये वाक्य उद्धरण के रूप में आते हैं। दूसरी तरफ निश्चयार्थक वाक्यों की सृष्टि अमूर्त्त से अमूर्त्त के द्वारा ही प्रकट होता है। भाषा का परमलक्ष्य है, विचारों का महल खड़ा करना, कल्पना के घोड़े दौड़ाना। और इस लक्ष्य की पूर्ति में निश्चयात्मक वाक्यों की भूमिका बहुत ही महत्त्वपूर्ण है। व्याकरणिक संरचना की दृष्टि से भी निश्चयार्थक वाक्य अन्य वाक्यों की तुलना में अधिक टेढ़े होते हैं।

निश्चयार्थक, आज्ञार्थक तथा विस्मादिबोधक वाक्य परस्पर विरोधी होते हैं। अर्थात् जो वाक्य निश्चयार्थक होगा, वह आज्ञार्थक अथवा विस्मयादिबोधक नहीं होगा, जो आज्ञार्थक होगा वह विस्मयादिबोधक आदि नहीं होगा, जो विस्मयादिबोधक होगा, वह निश्चयार्थक आदि नहीं। आगे यथास्थान हम यह देखेंगे कि आज्ञार्थक, प्रश्नवाचक आदि वाक्य निश्चयार्थक वाक्यों में सन्निविष्ट होते हैं अथवा नहीं।

ऊपर तीन तरह के वाक्यों का उल्लेख करते समय प्रश्नवाचक वाक्यों का उल्लेख नहीं किया गया। वास्तव में इन्हें आज्ञार्थक वाक्यों में अंतर्भुक्त रखा गया। प्रश्नवाचक वाक्य भी विशेष प्रकार के आज्ञार्थक वाक्य ही हैं। प्रश्न के द्वारा भी हम श्रोता को उत्तर देने के लिए प्रेरित करते हैं। श्रोता उत्तर देने का व्यापार करता है। आगे हम आज्ञार्थक, प्रश्नवाचक तथा विस्मयादिबोधक वाक्यों का संक्षेप में वर्णन करेंगे। निश्चयार्थक वाक्यों के बारे में और कुछ नहीं कहना है। इन वाक्यों की चर्चा मुख्य रूप से हिंदी के संदर्भ में की जाएगी।

आज्ञार्थक वाक्य का कर्त्ता मध्यम पुरुष का सर्वनाम होता है।

(6) तू घर जा।

(7) तुम घर जाओ।

(8) आप घर जाइए।

तीनों वाक्यों में कर्त्ता के स्थान पर मध्यम पुरुष के सर्वनाम हैं। आज्ञार्थक वाक्य की एक विशेषता यह है कि इसमें कर्त्ता लुप्त रह सकता है। ऊपर के तीनों वाक्य क्रमशः इस रूप में भी हो सकते हैं।

(9) घर जा।

(10) घर जाओ।

(11) घर जाइए।

इन वाक्यों में लुप्त कर्त्ता को आसानी से प्रतिलब्ध किया जा सकता है। कर्त्ता तथा क्रिया की अन्विति को देखकर यह भी निर्णय किया जा सकता है कि 'तू', 'तुम' तथा 'आप' में कौन कर्त्ता के रूप में लुप्त है। वाक्य (9) में 'तू' लुप्त है क्योंकि क्रिया का 'जा' रूप 'तुम' अथवा 'आप' के साथ नहीं आता। इस तरह के आज्ञार्थक वाक्यों ((9)-(11)) में मध्यम पुरुष का सर्वनाम ही लुप्त है, इसके लिए एक प्रबल आधार वाक्य में 'अपना' का प्रयोग है। (9) से (16) तक के वाक्यों

में 'तेरा', 'तुम्हारा', तथा 'आपका' का प्रयोग संभव नहीं है। जबकि 'उसका', 'उनका', 'मेरा'. 'हमारा' आदि का प्रयोग संभव है।

(12) (क) |मेरे| घर जा।
|उसके|

(ख) *तेरे घर जा।

(13) (क) |मेरे| घर जाओ।
|उसके|

(ख) *तुम्हारे घर जाओ।

(14) (क) |मेरे|घर जाइए।
|उसके|

(ख) *आपके घर जाइए।

वाक्य (12-ख) में 'तेरे' इसलिए संभव नहीं है कि वाक्य का कर्त्ता 'तू' है। 'तू' तथा 'तेरे' में तद्रूपता होने के कारण तेरे→अपने होगा। यही बात वाक्य (13-ख) तथा (14-ख) के बारे में कही जाएगी। यदि आज्ञार्थक वाक्यों में उत्तम पुरुष तथा अन्य पुरुष के सर्वनाम भी कर्त्ता बन सकते तो (ख) वाक्य गलत न होते।

कर्त्ता-क्रिया की अन्विति भी आज्ञार्थक वाक्यों में मध्यम पुरुष के सर्वनामों के ही लुप्त होने का संकेत देती है। -ओ, -ना, ϕ आदि प्रत्यय क्रिया में तभी लगते हैं जब कर्त्ता मध्यम पुरुष का हो। इसलिए अंग्रेजी के आज्ञार्थक वाक्यों में जिस तरह मध्यम पुरुष के ही कर्त्ता होने की बात को प्रमाणित करने की आवश्यकता है उस तरह हिंदी में नहीं।

आज्ञार्थक वाक्य का रूप अन्य प्रकार के वाक्यों से अलग है। कर्त्ता का लोप सामान्य रूप से अन्य वाक्यों में संभव नहीं है। हिंदी में क्रियारूप से भी आज्ञार्थक वाक्य पहचाने जा सकते हैं। लेकिन कुछ ऐसे वाक्य भी होते हैं जो रूप की दृष्टि से आज्ञार्थक वाक्य नहीं होते लेकिन उनसे आज्ञा का अर्थ निकलता है। ये वाक्य रूप की दृष्टि से निश्चयार्थक वाक्य से भिन्न नहीं होते। निम्नलिखित वाक्यों का प्रयोग आज्ञा के अर्थ में भी किया जा सकता है।

(15) तुम घर जाओगे।

(16) मैं तुमसे घर जाने के लिए कह रहा हूँ।

(17) तुम आज फिल्म नहीं जा रहे हो।

(18) मैं कहता हूँ कि तुम घर जाओ।

ऊपर के सभी वाक्य रूप की दृष्टि से निश्चयार्थक हैं। लेकिन अर्थ की दृष्टि से सभी आज्ञार्थक रूप में प्रयुक्त हो सकते हैं। इस प्रकार (15) से (18) तक के वाक्य अस्पष्ट अर्थ वाले हैं। उदाहरण के लिए, वाक्य (15) की दो तरह की दो व्याख्याएँ नीचे दी जा रही हैं,

(19) क–प्रश्न : बताओ, मैं कहाँ जाऊँगा?

ख–उत्तर : तुम घर जाओगे
या
मैं जानता हूँ, तुम घर जाओगे] निश्चयार्थक वाक्य

(20) क–प्रश्न : क्या मैं बाजार जा सकता हूँ?

ख–उत्तर : नहीं तुम घर जाओगे। (आज्ञार्थक वाक्य)

'तुम घर जाओगे' यह आज्ञा के अर्थ में अन्य वाक्य में सन्निविष्ट नहीं होगा। 'मैं जानता हूँ कि तुम घर जाओगे' इस वाक्य में 'तुम घर जाओगे' आज्ञार्थक नहीं है। जानना क्रिया केवल निश्चयार्थक वाक्यों को ही पूरक के रूप में लेती है। वाक्य (18) के बारे में यह मानने की आवश्यकता नहीं है कि आज्ञा का अर्थ 'तुम घर जो' से निकलता है, जो मुख्य वाक्य में सन्निविष्ट है। वास्तव में वाक्य (18) में आज्ञा का अर्थ 'कहना' क्रिया से ही निकलता है, जो मुख्य वाक्य की मुख्य क्रिया है। हिंदी में 'कहना' आज्ञा के पर्यायवाची के रूप में भी प्रयुक्त होता है। वाक्य (18) की तरह वाक्य (21) से भी आज्ञा का अर्थ मुख्य वाक्य की मुख्य क्रिया से ही निकलता है, न कि सन्निविष्ट पूरक उपवाक्य से।

(21) मैं आज्ञा देता हूँ कि तुम घर जाओ।

इस तरह स्पष्ट है कि आज्ञा का अर्थ या तो वाक्य के रूप से निकलता है (जैसे–तुम घर जाओ) या किसी आज्ञार्थक शब्द से निकलता है (जैसे–मैं कहता हूँ/आज्ञा देता हूँ कि तुम घर जाओ)। जहाँ आज्ञा के लिए आज्ञार्थक शब्द का इस्तेमाल किया गया है, वहां आज्ञार्थक प्रत्ययों (-ओ, -इए, -ना आदि) से आज्ञा का अर्थ निकालना अपेक्षित नहीं है। या यों भी कह सकते हैं कि आज्ञार्थक शब्द और आज्ञार्थक प्रत्यय एक साथ नहीं आते। वाक्य (18) में 'जाओ' आज्ञार्थक नहीं है।

वाक्य (16)-(18), तथा (21) से आज्ञा का अर्थ क्यों निकल रहा है, यह स्पष्ट है। इसमें आज्ञार्थक शब्द (कहना, आज्ञा देना) प्रयुक्त हैं। लेकिन (15) तथा (17) के वाक्यों से आज्ञा का अर्थ कैसे निकल रहा है? इन वाक्यों में न तो कोई आज्ञार्थक शब्द है, न कोई आज्ञार्थक प्रत्यय है। इस समस्या का समाधान यह कहकर किया जा सकता है कि इन वाक्यों में 'मैं तुम से कहता हूँ/कह रहा हूँ' इस अंश को लुप्त माना जाए। इस तरह वाक्य (15) का आज्ञा के अर्थ में विस्तृत रूप यह होगा।

(22) मैं तुमसे कहता हूँ कि तुम घर जाओगे।

काट्ज जे. जे. तथा पोस्टाल पी. (An Integrated theory of linguistic Descriptions) भी सभी आज्ञार्थक वाक्यों में इस तरह के अमूर्त अंश की कल्पना करते हैं। वाक्य (18) तथा (21) की मुख्य क्रियाओं के काल पर भी हमें ध्यान रखना होगा। क्रिया वर्तमान अपूर्ण काल में है। क्या आज्ञा के अर्थ में इन क्रियाओं

का अन्य कालों में भी प्रयोग हो सकता है, यह विचारणीय है। निम्नलिखित वाक्यों पर विचार करें—

(23) मैंने तुमसे कहा कि तुम घर जाओ।

(24) मैंने तुमसे कहा था कि तुम घर जाओ।

(25) मैं कह चुका हूँ कि तुम घर जाओ।

(26) मैंने तुमको आज्ञा दी कि तुम घर जाओ।

(27) मैंने तुमको आज्ञा दी थी कि तुम घर जाओ।

(28) मैं तुमसे कहूँगा कि तुम घर जाओ।—आदि

(23) से (27) तक के वाक्यों में पहले दी गई आज्ञा को दुहराया जा रहा है। वाक्य (28) में आज्ञा दी नहीं जा रही है, दी जाएगी। इससे लगता है कि आज्ञा का संबंध केवल वर्तमान काल से है। आज्ञा को पूरा करने के व्यापार का संबंध भविष्य से है।

आज्ञार्थक वाक्यों के दो भेद किए जा सकते हैं, प्रत्यक्ष आज्ञार्थक वाक्य, जिसमें मध्यम पुरुष सर्वनान ही कर्त्ता बनता है और अप्रत्यक्ष आज्ञार्थक वाक्य, जिसमें मध्यम पुरुष से भिन्न सर्वनाम कर्त्ता बनता है। नीचे के वाक्यों में अन्य पुरुष सर्वनाम कर्त्ता के रूप में प्रयुक्त है।

(29) इन लड़कों में जो घर जाना चाहते हैं, वे जल्दी तैयार हो जाएँ।

(30) जिसने मोहन को मारा है वह खड़ा हो जाए।

(31) कोई जल्दी से खाना परोसे, नहीं तो खाना ठंडा हो जाएगा।

आशीर्वाद के वाक्यों में मध्यम पुरुष सर्वनाम भी दिखाई देते हैं।

(32) तुम सुखी रहो।

यह वाक्य आज्ञार्थक नहीं है। हम वाक्य (32) को इस रूप में भी कह सकते हैं।

(33) भगवान करे, तुम सुखी रहो।

प्रश्नवाचक वाक्य निश्चयार्थक वाक्यों से भिन्न हैं। निश्चयार्थक वाक्यों से रचनांतरण द्वारा उनको व्युत्पन्न नहीं किया जाता। प्रश्नवाचक वाक्यों के मूल में प्रश्न की विवक्षा होती है, जो निश्चयार्थक वाक्यों में नहीं होती। यह प्रश्न की विवक्षा अथवा प्रश्न अनेक रूपों में वाक्य की संरचना में प्रकट होता है, कभी प्रश्नवाचक शब्दों की सहायता से, कभी प्रश्नवाचक अनुतान की सहायता से, कभी दोनों की सहायता से, कभी किसी अन्य प्रकार से। हिंदी में प्रश्नवाचक शब्द और प्रश्नवाचक अनुतान दोनों से प्रश्नवाचक वाक्य बनते हैं।

(34) क्या राम घर जाएगा?

(35) राम घर जाएगा?

(36) कौन घर जाएगा?

(37) राम कहाँ जाएगा?

वाक्य (35) में कोई प्रश्नवाचक शब्द नहीं है। आरोही अनुतान की सहायता से प्रश्न सूचित हो रहा है।

कुछ प्रश्नवाचक वाक्य ऐसे भी होते हैं, जिनमें मुख्य क्रिया से प्रश्न का अर्थ निकलता है। इन वाक्यों का रूप निश्चयार्थक वाक्यों से भिन्न नहीं होता, लेकिन अर्थ की दृष्टि से इनको प्रश्नवाचक वाक्य ही कहा जाएगा। कौन, कब आदि शब्दों तथा प्रश्नवाचक अनुतान के बिना भी ऐसे वाक्य प्रश्नवाचक होते हैं। निम्नलिखित वाक्यों पर विचार कीजिए–

(38) आपका क्या नाम है?

(39) मैं आपका नाम पूछ रहा हूँ।

(40) आप अपना नाम बताइए।

(41) मैं आपका नाम जानना चाहता हूँ।

इन वाक्यों में केवल (38) रूप की दृष्टि से प्रश्नवाचक है। लेकिन अर्थ की दृष्टि से सभी वाक्य एक जैसे ही हैं। इन वाक्यों से एक ही प्रकार की प्रतिक्रिया (response) श्रोता में होगी। वाक्य (40) तो रूप की दृष्टि से आज्ञार्थक है। अब प्रश्न यह है कि (39)-(41) के वाक्यों से प्रश्न का अर्थ कैसे निकलता है। स्पष्ट है। 'पूछना', 'बताना', 'जानना', 'चाहना', इन वाक्यों में प्रश्न का अर्थ दे रहे हैं। इन क्रियाओं में प्रश्नोत्तर का अर्थ निहित है। वाक्य (39) तथा (41) निश्चयार्थक के रूप में होते हुए भी अन्य बातों में वे निश्चयार्थक वाक्य से पृथक भी हैं। निश्चयार्थक वाक्यों की तरह (39) तथा (41) विभिन्न कालों में प्रयुक्त नहीं हो सकते।

(42) मैंने आपका नाम पूछा।

(43) मैंने आपका नाम पूछा होगा।

(44) मैं आपका नाम जानना चाहता था।

ये वाक्य अब प्रश्नार्थक नहीं है। पहले पूछे गए प्रश्नों को केवल दुहराया गया है।

जिस तरह आज्ञार्थक वाक्यों में 'मैं तुमसे कहता हूँ/आज्ञा देता हूँ' अंश को लुप्त मानने का प्रस्ताव किया गया है, वैसे ही प्रश्नवाचक वाक्यों में भी 'मैं तुमसे पूछता हूँ/प्रश्न करता हूँ' जैसे अंश को लुप्त मानने का प्रस्ताव किया जा सकता है। इतरह के अंश को स्वीकार करना इसलिए भी आवश्यक है कि हिंदी में कब, कौन, क्या आदि हमेशा प्रश्नवाचक के रूप में प्रयुक्त नहीं होते। कई वाक्यों में हमें प्रश्न के अर्थ के लिए अन्यत्र देखना होगा।

(45) मैं जानता हूँ कि आप कहाँ जाएँगे।

(46) मैं उसे बता रहा हूँ कि गाड़ी कब जाएगी।

(47) मैंने पूछा था कि मोहन घर गया।

वाक्य (45) तथा (46) को इस रूप में भी रखा जा सकता है।

(48) मैं वह जगह जानता हूं, जहां आप जाएंगे।

(49) मैं उसे वह समय बता रहा हूं, जब गाड़ी जाएगी।

इन वाक्यों में प्रश्न का कोई अर्थ नहीं है और ये वाक्य क्रमशः (45) तथा (46) के पर्यायवाची हैं। वाक्य (47) के पूरक उपवाक्य में 'क्या' है लेकिन फिर भी वाक्य प्रश्नवाचक नहीं है। क्योंकि पूरा वाक्य भूतकाल में है और यह पहले ही दिखाया जा चुका है कि प्रश्नवाचक वाक्यों का मेल कई कालों से नहीं है और इन कालों में भूतकाल भी है।

निम्नलिखित वाक्यों में 'कहाँ', 'कब' और 'क्या' प्रश्नवाचक हैं–

(50) आप कहाँ जाएँगे?

(51) गाड़ी कब जाएगी?

(52) क्या मोहन घर गया?

अब हमें यह स्वीकार करना होगा कि 'कहाँ', 'कब', 'क्या' आदि कहीं प्रश्नवाचक होते हैं, कहीं नहीं। अर्थात् ये दो अर्थों में प्रयुक्त होते हैं। जब ये सन्निविष्ट वाक्य में आते हैं तब प्रश्नवाचक नहीं होते और जब मुख्य वाक्य में आते हैं तब प्रश्नवाचक होते हैं। यदि हम इन सबके स्थान पर यह मान लें कि 'कब', 'कहाँ', आदि कभी भी प्रश्नवाचक नहीं हैं तो इनमें अर्थगत एकरूपता आ जाएगी। लेकिन फिर प्रश्न यह उठेगा कि (50)-(52) के वाक्यों में प्रश्न का अर्थ कहाँ से आता है। इसके लिए यह कहना होगा कि इन वाक्यों में 'मैं तुमसे पूछता हूँ/प्रश्न करता हूँ' अंश लुप्त है। फिर इन वाक्यों के विस्तृत रूप इस प्रकार होंगे।

(53) मैं आपसे पूछता हूँ कि आप कहाँ जाएँगे।

(54) मैं आपसे पूछता हूँ कि गाड़ी कब जाएगी।

(55) मैं आपसे पूछता हूँ कि क्या मोहन घर गया।

(53) से (55) तक के वाक्य क्रमशः (50), (51) तथा (52) के पर्यायवाची हैं। लेकिन (53)-(55) के वाक्यों में 'कहां' 'कब' तथा 'क्या' प्रश्न का अर्थ नहीं दे रहे हैं, क्योंकि ये सन्निविष्ट वाक्यों में प्रयुक्त हैं। इन वाक्यों में प्रश्न का अर्थ मुख्यवाक्य की मुख्यक्रिया 'पूछना' से निकल रहा है। पर्यायवाची वाक्यों में प्रयुक्त एक ही अंश को दो भिन्न अर्थों में प्रयुक्त मानना ठीक नहीं है। हमारा अभिप्राय यह है कि यदि वाक्य (50) तथा (53) पर्यायवाची हैं तो इनमें प्रयुक्त कहाँ को एक बार प्रश्नवाचक मानना और एक बार अप्रश्नवाचक मानना ठीक नहीं है। दोनों वाक्यों में 'कहाँ' को एक ही अर्थ में स्वीकार करना उचित होगा, और वह भी अप्रश्नवाचक अर्थ में। (50) आदि वाक्य (53) आदि से व्युत्पन्न हैं, 'मैं आपसे पूछता हूँ' अंश को लुप्त करके/वाक्य (39) तथा (41) को भी इसी तरह के वाक्यों से व्युत्पन्न मानने का पर्याप्त संरचनात्मक आधार है।

(56) मैं आपसे पूछ रहा हूँ कि आपका नाम क्या है→
मैं आपका नाम पूछ रहा हूँ।

(57) मैं जानना चाहता हूँ कि आपका नाम क्या है→
मैं आपका नाम जानना चाहता हूँ।

ऊपर की चर्चा से निष्कर्ष यह निकलता है कि प्रश्नवाचक शब्द क्या, कौन, कब आदि वास्तव में प्रश्नवाचक नहीं हैं। प्रश्न का अर्थ 'पूछना' अथवा इसके पर्यायवाची किसी अन्य शब्द से निकलता है। 'पूछना' कभी वाक्य में प्रकट रहता है कभी लुप्त। इस स्थिति में क्या, कौन, कब आदि का वाक्य में क्या कार्य है, यह प्रश्न उठता है। ये शब्द वाक्य में उस अंश को निर्धारित करते हैं, जिसके बारे में प्रश्न किया जाता है। वाक्य में कर्त्ता, कर्म आदि जिस किसी घटक के बारे में प्रश्न किया जाता है, उस घटक के स्थान पर क[1]-शब्दों में से कोई उपयुक्त शब्द रख दिया जाता है। बल्कि यह कहना ज्यादा उचित होगा कि पहले कर्त्ता, कर्म, आदि के स्थान के साथ 'क' तत्त्व को जोड़ते हैं, बाद में क-युक्त शब्दों के स्थान पर कोई उपयुक्त शब्द प्रकट हो जाता है, कौन, क्या आदि।

(58) [कोई
+क] घर गया→कौन घर गया?

(59) मोहन [किसी जगह
+क] गया→मोहन कहाँ गया?

(60) [कुछ
+क] गिर गया→क्या गिर गया?

(61) वह [कुछ
+क] खा रहा है→वह क्या खा रहा है?

ऊपर के उदाहरणों से स्पष्ट है कि वाक्य के जिस घटक के साथ (+क) जुड़ता है, उसी के स्थान पर 'कौन', 'कहाँ' आदि शब्द प्रकट होते हैं।

प्रश्नवाचक वाक्य दो तरह के होते हैं, वियोजक (disjunctive) और अवियोजक (non-disjunctive)। इन दोनों प्रकार के प्रश्नों में हम तीन तरह से भेद कर सकते हैं।

(क) पूर्व धारणा के आधार पर,
(ख) क-शब्द की उपस्थिति अथवा अनुपस्थिति के आधार पर,
(ग) उत्तर के प्रकार के आधार पर।

---

1. हिंदी के सभी प्रश्नवाचक शब्दों के आरंभ में क् ध्वनि है, क्या, कौन, कब, क्यों आदि। इसलिए 'क-शब्द' के अंतर्गत इन सभी शब्दों का समाहार हो जाता है।

इन दो वाक्यों को लें—

(62) क्या राम आया? (वियोजक)

(63) राम कब आया? (अवियोजक)

प्रश्न (63) पूछने वाला इतना पहले से जानता है कि राम आया। यह उसकी पूर्वधारणा है। प्रश्न केवल समय के बारे में है। लेकिन प्रश्न (62) पूछने वाले के मन में इस तरह की कोई धारणा नहीं है। (62) हाँ/नहीं वाला प्रश्न है, (63) क-प्रश्न है। इन दोनों प्रकार के प्रश्नों में सामान्य रूप से पूर्व धारणा संबंधी यह अंतर मौजूद रहता है। लेकिन कभी स्थिति भिन्न भी दिखाई देती है।

(64) क्या राम पिछले सप्ताह आया?

यह प्रश्न हाँ/नहीं वाला प्रश्न है लेकिन यहाँ यह पूर्वधारणा भी है कि राम आया। ऐसी स्थिति में 'पिछले सप्ताह' पर विशेष बलाघात होना चाहिए।

(65) यदि आप घर जा रहे हैं, तो कब जा रहे हैं?

यह हाँ/नहीं वाला प्रश्न नहीं है, फिर भी प्रश्नकर्त्ता के मन में आप घर जा रहे हैं, ऐसी कोई पूर्वधारणा नहीं है। इसी तरह—

(66) क्या राम ने पेड़ तोड़ा? (हाँ/नहीं)

यदि 'राम ने' पर विशेष बलाघात है तो यह मानना होगा कि प्रश्नकर्ता के मन में पूर्व धारणा है कि किसी ने पेड़ तोड़ा।

क-शब्द की उपस्थिति के आधार पर भी दोनों प्रकार के प्रश्नवाचक वाक्यों में अंतर किया जाता है। हिंदी में हाँ/नहीं वाले वाक्यों में क-शब्द का होना अनिवार्य नहीं है जबकि क-प्रश्न वाले वाक्यों में किसी-न-किसी स्तर पर क-शब्द अवश्य होता है।

(67) राम घर जाएगा? (हाँ/नहीं)

उत्तर के प्रकार के आधार पर भी दोनों प्रकार के प्रश्नवाचक वाक्यों में अंतर किया जाता है।

(68) क्या राम घर जाएगा? उत्तर : हाँ/नहीं।

(69) कौन घर जाएगा? उत्तर : राम।

दूसरे प्रश्न के उत्तर में 'हाँ' या 'नहीं' नहीं कह सकते हैं। प्रश्न (68) के दो ही संभव उत्तर हैं—या तो 'हाँ' या तो 'नहीं', जबकि प्रश्न (69) के कई उत्तर हो सकते हैं, राम, मोहन, सुरेश आदि।

जिस प्रश्न के दो ही उत्तर संभव हैं, उसके उत्तर के रूप में 'हाँ' या 'नहीं' ही आए, यह जरूरी नहीं है। नीचे का प्रश्न वियोजक है लेकिन यहाँ हाँ/नहीं से भिन्न उत्तर चाहिए।

(70) क्या वह आज जाएगा या कल जाएगा?

इस तरह वियोजक प्रश्न के दो प्रकार हो गए (1) हाँ/नहीं और (2) सकारात्मक।

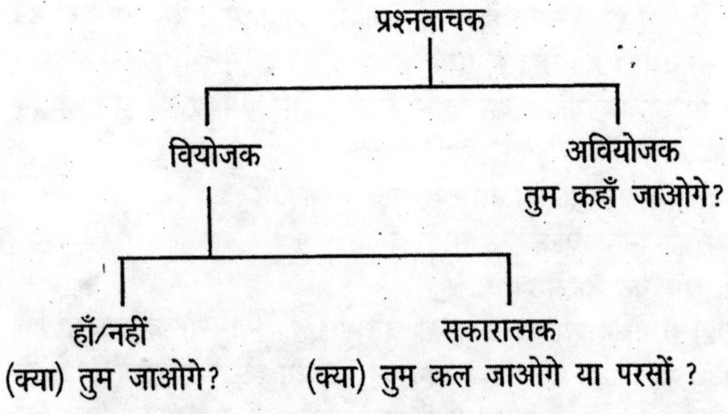

सकारात्मक में दो से अधिक विकल्प भी संभव हैं।

(71) तुम कल जाओगे या परसों या अगले महीने...।

वियोजक प्रश्नवाचक वाक्य अपने लिखित रूप में हाँ/नहीं के रूप में भी समझा जा सकता है और सकारात्मक रूप में भी। वाक्य के उच्चरित रूप में यह अस्पष्टता नहीं रहती।

(72) तुम हिंदी या मराठी पढ़ते हो?

यदि 'या' बलाघातहीन है तो इस प्रश्न का उत्तर होगा 'हाँ' या 'नहीं'। 'हाँ' कहने का मतलब यह होगा कि मैं हिंदी या मराठी में से कम-से-कम एक जरूर पढ़ता हूँ। 'नहीं' कहने का मतलब यह होगा कि मैं इन दोनों में से कोई भाषा नहीं पढ़ता। यदि 'या' पर विशेष बलाघात होगा तो प्रश्न का उत्तर 'हाँ' या 'नहीं' में नहीं आएगा। तब उत्तर 'हिंदी पढ़ता हूँ' या 'मराठी पढ़ता हूँ' होगा।

वियोजक प्रश्नवाचक वाक्य तथा अवियोजक प्रश्नवाचक वाक्य में एक और भेद है। वियोजक प्रश्नवाचक वाक्य में पूरे वाक्य के बारे में प्रश्न होता है जब कि अवियोजक प्रश्नवाचक वाक्य में वाक्य के घटक के बारे में प्रश्न होता है। इस भेद के कारण ही वियोजक वाक्य में क-शब्द एक ही बार प्रकट होता है जबकि अवियोजक प्रश्नवाचक वाक्य में क-शब्द एक से अधिक बार प्रकट हो सकता है।

(73) क्या तुम हिंदी पढ़ते हो?
(74) *क्या कौन हिंदी पढ़ता है?
(75) *क्या तुम क्या पढ़ते हो?
(76) *क्या तुम हिंदी कहाँ पढ़ते हो?
(77) तुम क्या पढ़ते हो?
(78) कौन क्या पढ़ता है?
(79) तुम कब कहाँ कैसे हिंदी पढ़ते हो?
(80) मैं किसको क्या दूँ?

(74), (75) तथा (76) गलत हैं, क्योंकि वाक्य में एक से अधिक क-शब्द हैं। लेकिन (78), (79) तथा (80) सही हैं, यद्यपि इनमें दो या दो से अधिक क-शब्द हैं।

वियोजक प्रश्नवाचक वाक्य वास्तव में दो में से एक वाक्य को चयन करने के लिए प्रेरित करता—

(81) क्या तुम घर जाओगे या तुम बाजार जाओगे?

इस वाक्य को निम्न वाक्य के साथ देखिए—

(82) या तुम घर जाओगे।

वाक्य (82) में दो वाक्य 'या—या' से जुड़े हुए हैं। 'या—या' दो वाक्यों को जोड़ रहा है, वाक्य के घटकों को नहीं। प्रश्न की विविक्षा होने पर वाक्य (82) के प्रथम 'या' में 'क्' को जोड़ते ही वाक्य (82) वियोजक प्रश्नवाचक वाक्य (81) बन जाएगा। वियोजक प्रश्नवाचक वाक्य में पूरे वाक्य के बारे में प्रश्न होता है, यह अब और स्पष्ट हो जाता है। दूसरी तरफ अवियोजक प्रश्नवाचक वाक्य में 'क' पूरे वाक्य से न जुड़कर वाक्य के विभिन्न घटकों में जुड़ता है। इसके लिए इसी अध्याय में (58) से (61) तक के वाक्यों को देखिए।

अन्य प्रकार के प्रश्नवाचक वाक्यों के लिए निम्न उदाहरण देखिए—

(83) मोहन घर जा रहा है / नहीं जा रहा है?

(84) तुम अभी घर जाओ / नहीं जाओगे?

(85) मोहन ने कुर्सी नहीं तोड़ी / क्या उसने तोड़ी?

(86) तुम यहाँ बैठ-बैठे क्या कर रहे हो? उठो।

प्रश्न (86) में वक्ता को किसी उत्तर की आकांक्षा नहीं है।

विस्मयादिबोधक वाक्य वक्ता के विभिन्न मनोविकारों को प्रकट करते हैं।

(87) अहा, कितना सुंदर फूल है।

(88) ओह, गाड़ी कितनी तेज चल रही है।

(89) अरे, इतना बड़ा आदमी।

(90) ओह, इतने ऊँचे-ऊँचे मकान।

(91) ऊँह, कैसे-कैसे आदमी होते हैं।

(92) क्या आदमी है!

यहाँ 'कितना', 'कैसा' तथा 'क्या' प्रश्नवाचक नहीं हैं।

15

व्याकरणिक कोटियाँ

लिंग, वचन, पुरुष, काल, वाच्य आदि की गणना व्याकरणिक कोटियों के अंतर्गत की जाती है। कुछ विद्वान् संज्ञा, विशेषण, क्रिया आदि भेदों की गणना व्याकरणिक कोटियों में करते हैं। यहाँ शब्दभेदों को व्याकरणिक कोटियाँ नहीं माना गया है। लिंग, वचन आदि के अर्थ में ही इनका व्यवहार यहाँ हुआ है।

भाषा की पूरी व्यवस्था में व्याकरणिक कोटियों का क्या स्थान है, वाक्यार्थ के निर्माण में इनका क्या सहयोग है, इस पर थोड़ा विचार करना अपेक्षित है। पहले हम एक वाक्य लें और उसके अर्थ पर विचार करें।

(1) लड़के खाना खाएँगे।

इस वाक्य के अर्थ का विश्लेषण इस प्रकार किया जा सकता है—लड़के व्यापार करने वाले हैं, अर्थात् कर्त्ता हैं, व्यापार भक्षणसंबंधी है, व्यापार का फल खाना पर पड़ता है; अर्थात् खाना कर्म है, कर्त्ता एक से अधिक हैं, व्यापार भविष्य में होगा, वक्ता के मन में निश्चय है, लड़कों के बारे में कुछ विधान किया जा रहा है, अर्थात् लड़के विषय् हैं आदि आदि।

अब एक दूसरा वाक्य लीजिए।

(2) शायद लड़का खाना खा रहा है।

वाक्य के अर्थ का विश्लेषण—लड़का व्यापार करने वाला है, अर्थात् कर्त्ता है, व्यापार भक्षणसंबंधी है, व्यापार का फल खाना पर पड़ता है, अर्थात् खाना कर्म है, कर्त्ता एक है, व्यापार वर्तमान में हो रहा है, वक्ता के मन में अनिश्चय है, लड़के के बारे में कुछ विधान किया जा रहा है, अर्थात् लड़का विषय है, आदि आदि।

अब हम दोनों वाक्यों के विविध अर्थों की तुलना करें। कुछ अर्थ दोनों वाक्यों में हैं। कुछ अर्थ एक वाक्य में हैं, दूसरे में नहीं; (क) कर्त्ता दोनों में है, भक्षणसंबंधी व्यापार दोनों में है, कर्म दोनों में है, कर्त्ता ही दोनों वाक्यों में विषय है। (दोनों वाक्यों में कर्त्ता ही विषय है, यह इसलिए क्योंकि दोनों वाक्य कर्तृवाक्य में हैं)। दोनों वाक्यों में अर्थगत भेद इस प्रकार हैं, (ख) पहले वाक्य में कर्त्ता एक से अधिक हैं, दूसरे

वाक्य में कर्त्ता एक है, एक में व्यापार के घटित होने का समय भविष्य में है, एक में वर्तमान में है, एक में वक्ता के मन में निश्चय है, एक में अनिश्चय है।

वर्ग (ख) के अर्थों को विभिन्न व्याकरणिक कोटियों से जोड़ा जा सकता है; कर्त्ता एक है या अनेक, यह वचन भेद से प्रकट है, व्यापार का समय क्या है, यह भविष्य काल और वर्तमान काल से प्रकट है, वक्ता की मनःस्थिति (निश्चय : अनिश्चय) क्या है, यह निश्चयार्थक तथा संभावनार्थक वृत्तियों (moods) से प्रकट है। विभिन्न कारकीय संबंध तथा क्रिया वर्ग (क) के अर्थ हैं। वाक्य के इन दो प्रकार के (वर्ग (क) तथा (ख)) अर्थों में भेद करना आवश्यक है। (ख) वर्ग के अर्थों को लेकर दो भाषाओं में जितना भेद दिखाई देता है, उतना भेद (क) वर्ग के अर्थों को लेकर नहीं। (क) वर्ग के अर्थों को लेकर कदाचित् दो भाषाओं में भेद है नहीं। (ख) वर्ग के अर्थ देशकाल, वक्ता की मानसिक स्थिति, वक्ता का पूर्वज्ञान, वक्ता तथा श्रोता का संबंध, वाक्योच्चारण का समय, विषय आदि बातों पर स्पष्ट ही निर्भर हैं। वाक्य के कारकीय संबंधों में बिना कोई परिवर्तन किए वचन, वृत्ति, काल, वाच्य, पुरुष आदि व्याकरणिक कोटियों में परिवर्तन किया जा सकता है। व्याकरणिक कोटियाँ वाक्य को एक निश्चित मूर्त रूप देती हैं, वाक्य को देशकाल से बाँधती हैं।

व्याकरणिक कोटियाँ वस्तु जगत को ज्यों का त्यों व्यक्त नहीं करतीं। हिंदी में जिस वस्तुजगत को प्रकट करने के लिए दो तरह के संज्ञा शब्द हैं, (पुं. : स्त्री.) लगभग उसी वस्तुजगत को प्रकट करने के लिए संस्कृत में तीन तरह के संज्ञा शब्द हैं, (पुं., स्त्री., नपुंसक.)। एक ही वस्तु अथवा व्यक्ति के लिए एक ही भाषा में भिन्न लिंगों वाले शब्दों का प्रयोग भी मिलता है। संस्कृत में 'स्त्री', 'दारा' तथा 'कलत्र' से एक ही व्यक्ति संकेतित होता है लेकिन ये शब्द क्रमशः स्त्रीलिंग, पुंलिंग तथा नपुंसक लिंग के हैं। इस उदाहरण से स्पष्ट है कि व्याकरणिक कोटि वस्तुजगत को नहीं, बल्कि वस्तुजगत के प्रति भाषा जाति के दृष्टिकोण को व्यक्त करती है। एक दूसरा उदाहरण हिंदी की काल रचना से लें। 'गया', 'गया था' इन दोनों क्रिया रूपों का प्रयोग भूतकाल के अर्थ में होता है। लेकिन इन दोनों में अर्थभेद भी है। 'गया' निकट भूत के लिए प्रयुक्त होता है और 'गया था' दूरवर्ती भूत के लिए प्रयुक्त होता है। लेकिन इस निकटता और दूरी का संबंध वास्तविक समय के विस्तार से नहीं है। यह निकटता और दूरी मानसिक है। 'गया' वाक्योच्चारण के समय के संदर्भ में भूत है। वाक्योच्चारण के समय से पहले जो व्यापार घटित हो चुका है, वह निकट भूत या सामान्य भूत है। यह समय एक घंटे पहले का भी हो सकता या सैकड़ों वर्ष पहले का। 'गया था' बीते हुए समय बिंदु के संदर्भ में भूत है। जिस समय बिंदु से पहले व्यापार घटित हुआ है, वह समय बिंदु भी वाक्योच्चारण के समय से पहले है। यह समय भी एक घंटे पहले का हो सकता है या सैकड़ों वर्ष पहले का। इस तरह हम देखते हैं कि संदर्भ बिंदु की दृष्टि से 'गया' निकट है और 'गया था'

दूर। 'गया था' में दो संदर्भ बिंदु हैं जबकि 'गया' में केवल एक संदर्भ बिंदु है। संदर्भ बिंदु पूर्ण रूप से वक्ता की विवक्षा पर निर्भर है। वास्तविक काल विस्तार के आधार पर 'गया' तथा 'गया था' में निकटता और दूरी का भेद स्थिर करना असंभव है। इस तरह स्पष्ट है कि काल का सीधा संबंध समय से नहीं है। इन उदाहरणों से प्रकट है कि व्याकरणिक कोटियाँ वस्तु जगत को ज्यों का त्यों व्यक्त नहीं करतीं। वास्तव में व्याकरणिक कोटियों के माध्यम से एक जाति की चिंतन प्रणाली व्यक्त होती है।

व्याकरणिक कोटियों के अर्थपक्ष पर ऊपर थोड़ा विचार किया गया और यह दिखाने का प्रयास किया गया कि वाक्यार्थ के दो प्रकार के अर्थों में से एक प्रकार के अर्थों की अभिव्यक्ति इन व्याकरणिक कोटियों द्वारा होती है। लेकिन अर्थ से इस प्रकार संबद्ध होने पर भी इन कोटियों का अस्तित्व अर्थ पर नहीं, बल्कि रूप पर निर्भर है। हिंदी में द्विवचन की व्याकरणिक कोटि नहीं है, इसका अर्थ यह नहीं है कि हिंदी में संख्या दो का अस्तित्व ही नहीं है। संख्यावाचक शब्द 'दो' से इस संख्या को हिंदी में बराबर प्रकट करते हैं, दो लड़के, दो केले आदि। हिंदी में द्विवचन नहीं है, इसका अर्थ इतना ही है कि इस भाषा में संख्या दो संज्ञा शब्द के रूप से प्रकट नहीं होता। संस्कृत में द्विवचन है क्योंकि इस भाषा में संज्ञा शब्द के रूप से यह संख्या प्रकट हो सकती है : बालकौ (दो बालक), रामौ (दो राम) आदि। इसी तरह हिंदी में नपुंसक लिंग नहीं है। लेकिन इसका भाव यह नहीं है कि हिंदी में अप्राणिवाचक वस्तुओं का बोध कराने वाले संज्ञा शब्द नहीं हैं, बल्कि इसका भाव यह है कि अप्राणिवाचक वस्तुओं का बोध कराने वाले संज्ञा शब्द प्रयोग की दृष्टि से तथा रूपविकार की दृष्टि से अन्य संज्ञा शब्दों से भिन्न नहीं हैं। मेज, केला, फूल, घड़ी आदि शब्दों में से कुछ के रूप 'बहू' (स्त्री.) या 'स्त्री' (स्त्रीलिंग) की तरह चलते हैं और कुछ के रूप 'लड़का' (पुं.) या 'आदमी' (पुं.) की तरह चलते हैं। लेकिन संस्कृत में कुछ ऐसे संज्ञा शब्द हैं, जिनके रूप न तो पुंलिंग शब्दों की तरह चलते हैं, न स्त्रीलिंग शब्दों की तरह। इन शब्दों को नपुंसक लिंग की कोटि में रखा गया है। अन्विति के आधार पर भी हिंदी में संज्ञा के दो ही वर्ग बनते हैं, पुंलिंग तथा स्त्रीलिंग। लिंग की दृष्टि से क्रिया के भी दो रूप हैं; (जाता है/जाती है)। विशेषण के भी दो ही रूप हैं; (काला : काली)। अर्थात् अन्विति के आधार पर भी हिंदी के संज्ञा शब्दों को दो से अधिक लिंगों में रखना युक्तियुक्त नहीं है। संस्कृत में विशेषण के सही प्रयोग के लिए संज्ञाओं को तीन लिंगों में रखना आवश्यक है, सुंदरः बालकः (पुं.), सुंदरी स्त्री (स्त्री.), तथा सुंदरं पुष्पं (नपु.)। इस तरह स्पष्ट है कि संस्कृत में नपुंसक लिंग की संज्ञाओं का वर्ग बनाना रूप विकार और अन्विति को ध्यान में रखते हुए आवश्यक है। इसी तरह संस्कृत में आशीर्वाद तथा आज्ञा के लिए क्रिया के अलग-अलग रूप हैं लेकिन हिंदी में इनके लिए क्रिया का एक ही रूप है। इसीलिए

संस्कृत में जहाँ आशीर्वाद तथा आज्ञा दो भिन्न कोटियाँ हैं, हिंदी में ये एक ही हैं। लेकिन इनका भाव यह नहीं है कि हिंदी में अर्थ के स्तर पर भी आज्ञा और आशीर्वाद में कोई भेद नहीं है। हिंदी भाषी आज्ञा भी देते हैं, आशीर्वाद भी देते हैं। खैर! ऊपर की चर्चा से यह स्पष्ट है कि व्याकरणिक कोटियाँ रूप पर आधारित होती हैं। अलग-अलग व्याकरणिक कोटियों की चर्चा करते समय यह बात और स्पष्ट रूप में सामने आएगी।

अब लिंग, वचन, पुरुष, वाच्य आदि व्याकरणिक कोटियों का एक-एक करके वर्णन किया जाएगा।

लिंग–सामान्य रूप से भाषाओं में तीन लिंगों की व्यवस्था पायी जाती है, पुंलिंग, स्त्रीलिंग तथा नपुंसकलिंग। संस्कृत भाषा में ये तीनों लिंग हैं। कई आधुनिक भारतीय भाषाओं में तीन लिंग हैं। हिंदी में दो ही लिंग हैं, पुंलिंग तथा स्त्रीलिंग। अंग्रेजी भाषा में तीन लिंग हैं।

अन्य व्याकरणिक कोटियों की तरह लिंग का संबंध भी वास्तविक जगत से सीधा नहीं है। व्याकरणिक लिंग तथा प्राकृतिक लिंग में सहज संबंध दिखाना कुछ शब्दों तक ही सीमित है। भाषा में ऐसे तमाम शब्द होते हैं जिनके लिंग प्राकृतिक लिंग से मेल नहीं खाते। 'आदमी', 'भाई', 'पिता', 'बैल', आदि को पुंलिंग मानना सहज है। इसी तरह 'स्त्री', 'बहिन', 'माता', 'गाय' आदि को स्त्रीलिंग मानना भी सहज है। इन शब्दों के लिंग इन शब्दों से संकेतित व्यक्तियों के प्राकृतिक लिंग से मेल खाते हैं। लेकिन 'पुलिस' स्त्रीलिंग शब्द क्यों है? 'पानी' पुंलिंग तथा 'घड़ी' स्त्रीलिंग क्यों? इन शब्दों को पंलिंग या स्त्रीलिंग कहने का कोई प्राकृतिक आधार नहीं है। 'पानी' इसलिए पुंलिंग है, क्योंकि यह 'भाई' 'आदमी' आदि शब्दों की तरह भाषा में प्रयुक्त होता है, 'पुलिस', 'घड़ी' इसलिए स्त्रीलिंग हैं क्योंकि ये 'स्त्री' 'बहिन' आदि की तरह ही प्रयुक्त होते हैं। रूपविकार और अन्विति की दृष्टि से 'घड़ी' 'स्त्री' के समान है। इसी तरह 'केला' रूपविकार और अन्विति की दृष्टि से 'लड़का' के समान है।

व्याकरणिक कोटियों से किसी भाषा समाज के बारे में कई महत्त्वपूर्ण सूचनाएँ मिलती हैं। हिंदी में 'गाय' और 'बैल' ये स्वतंत्र शब्द हैं। इनमें से कोई एक दूसरे से व्युत्पन्न नहीं है। 'गधा' और 'गधी' में 'गधी' पहले शब्द से व्युत्पन्न है। इस स्थिति से यह संकेत मिलता है कि इन पशुओं का उपयोग हिंदी भाषी समाज में एक तरह से नहीं होता है। गाय दूध देती है, बैल खेत जोतता है। दोनों के दो भिन्न और महत्त्वपूर्ण कार्य हैं। इस तरह का अंतर 'गधा' और 'गधी' में नहीं है। दोनों का उपयोग एक ही तरह से होता है, बोझ लादना। इस कार्य के लिए 'गधा' और 'गधी' में अंतर नहीं किया जाता। अतः स्वाभाविक है कि इस पशु जाति के लिए अलग-अलग पुंलिंग और स्त्रीलिंग शब्द न हों। 'भाई : बहिन' या 'माता : पिता'

इनमें कोई कोई एक-दूसरे से व्युत्पन्न नहीं है। लेकिन 'मामा : मामी', 'नाना : नानी', 'मौसा : मौसी', आदि—इनमें से एक शब्द दूसरे से व्युत्पन्न है। यह स्थिति भेद दो प्रकार के संबंधों की ओर संकेत करता है।

हिंदी में लिंग संज्ञा, विशेषण तथा क्रिया से व्यक्त होता है। विशेषण तथा क्रिया के लिए यह रूपविकृति का कारण है। कुछ भाषाओं में सर्वनामों से भी लिंग व्यक्त होता है।

वचन—हिंदी में दो वचन हैं, एकवचन, बहुवचन। संस्कृत में तीन वचन हैं, एकवचन, द्विवचन, बहुवचन। कुछ भाषाओं में तीन से अधिक वचन भी हैं। वचन की दृष्टि से सामान्य रूप से संज्ञाओं के दो वर्ग बन जाते हैं, गणनीय और अगणनीय। 'पुस्तक', 'घर', 'कलम' आदि गणनीय हैं। 'दूध', 'पानी', 'गेहूँ' आदि अगणनीय हैं। अगणनीय संज्ञाओं का प्रयोग सामान्य रूप से एकवचन में होता है। हिंदी में वचन भेद विशेषण, संज्ञा, सर्वनाम तथा क्रिया में दिखाई देता है। इन सबके लिए यह रूपविकृति का कारण है।

वचन का संबंध सर्वत्र वास्तविक संख्या से नहीं जोड़ा जा सकता। 'लड़के' से सरल विभक्ति में दो या दो से अधिक लड़कों का बोध होता है। 'हम' से सामान्य रूप से केवल वक्ता का बोध होता है लेकिन व्याकरण की दृष्टि से यह बहुवचन है। जब आदर में बहुवचन का प्रयोग होता है तब यह जरूरी नहीं होता कि एक से अधिक व्यक्तियों का बोध हो। 'वे आ रहे हैं' में 'वे' एक व्यक्ति के लिए भी हो सकता है। कुछ शब्द भाषा में हमेशा एकवचन में ही प्रयुक्त होते हैं। हिंदी में 'आँसू', 'प्राण', 'दर्शन', हमेशा बहुवचन में ही प्रयुक्त होते हैं।

विभक्ति—हिंदी में संज्ञा की तीन विभक्तियाँ हैं : सरल, तिर्यक तथा संबोधन। संस्कृत में संज्ञा की सात विभक्तियाँ हैं, प्रथमा से लेकर सप्तमी तक। विभक्तियों की संख्या का निर्धारण एक शब्द के विभिन्न विकृत रूपों पर निर्भर करता है। हिंदी में दो वचनों और तीन विभक्तियों को मिलाकर संज्ञा के कुल छह रूप बनते हैं—

	एकवचन	**बहुवचन**
सरल वि.	लड़का	लड़के
तिर्यक वि.	लड़के	लड़कों
संबोधन वि.	लड़के	लड़को

एकवचन में 'लड़का' के केवल दो रूप हैं लेकिन बहुवचन में इसके तीन रूप हैं। यदि संबोधन में 'लड़को' की जगह सभी लोग 'लड़कों' बोलने लगें तो बहुवचन में भी 'लड़का' के दो ही रूप रह जाएँगे और फिर संज्ञा के लिए तीन विभक्तियों की जगह दो विभक्तियाँ ही पर्याप्त होंगी। परिवर्तित रूप में संज्ञा की रूपावली इस प्रकार होगी—

	एकवचन	बहुवचन
सरल वि.	लड़का	लड़के
तिर्यक वि.	लड़के	लड़कों

संज्ञा के केवल चार रूप रह गए। संस्कृत में संज्ञा की सात विभक्तियाँ इसलिए मानी गई हैं कि अकारांत पुंलिंग शब्दों के एकवचन में सात भिन्न रूप मिलते हैं।

		एकवचन
प्रथमा	–	बालकः
द्वितीया	–	बालकम्
तृतीया	–	बालकेन
चतुर्थी	–	बालकाय
पंचमी	–	बालकात्
षष्ठी	–	बालकस्य
सप्तमी	–	बालके

द्विवचन तथा बहुवचन में 'बालक' के सात भिन्न रूप नहीं मिलते। इसलिए विभक्तियों की संख्या का निर्णय करते समय एकवचन के रूपों को ही ध्यान में रखा गया। विभक्तियों की संख्या किस तरह शब्द के विकृत रूपों पर निर्भर है, इसके लिए हिंदी के कुछ सर्वनामों की रूपावली देखें। रूपविकार की दृष्टि से 'मैं' तथा 'तू' एक वर्ग में आते हैं।

	सरल विभक्ति	तिर्यक विभक्ति	चतुर्थी विभक्ति	षष्ठी विभक्ति
एकवचन	मैं। तू	मुझ। तुझ	मुझे। तुझे	मे। ते
बहुवचन	हम। तुम	हम। तुम	हमें। तुम्हें	हमा। तुम्हा

'मैं' और 'तू' के एकवचन में चार भिन्न रूप हैं और इसलिए इनके लिए चार विभक्तियों की कल्पना की गई। यदि बहुवचन के रूपों को आधार बनाया जाता तो इनके लिए तीन ही विभक्तियाँ पर्याप्त थीं। क्योंकि सरल विभक्ति तथा तिर्यक विभक्ति में 'मैं' और 'तू' के रूप बहुवचन में अलग-अलग नहीं हैं। चतुर्थी विभक्ति के रूपों के स्थान पर 'मुझको', 'तुझको', 'हमको', तथा 'तुमको' रूपों का भी प्रयोग होता है। यदि कालांतर में ये ही रूप रह गए और 'मुझे', 'तुझे', 'हमें', और 'तुम्हें' रूप प्रयोग से हट गए तो इन सर्वनामों के लिए चतुर्थी विभक्ति खत्म हो जाएगी। 'मुझको', 'तुझको', आदि के 'मुझ', 'तुझ' आदि रूप तो विभक्ति में पहले से वर्तमान हैं। ('को' परसर्ग है, इसे पृथक रखकर विचार करना है।) इसलिए इन रूपों के लिए एक अलग विभक्ति की कल्पना अनावश्यक होगी।

हिंदी में विभक्ति को लेकर विद्वानों में काफी मतभेद है। इस मतभेद की स्थिति तब बनती है जब हम संस्कृत व्याकरण को भी ध्यान में रखकर विचार करते हैं।

संस्कृत में विभक्ति कार्य की दृष्टि से हिंदी के परसर्गों के तुल्य है लेकिन अन्य बातों में यह परसर्गों के तुल्य नहीं है। परसर्ग प्रत्ययों से बड़े स्तर की इकाई है जबकि संस्कृत की विभक्तियाँ प्रत्यय ही हैं। हिंदी की विभक्तियाँ वाक्य में शब्दों के कारक संबंधों की सूचित नहीं करतीं, इसलिए ये संस्कृत विभक्तियों से अलग हैं। 'लड़कों' तिर्यक विभक्ति तथा बहुवचन का रूप है लेकिन इस रूप से इस शब्द का वाक्य में कारक संबंध सूचित नहीं होता। कारक संबंधों को सूचित करने के लिए परसर्गों का प्रयोग करना होगा।

पुरुष–हिंदी में तीन पुरुष हैं, उत्तम पुरुष, मध्यम पुरुष, तथा अन्य पुरुष। वक्ता के लिए उत्तम पुरुष, श्रोता के लिए मध्यम पुरुष तथा वक्ता तथा श्रोता से भिन्न व्यक्ति के लिए अन्य पुरुष का प्रयोग होता है। 'मैं' तथा 'हम' उत्तम पुरुष के सर्वनाम हैं। 'तू', 'तुम', तथा 'आप' मध्यम पुरुष के सर्वनाम हैं। 'वह' तथा 'यह' अन्य पुरुष के सर्वनाम हैं। 'आप' का प्रयोग अन्य पुरुष के रूप में होता है। हिंदी में अन्य पुरुष के लिए सर्वनाम का प्रयोग होता है, उसका प्रयोग संकेतवाचक सर्वनाम तथा संबंध वाचक सर्वनाम के रूप में भी होता है। 'यह' संबंध वाचक के रूप में प्रयुक्त नहीं होता और 'आप' न तो संबंध वाचक के रूप में प्रयुक्त होता है, न संकेत वाचक के रूप में।

(3) मोहन आया है। **वह** सो रहा है। (पुरुष वाचक)

(4) **वह** फूल किसका है? (संकेत वाचक)

(5) जो फूल मेरे पास है, **वह** मुरझा गया है। (संबंध वाचक)

उत्तम पुरुष तथा मध्यम पुरुष के सर्वनामों में निश्चय अनिश्चय का भेद नहीं मिलता। अन्य पुरुष में यह भेद है। 'वह', 'यह' निश्चयवाचक हैं, 'कोई', 'कुछ' अनिश्चयवाचक हैं। हिंदी के मध्यम पुरुष सर्वनामों में आदर और स्नेह का भेद है, तू, तुम (स्नेह, निकटता, अनादर) आप (औपचारिकता, आदर)। कई भाषाओं में अन्य पुरुष सर्वनामों से लिंग भी प्रकट होता है। मराठी, कन्नड़, मलयालम, अंग्रेजी, आदि भाषाओं में अन्य पुरुष के एकवचन में तीन लिंगों के लिए अलग-अलग रूप मिलते हैं, he (पुं.), she (स्त्री.) तथा it (नपुं. लिंग)। बहुवचन में रूप घट जाते हैं, बहुवचन में तीन लिंगों के एक ही रूप हैं, they। कन्नड़ आदि बहुवचन में दो रूप रह जाते हैं पुंलिंग तथा स्त्रीलिंग के लिए एक, नपुंसक लिंग के लिए एक।

वचन को लेकर उत्तम तथा मध्यम पुरुष के सर्वनामों में एक विशेष बात दिखाई देती है। वह : वे, लड़का : लड़के, गाय : गाएँ—इन युग्मों में पहले शब्द एकवचन में हैं, दूसरे बहुवचन में। बहुवचन के रूप एकवचन के रूपों से संकेतित व्यक्तियों की ही एक से अधिक संख्या सूचित कर रहे हैं। लेकिन मैं/हम : लोग, तुम : तुम लोग, आप : आप लोग में यह स्थिति नहीं है। 'हम लोग' केवल उत्तम पुरुष वक्ता को ही नहीं, बल्कि मध्यम पुरुष और/या अन्य पुरुष को भी संकेतित करता है।

'लड़के', 'गायें' आदि की तरह 'हम लोग' एक ही जाति के व्यक्ति की एक से अधिक संख्या को सूचित नहीं करता।

काल–यह सामान्य रूप से क्रियाओं से प्रकट होने वाली कोटि है। कई विद्वानों की राय में हिंदी में सही मायने में दो ही काल हैं, भूतकाल और अन्य (भूतकाल से भिन्न)। 'था' भूतकाल का द्योतक है और हर स्थिति में यह भूतकाल में ही प्रयुक्त होता है। वर्तमान के लिए 'है' तथा भविष्य के लिए 'गा' का प्रयोग हिंदी में अवश्य मिलता है। लेकिन इनकी स्थिति 'था' की तरह सुनिश्चित नहीं है। 'है' का प्रयोग भविष्यकाल में भी होता है।

(6) मैं अगले साल दिल्ली जा रहा हूँ। (भविष्य)

लेकिन यह साधारण भविष्य से भिन्न है। 'है' से व्यक्त होने वाले भविष्य में सामान्यतः योजना का भाव भी निहित रहता है। वाक्य (6) में यह निहित है कि दिल्ली जाने की मेरी योजना है। इसी तरह 'गा' का प्रयोग भविष्य के अलावा भूत तथा वर्तमान के लिए भी होता है।

(7) उसने खाना खा लिया होगा। (भूत, संभावना)

(8) मैं अतिथि महोदय से निवेदन करूँगा कि वे अपना भाषण दें। (वर्तमान)

वाक्य (8) में 'करूँगा' का अर्थ है 'कर रहा हूँ'। अतिथि महोदय मंच पर हैं, उनसे कोई निवेदन कर रहा है। हिंदी में काल, पक्ष तथा वृत्ति के संयोग से पंद्रह कालों की व्याख्या की गई है। यह पहले बताया जा चुका है कि अन्य व्याकरणिक कोटियों की तरह काल का संबंध भी सीधे वस्तुजगत से नहीं है। धातु के विभिन्न विकारी रूपों के आधार पर कालों की कल्पना की गई है। लिंग, वचन तथा पुरुष के भेदों को छोड़ देने पर हिंदी में किसी धातु के अधिकतम रूप पंद्रह हैं। इन पंद्रह रूपों के आधार पर पंद्रह कालों की कल्पना कर ली गई। निम्नलिखित क्रिया रूपों को समापिका क्रिया भी कहते हैं।

चलूँ	चलता है	चला है
(तुम) चलो	चलता था	चला था
चलूँगा	चलता होऊँ	चला होऊँ
(यदि) चलता	चलता होता	चला होता
चला	चलता होगा	चला होगा

हिंदी में आज्ञार्थक, निश्चयार्थक, संकेत आदि **वृत्तियाँ** हैं। व्यापार की तीन **अवस्थाएँ** अथवा **पक्ष** हैं; पूर्ण, अपूर्ण तथा अभ्यास। पूर्ण के लिए 'य्', अपूर्ण के लिए 'रह्' तथा अभ्यास के लिए 'त्' प्रत्यय का प्रयोग किया जाता है। कुछ विद्वान् 'गया', 'खाया' आदि में 'य्' को प्रत्यय का दर्जा न देकर उसे श्रुति मात्र मानते हैं। इनके अनुसार पूर्ण अवस्था का अर्थ 'त्' तथा 'रह्' के अभाव से प्रकट होता है।

वाच्य–वक्ता अपनी बात का विषय किसे बनाना चाहता है, इस पर वाच्य

निर्भर है। कर्त्ता यदि विषय है तो कर्तृवाच्य होगा और यदि कर्म विषय है तो कर्मवाच्य होगा। भाववाच्य से कर्त्ता की असमर्थता प्रकट होती है।

(9) सरकार ने विपक्ष के नेताओं को बंद कर दिया। (कर्तृवाच्य)

(10) हिंदुस्तान तथा पाकिस्तान के युद्ध में सैकड़ों सिपाही मारे गए। (कर्मवाच्य)

(11) मुझसे चला नहीं जाता। (भाववाच्य)

वाक्य (9) तथा (10) में 'सरकार' तथा 'सिपाही' क्रमशः विषय हैं। वाक्य (11) से कर्त्ता की असमर्थता प्रकट है।

ऊपर कुछ प्रमुख व्याकरणिक कोटियों का वर्णन किया गया।

वाक्य रचना

शब्दों को जोड़कर वाक्य की रचना की जाती है। शब्द वाक्य में स्वतंत्र रूप से विद्यमान नहीं होते बल्कि एक-दूसरे से संबंधित होते हैं। दो शब्दों में या तो सन्निहित संबंध होगा अथवा असन्निहित। वाक्य में क्रिया को केंद्र में रखकर कर्त्ता, कर्म, करण, अपादान आदि कारक संबंधों की कल्पना की गई है। इन कारक संबंधों के अतिरिक्त विशेषण और विशेष्य का संबंध भी वाक्य में दिखायी देता है। कौन-सा शब्द किस संबंध में खड़ा है, वाक्यार्थ के लिए यह जानना उतना ही आवश्यक है, जितना यह जानना कि वाक्य के प्रत्येक शब्द का कोशगत अर्थ क्या है। शब्दों के वाक्यगत संबंधों को संरचनात्मक अर्थ भी कहा गया है। सही वाक्य रचना से अभिप्राय है, शब्दों को वाक्य में इस तरह रखना कि उनके संबंध स्पष्ट रूप से सूचित हों। इन संबंधों को सूचित करने के लिए भाषा में कई तरीके होते हैं। यहाँ इनमें से कुछ प्रमुख तरीकों का वर्णन किया जाएगा। यह आवश्यक नहीं है कि कोई एक भाषा इन सभी तरीकों का इस्तेमाल करे।

शब्दक्रम से शब्दों के संबंध सूचित होते हैं।

(1) दौड़ते हुए लड़के को किसने धक्का दिया?

(2) किसने लड़के को दौड़ते हुए धक्का दिया?

दोनों वाक्यों में 'दौड़ते हुए' का प्रयोग हुआ है लेकिन पहले वाक्य में वह 'लड़का' की विशेषता बता रहा है और दूसरे वाक्य में 'कौन' की विशेषता बता रहा है। यह संबंधभेद वाक्य में दौड़ते हुए' के स्थान अथवा क्रम से सूचित होता है। अंग्रेजी में कर्त्ता तथा कर्म का संबंध शब्दक्रम से सूचित होता है।

(3) John killed Mary.

(4) Mary killed John.

पहले वाक्य में John कर्त्ता है, दूसरे वाक्य में Mary। पहले वाक्य में Mary कर्म है, दूसरे वाक्य में John। कर्त्ता तथा कर्म का संबंध यहाँ शुद्ध रूप से सूचित हो रहा है। हिंदी वाक्यों में 'ही', 'भी' का स्थान/क्रम तो बहुत ही महत्त्वपूर्ण है।

(5) मोहन भी घर जाएगा।

(6) मोहन घर भी जाएगा।

(7) मोहन ही घर जाएगा।

(8) मोहन घर ही जाएगा।

इन उदाहरणों से 'ही', 'भी' के स्थान का महत्त्व सूचित होता है। इस तरह स्पष्ट है कि शब्द का सही संबंध दिखाने के लिए उसे सही क्रम में रखना एक महत्त्पूर्ण तरीका है।

शब्द के रूप से भी शब्द का संबंध सूचित होता है। संस्कृत में विभिन्न कारक संबंधों की सूचना शब्द रूपों से मिलती है।

(9) रामः मोहनाय पुस्तकं ददाति।

(10) मोहनः रामाय पुस्तकं ददाति।

इन वाक्यों में 'रामः' तथा 'मोहनः' कर्त्ता कारक में हैं, 'मोहनाय' तथा 'रामाय' संप्रदान कारक में हैं, तथा 'पुस्तकं' कर्म कारक में है। कारक संबंध शब्द के रूप से ही प्रकट है, वाक्य में उसके स्थान से नहीं। शब्दों को चाहे जिस क्रम में रखें, उनके संबंध नहीं बदलेंगे।

(11) मोहनाय रामः पुस्तकं ददाति।

(12) ददाति रामः पुस्तकं मोहनाय।

(13) पुस्तकं ददाति मोहनाय रामः।

तीनों वाक्यों में 'मोहनाय' संप्रदान कारक में है, 'रामः' कर्त्ता कारक में है तथा 'पुस्तकें' कर्म कारक में।

परसर्गों तथा पूर्वसर्गों के द्वारा भी शब्दों के संबंध सूचित होते हैं। हिंदी में परसर्गों का प्रयोग किया जाता है, अंग्रेजी में पूर्वसर्गों का।

(14) मोहन ने सुरेश को मारा।

(15) सुरेश ने मोहन को मारा।

'ने' कर्त्ता को सूचित करता है 'को' कर्म को सूचित करता है। परसर्गों का प्रयोग करने पर शब्दों का क्रम बिना संबंधभेद के बदला जा सकता है।

(16) मोहन ने सुरेश को मारा।

(17) सुरेश को मोहन ने मारा।

(18) मोहन ने मारा सुरेश को।

(19) सुरेश को मारा मोहन ने।

परसर्गों के इस कार्य को देखते हुए ही इनको कारक चिह्न भी कहा गया है।

अन्विति के द्वारा भी वाक्य में शब्दों का परस्पर संबंध सूचित होता है। सामान्य रूप से कर्तृवाच्य के वाक्य में क्रिया जिस शब्द से अन्वित होती है, वह कर्त्ता कारक में होता है, कर्म वाच्य के वाक्य में सामान्य रूप से क्रिया जिस शब्द से अन्वित

होती है, वह कर्म कारक में होता है। विशेषण तथा विशेष्य का संबंध जानने में भी अन्विति से सहायता मिलती है।

(20) राम चावल खाता है। (राम–कर्त्ता)

(21) चावल खाया जाता है। (चावल–कर्म)

(22) तुलसीदास की हिंदी साहित्य को देन।

वाक्य (20) कर्तृवाच्य में तथा वाक्य (21) कर्मवाच्य में हैं। (22) में 'तुलसीदास की देन' से अन्वित है, न कि 'हिंदी साहित्य' से। इसलिए यह 'देन' का विशेषण है।

दो शब्दों की अर्थगत संगति को भी हम अन्विति की संज्ञा दे सकते हैं। 'कोमल फूल' के दोनों शब्दों में जितनी अर्थगत संगति है उतनी 'कोमल व्यवहार' के दोनों शब्दों में नहीं। दो शब्दों से अर्थ जितने ही अनुकूल होंगे वे वाक्य में उतनी ही सहजता से एक-दूसरे से जुड़ जाएँगे। इसलिए वाक्य रचना में शब्दों का चुनाव भी महत्त्वपूर्ण स्थाना रखता है। शब्दों का सही चुनाव ही अन्विति है।

(23) जवान लड़कों से मारपीट नहीं करते।

(24) जवान बच्चों से मारपीट नहीं करते।

वाक्य (23) में 'जवान' संज्ञा की तरह भी काम कर सकता है और विशेषण की तरह भी, इसलिए वाक्य (23) अस्पष्ट अर्थवाला है। लेकिन वाक्य (24) में 'जवान' केवल संज्ञा की तरह कार्य कर सकता है, विशेषण की तरह नहीं। क्योंकि 'जवान बच्चा' में अर्थगत विरोध है।

अभिशासन को एक प्रकार की अन्विति ही माना गया है। इनमें एक सूक्ष्म अंतर किया जाता है। जिस व्याकरणिक कोटि को लेकर दो शब्दों में अन्विति होती है, वह व्याकरणिक कोटि दोनों शब्दों से प्रकट होती है। अभिशासन में यह बात नहीं दिखलायी देती।

(25) लड़का घर जाता है।

(26) लड़की घर जाती है।

(27) लड़के घर जाते हैं।

(28) लड़कियाँ घर जाती हैं।

इन वाक्यों में कर्त्ता तथा क्रिया में अन्विति है, लिंग, वचन तथा पुरुष की दृष्टि से। लिंग, वचन और पुरुष–तीनों संज्ञा से भी व्यक्त हैं और क्रिया से भी, लड़का–एकवचन, पुंलिंग, अन्य पुरुष जाता है–एकवचन, पुंलिंग, अन्य पुरुष। 'नमः शिवाय' में अभिशासन है। 'शिवाय' रूप 'नमस्' अव्यय शब्द द्वारा अनुशासित है। 'नमस्' स्वयं चतुर्थी विभक्ति में नहीं आता। लेकिन अपने साथ आने वाले शब्द को चतुर्थी विभक्ति में ही आने देता है। यह अभिशासन है। 'नमः शिवाय' में 'शिवाय' चतुर्थी विभक्ति में है लेकिन संप्रदान कारक में नहीं है। यह एक महत्त्वपूर्ण बात है।

17

आधुनिक भाषाविज्ञान का विकास

किसी भी विषय के इतिहास का लेखन उसके विगत का केवल लेखा-जोखा मात्र नहीं हो सकता, इतिहास के लेखक के पास इतिहास दृष्टि अपेक्षित है। यह भी होता ही है कि इतिहास लेखक विगत के परिवर्तन बिंदुओं को अपने चश्मे से देखें। अगर ऐसा न होता तो किसी भी विषय के इतिहास लेखन के लिए बहुत से लोगों की जरूरत नहीं होती, और न बहुत से लोग उसके लेखन में रुचि ही लेते।

यह एक तथ्य है कि किसी विषय का अध्ययन करने वाला व्यक्ति तब तक उस विषय में अच्छी गति हासिल नहीं कर सकता, जब तक उसके विगत के विकासात्मक रूप से भलीभाँति परिचित नहीं हो जाता। इतिहास पृष्ठभूमि है जिससे भटक कर वर्तमान को गहराई से पकड़ा नहीं जा सकता। इतिहास के विभिन्न मोड़ नींव की वे ईंटें हैं जिन पर विषय का वर्तमान महल टिका हुआ होता है। इसे यों भी कह सकते हैं कि वर्तमान रूप उसी नींव का विकसित रूप है, उसी का एक्सटेंशन है। इस पुस्तक में आधुनिक भाषाविज्ञान के विकास के कुछ महत्त्वपूर्ण बिंदुओं को उभारने की कोशिश के पीछे यही विचार रहा है। हमारा ख्याल है कि इस विकासात्मक अध्ययन की पृष्ठभूमि के कारण पाठकों को भाषाविज्ञान को समझने में काफी मदद मिलेगी। साथ ही उन्हें भाषाविज्ञान के क्षेत्र की प्रमुख गतिविधियों की कुछ जानकारी हासिल होगी। इसी आशय से इसे यहाँ दिया गया है।

आधुनिक भाषाविज्ञान की सबसे बड़ी विशेषता यह है कि उसने पारंपरिक तुलनात्मक भाषाशास्त्र से अपने को मुक्त करके स्वायत्तता हासिल की। इसी वजह से स्वतंत्र विषय के रूप में आधुनिक भाषाविज्ञान को मान्यता मिल सकी। इससे पहले पारंपरिक व्याकरण दर्शन और साहित्यालोचन से बुरी तरह प्रभावित था। आधुनिक भाषाविज्ञान ने अपने को दूसरे विषयों के समानांतर खड़ा किया।

आधुनिक भाषाविज्ञान का आरंभ संरचनात्मक भाषाविज्ञान से होता है। भाषाविज्ञान में संरचनात्मकता का आरंभ यूरोप में फर्दिनांद डि सासू तथा अमरीका में लेनर्ड ब्लूमफील्ड से माना जा सकता है। डि सासू को यदि संरचनात्मक भाषाविज्ञान का

जनक कहें तो गलत नहीं होगा। वैसे उनसे पहले रूसी और पोलिश भाषावैज्ञानिक बाउदुइन डी कोर्टने ने अनेक ऐसी बातें कहीं जो उनके समकालीनों से भिन्न थीं और जिनको संरचनात्मक भाषाविज्ञान में सम्मिलित किया गया तथा जिनसे डि सासू भी सहमत थे। जैसे ध्वनि और स्वनिम में अंतर की अवधारणा, स्वनिम की व्यवच्छेदक भूमिका का निर्धारण, मृत भाषाओं के अध्ययन की तुलना में जीवित भाषाओं के अध्ययन को महत्त्व और लिखित भाषा से बोलभाषा की संरचना के वैभिन्नय का निदर्शन आदि कुछ ऐसे मुद्दे हैं जिन्हें कोर्टने ने सबसे पहले प्रस्तुत किया। इसी आधार पर अनेक भाषावैज्ञानिक कोर्टने को ही संरचनात्मक भाषाविज्ञान का आरंभकर्त्ता मानते हैं। परंतु हमारा ख्याल है कि संरचनात्मकता का आरंभ डि सासू से ही माना जाना चाहिए। कारण यह है कि संरचनात्मकता की धारणा को विस्तृत और व्यवस्थित ढंग से पहली बार प्रस्तुत करने का श्रेय डि सासू को ही है। उनके अध्ययन का फलक काफी विस्तृत है और चिंतन में काफी गहराई है। सासू के कार्य के मूल में एक सामाजिक प्रेरणा है। वेन्द्रीज ने उनके बारे में सही कहा है कि डि सासू के सिद्धांत भाषा को एक सामाजिक तथ्य के रूप में ग्रहण करते हैं, और भाषाविज्ञान मूलतः एक समाजशास्त्रीय विज्ञान है।

फर्दिनांद डि सासू : संरचनात्मकता का आरंभ

फर्दिनांद डि सासू (1857-1913) जेनेवा और पेरिस में भाषाविज्ञान के प्रोफेसर रहे। उन्होंने संस्कृत, ग्रीक, लैटिन, जर्मनिक और लिथुआनियन भाषाओं का अध्यापन किया। उनके बहुत से निबंध भारोपीय भाषाओं पर प्रकाशित हुए। उनकी मशहूर पुस्तक Cours de linguistigue générale उनकी मृत्यु के उपरांत 1916 में प्रकाशित हुई। यह पुस्तक उनकी लिखी न होकर उनके कक्षा व्याख्यानों का नोट्स है। इसे उनके दो शिष्यों Ch. Bally और A. Sechehaye ने संपादित किया।

डि सासू के संबंध में एक खास बात यह है कि उन्होंने एक ऐसी अवधारणा की तलाश की जिसमें भाषा का अध्ययन बगैर ऐतिहासिक संदर्भ के किए जाने का विधान है। यह सही है कि इस परिकल्पना के पीछे फ्रांसीसी समाजशास्त्री एमाइल दुरखीम के समाजशास्त्र के सिद्धांत हैं पर डि सासू ने दुरखीम के समाजशास्त्र के सिद्धांतों को भाषाविज्ञान के पारिभाषिक शब्दों का जामा नहीं पहनाया। दुरखीम के सिद्धांत इस दिशा में सोचने के लिए मात्र सूत्र का काम करते हैं।

ल लांग/ल परोल (समूह की भाषा/व्यक्ति की भाषा)—दुरखीम ने कहा है कि समाजशास्त्र में सामाजिक तथ्य होता है जो विशिष्ट अभिव्यक्ति से स्वतंत्र तथा व्यक्ति चेतना से बाहर होता है। सामाजिक तथ्यों का अध्ययन वैज्ञानिक रीति से हो सकता है और सामाजिक तथ्य वैयक्तिक प्रत्यक्षीकरण से अलग है। सामूहिक विचार अवैयक्तिक होने के कारण मानव मात्र के सामान्य ज्ञान के निर्माण में अधिक महत्त्वपूर्ण

भूमिका निभाता है, अपेक्षाकृत वैयक्तिक के। डि सासू के लांग और परोल की अवधाराणा के सूत्र इस सिद्धांत में निहित हैं। परोल का क्षेत्र केवल व्यक्ति तक है और इसकी प्रकृति भौतिक है। क का परोल ख से भिन्न होगा। इसके विपरीत लांग एक सामाजिक यथार्थ है जहाँ वैयक्तिक रूप से चयन की स्वतंत्रता खत्म हो जाती है। भाषा व्यवहार में लांग ही इस्तेमाल होता है। यह अंतःसंबंधित प्रतीकों की व्यवस्था है। इसकी प्रकृति मनोवैज्ञानिक है, यह सामाजिक है और भाषा समुदाय के सभी सदस्यों के लिए अनिवार्य है। उसी तरह जैसे शतरंज के खेल में खेलने वालों की व्यक्तिगत विशेषता और क्षमता भिन्न होती है पर खेल के नियम (लांग) समान होते हैं और दोनों को मान्य होते हैं। उन नियमों का पालन दोनों को करना होता है।

परोल वैयक्तिक होने के साथ ही स्वच्छंद और परिवर्तनशील है। भाषा के इस रूप का वैज्ञानिक अध्ययन नहीं हो सकता, क्योंकि भाषा के मध्य कोई समान सिद्धांत नहीं बनाया जा सकता। इसमें वैयक्तिक चयन की असीमित संख्या है। दूसरी ओर लांग का एक सामूहिक ढाँचा है, जो सभी भाषा-भाषियों में समान है। यह वह ढाँचा है जिसे भाषा-भाषी अपने पूर्व के भाषा-भाषियों से अपनाता है।

परोल ठोस शारीरिक क्रियाकलाप द्वारा व्यक्त होता है जबकि लांग अमूर्त है।

डि सासू के बाद के भाषयिक विचारों में प्राग स्कूल ने परोल इकाई के रूप में ध्वनि को और लांग इकाई के रूप में स्वनिम को मान्यता दी।

लांग और परोल की अवधारणा को बाद के रचनांतरणवादियों ने सामर्थ्य (कंपीटंस) और निष्पादन (पर्फार्मंस) के रूप में पुनः प्रचलित किया।

एककालिक बनाम बहुकालिक

डि सासू ने जुंगग्रामेटिकेर की इस उद्घोषणा, कि भाषा के वैज्ञानिक अध्ययन का एकमात्र आधार ऐतिहासिक है, का विरोध करते हुए कहा कि भाषा का वैज्ञानिक अध्ययन बहुकालिक के अलावा एककालिक दृष्टिकोण से भी हो सकता है। भाषा का एककालिक विश्लेषण वह है जिसमें किसी भाषा का विश्लेषण किसी निश्चित समय के परिप्रेक्ष्य में किया जाए। यह विश्लेषण वर्तमान समय के परिप्रेक्ष्य में हो सकता है अथवा पीछे के किसी समय के परिप्रेक्ष्य में। पर शर्त यह है कि उसे एक ही समय का विश्लेषण होना चाहिए। इसके विपरीत बहुकालिक विश्लेषण किसी भाषा का अनेक समयों का अध्ययन है। अर्थात् उसका विकासात्मक अध्ययन है। भाषा के एक समय के परिवर्तनों को दूसरे समय के परिप्रेक्ष्य में देखना है।

भाषा विश्लेषण के इन दो पक्षों को लेकर भाषाविज्ञान के विभिन्न स्कूलों में मतैक्य का अभाव है। प्राग स्कूल के अनुसार विश्लेषण के दोनों दृष्टिकोणों को साथ-साथ मिलाकर देखना चाहिए। भाषा-विश्लेषण में दोनों दृष्टिकोणों को संयोजित

करना ही उचित है। जबकि अमरीकी स्कूल के अनेक भाषा-वैज्ञानिक तथा कोपेन हागेन स्कूल के भाषावैज्ञानिक दोनों कोणों में अलगाव रखना ज्यादा अच्छा समझते हैं।

एककालिक|बहुकालिक तथा दूसरे द्वैध विभाजानों, जैसे लांग|परोल, में एक अंतर यह है कि जहाँ एककालिक|बहुकालिक दृष्टिकोणों में आपसी संगति जरूरी नहीं है, वहाँ लांग|परोल आदि दूसरे द्वैध विभाजनों में आपसी संगति जरूरी है। इस अंतःसंबंध के बगैर इनका अध्ययन नहीं हो सकता।

प्रतीक–डि सासू ने लांग को प्रतीक व्यवस्था कहा। प्रतीक से डि सासू का आशय किसी चीज के स्थान पर किसी नाम का प्रयोग नहीं है वरन् यह अवधारणा तथा प्रसरणिक बिंब का मिला-जुला रूप है।

भाषा प्रतीकों की व्यवस्था है। भाषा प्रतीक इस ढंग से अंतःसंबंधित होते हैं कि प्रत्येक का मूल्य एक-दूसरे पर अवलंबित होता है।

भाषा प्रतीक सिग्निफिएंट और सिग्निफाइ का सम्मिलित रूप है। सिग्निफिएंट ध्वनि प्ररूप है जिससे अर्थ द्योतित होता है तथा सिग्निफाइ अर्थ है। इस तरह सिग्निफिएंट तथा सिग्निफाइ को अलग नहीं किया जा सकता। इसे पन्ने के दो पृष्ठों के समान माना गया है जो एक-दूसरे पर अवलंबित हैं।

भाषा प्रतीक वाक्धारा में अपने माहौल से प्रभावित होते हैं, इस तथ्य को भाषयिक इकाइयों की समस्याओं पर विचार करते समय मस्तिष्क में रखना चाहिए।

जैसा कि पहले कहा गया है डि सासू ने सबसे पहले इस तथ्य को उजागर किया कि भाषा का अध्ययन उसके ऐतिहासिक परिवेश में गए बगैर भी हो सकता है। उन्होंने एककालिक और बहुकालिक अर्थात् ऐतिहासिक इस दो तरह के भाषा के अध्ययन पर बल दिया। उन्होंने बताया कि भाषा की आंतरिक बनावट का अध्ययन एककालिक भाषाविज्ञान करता है और वैयक्तिक भाषयिक इकाइयों के इतिहास की व्याख्या बहुकालिक भाषाविज्ञान का विषय है।

डि सासू ने यह भी कहा कि आंतरिक बनावट और उसके अस्तित्व की बाहरी शर्तों में कोई प्रत्यक्ष और आवश्यक संबंध नहीं है। भाषा की आंतरिक बनावट अर्थात् उसकी संरचना के विश्लेषण और उसके बाह्य रूप, जिसमें भाषा का अन्य विषयों से संबंध आदि आते हैं, में उन्होंने भेद प्रस्तुत किया।

डि सासू की एक बहुत बड़ी विशेषता यह है कि उन्होंने भाषा की विविधता को पहचाना। उन्होंने हमारे सामने इस बात को रखा कि भाषा का अध्ययन एक से अधिक कोणों से हो सकता है। एक ओर भाषा ऐतिहासिक और सांस्कृतिक परिवेश में देखी जा सकती है, दूसरी ओर अपनी आंतरिक संरचना में प्रतीकों की व्यवस्था के रूप में व्याख्यायित हो सकती है, तो तीसरी ओर भाषा प्रकार्य के स्तर पर भावों की रचना और उन्हें व्यक्त करने के साधन के रूप में अध्ययन का विषय हो सकती है।

डि सासू की यह पुस्तक (कोर्स डी लिंग्विस्टीक जेनेरेल) उनके विचारों को सही और प्रामाणिक ढंग में कहाँ तक प्रस्तुत करती है, इस सवाल को लेकर राबर्ट गोडेल (1957) ने अनेक बातें कही हैं। उनका कहना है कि डि सासू ने लांग और परोल की द्वैधता को बताते हुए उस पर बहुत अधिक बल नहीं दिया था। दूसरी ओर उन्होंने भाषा के अध्ययन में गणित की उपयोगिता को बहुत महत्त्व दिया था। उनका कहना था कि भाषा की संरचना के विश्लेषण में गणित की जानकारी का बहुत अधिक लाभ उठाया जा सकता है। डि सासू के इस विचार पर विस्तृत चर्चा देने की बजाय पुस्तक में इसके महत्त्व को उतना स्थान नहीं मिला।

गोडेल की इस तरह की बातों से ऐसा लगता है कि डि सासू जिन सिद्धांतों पर विशेष बल देना चाहते थे उनमें से कई को पुस्तक में कम महत्त्व मिला और जिन बातों को डि सासू विशेष उल्लेखनीय नहीं समझते थे उनको पुस्तक में अधिक महत्त्व मिल गया। जो भी हो, यह तो निश्चित है कि डि सासू ऐसे सामान्य और सार्वभौमिक सिद्धांतों की तलाश में थे जो समस्त भाषयिक समस्याओं को सुलझा सकें। इसीलिए उन्होंने भाषयिक इकाइयों को उचित रूप से परिभाषित करने का प्रयत्न किया और भाषा की नयी अवधारणा को हमारे सामने रखा।

जु. डो. अप्रेसजान (46, 1973) ने यह माना है कि डि सासू के सिद्धांतों के आधार पर संरचनात्मक भाषाविज्ञान के तीन क्लासिक स्कूलों का जन्म हुआ। पहला प्राग स्कूल जिसके मुख्य एन. एस. ट्रवेत्स्कोय और रोमन जेकोब्सन हैं और जिसे प्रकार्यात्मक भाषाविज्ञान (फंक्शनल-लिंग्विस्टिक्स) कहा जा सकता है। दूसरा कोपेन हागेन स्कूल जिसके प्रमुख लुई येम्स्लेव हैं जो ग्लासेमेटिक्स के जन्मदाता हैं तथा तीसरा अमरीकी स्कूल जिसके मुखिया लेनर्ड ब्लूम्फील्ड तथा जेलिग हैरिस हैं। इसे वर्णनात्मक या वितरणात्मक भाषाविज्ञान कहा गया है। अप्रेसजान ने यह भी कहा है कि यदि पारंपरिक भाषाविज्ञान से हटे हुए प्रत्येक भाषाविज्ञान के स्कूल को संरचनात्मक कहा जाए तो हमें जेनवा स्कूल (वेली, सेचेहाए, फ्रे) मास्को स्कूल (एवानेसोव, पी. एस. कुजनेकोव, रेफार्मेत्स्कीय आदि) तथा लंदन स्कूल (फर्थ, हास, हालिडे) को भी इसमें सम्मिलित करना होगा। परंतु चूँकि भाषाविज्ञान को अपनी मौलिक देनों के बावजूद ये स्कूल भाषा से संबंधित डि सासू के विचारों को ग्रहण नहीं करते इसलिए इन्हें ऊपर के स्कूलों के साथ सम्मिलित नहीं किया गया।

अमरीकी स्कूल के अगुआ के रूप में एडवर्ड सपीर और लनर्ड ब्लूमफील्ड को माना जा सकता है और इन पर फ्रांज बोअस का काफी असर दिखाई पड़ता है। बीसवीं सदी के आरंभ में फ्रांज बोअस के कार्य सामने आए जिसका प्रभाव अमरीका के भविष्य के भाषाविज्ञान के विकास पर बहुत अधिक पड़ा। बोअस ने अमरीकी इंडियन भाषाओं पर कार्य किया। 1917 में उन्होंने 'इंटरनेशनल जर्नल आव अमेरिकन लिंग्विस्टिक्स' शोध पत्रिका की शुरुआत की, जो अभी भी भाषाविज्ञान के क्षेत्र में

एक महत्त्वपूर्ण पत्रिका के रूप में कायम है। अमरीकी इंडियन भाषाओं के अध्ययन के रूप में उन्होंने हैंडबुक आव अमेरिकन इंडियन लैंग्वेजेज (1—वाशिंग्टन 1911, 2—वाशिंग्टन 1922, 3—न्यूयार्क 1933) प्रकाशित की। इस पुस्तक के प्रथम भाग में एक विस्तृत भूमिका दी गई है जो अमरीकी विवरणात्मक भाषाविज्ञान के क्षेत्र में मील के पत्थर के रूप में समझी जाती है। लेकिन अभी अमरीकी विवरणात्मक भाषाविज्ञान यूरोपीय संरचनात्मक भाषाविज्ञान से अलग नहीं हो सका था। वह अलग हुआ 1920 के बाद सपीर और ब्लूमफील्ड के इस क्षेत्र में आगमन के साथ।

द्वितीय विश्वयुद्ध के वक्त अमरीका में अमरीकी इंडियन भाषाओं के शीघ्र सीखने की व्यावहारिक आवश्यकता महसूस हुई, जिसकी वजह से भाषावैज्ञानिकों का सारा ध्यान इन भाषाओं के विवरणात्मक अध्ययन की ओर लग गया और भाषा का बहुकालिक अध्ययन ही नहीं बल्कि अर्थ विज्ञान, शैलीविज्ञान आदि जैसे विषय भी इनकी निगाह में नहीं आ पाए। इसका असर इतना व्यापक साबित हुआ कि अभी हाल तक अमरीकी भाषाविज्ञान का प्रिय विषय विवरणात्मक अध्ययन रहा है। बहुत बाद में अर्थविज्ञान, शैलीविज्ञान आदि अन्य विषयों के अध्ययन में अमरीकियों की रुचि बढ़ी है।

अमरीकी संरचनात्मक भाषाविज्ञान के विकास में यहाँ की शोधपत्रिकाओं और संस्थानों के ग्रीष्म कार्यक्रमों का बड़ा हाथ रहा है। लिंग्विस्टिक सोसायटी आव अमेरिका (स्थापना 1924) की शोधपत्रिका 'लैंग्वेज' (1925) और अमरीकी संरचनात्मक भाषाविज्ञान का चोलीदामन का साथ रहा है। इसके अतिरिक्त 1928 से आरंभ होने वाले 'लिंग्विस्टिक इंस्टिट्यूट' तथा 1934 में पाइक और नायडा द्वारा आरंभ किए गए 'समर इंस्टिट्यूट आव लिंग्विस्टिक्स' के ग्रीष्म कार्यक्रमों तथा जार्ज एल. ट्रेगर द्वारा संपादित **'स्टडीज इन लिंग्विस्टिक्स'** (1942) और 'लिंग्विस्टिक सर्किल आव न्यूयार्क' की वर्ड (1945) जैसी शोधपत्रिकाओं की सरगर्मियों से अमरीकी भाषाविज्ञान का विकास जोरों से चल पड़ा।

सपीर : सांस्कृतिक दृष्टि

एडवर्ड सपीर महान भाषावैज्ञानिक और मानवशास्त्री थे। साथ ही वे साहित्य और संगीत में भी अच्छी गति रखते थे। उनके व्यक्तित्व की विशेषता यह थी कि उन्होंने इन सभी क्षेत्रों में सामंजस्य स्थापित किया। अपनी पुस्तक लैंग्वेज (1921) में उन्होंने भाषा और साहित्य के संबंध पर, भाषा, जाति (रेस) और संस्कृति के संबंध पर तथा भाषाओं के मध्य के संबंध पर बहुत प्रभावशाली और सुंदर ढंग से लिखा। हालाँकि यह खेद का विषय रहा कि भाषा और साहित्य, संस्कृति और जाति आदि का अध्ययन अमरीका में भाषावैज्ञानिकों द्वारा विशेष आगे नहीं बढ़ा। हम समझते हैं इसका कारण शायद भाषावैज्ञानिकों के ऊपर ब्लूमफील्ड का अत्यधिक प्रभाव रहा।

भाषयिक अध्ययन में डि सासू ने व्यवस्था (सिस्टम) की धारणा को महत्त्व दिया था। सपीर ने भाषयिक साँचे (पैटर्न्स) की धारणा को सबसे पहले हमारे सामने रखा। उनका ख़याल था कि प्रत्येक भाषा भाषी के मस्तिष्क में अपनी भाषा की मूलभूत योजना का संगठन विद्यमान रहता है। इसी से वह विचारों को ग्रहण और व्यक्त करता है।

सपीर ने कहा कि भाषा का अपना अनोखा साँचा उसकी इकाइयों के अलग करने की वजह से है। एक ही परिवार की दो भाषाओं में बहुत-सी ध्वनियाँ समान हो सकती हैं परंतु उनके स्वनिम समान नहीं होते। प्रत्येक की इकाइयों का कटाव अपना होता है। स्वनिम की व्याख्या करते हुए सपीर ने उसके विश्लेषण के लिए वितरण (डिस्ट्रिब्यूशन) का मानदंड प्रस्तुत किया।

इसी तरह सपीर (और होफ) की भाषयिक सापेक्षता की परिकल्पना डि सासू के यहाँ नहीं मिलती।

सपीर ने यह भी कहा कि भाषा संस्कृति से अलग नहीं है। प्रत्येक भाषा का अपना एक सांस्कृतिक परिवेश होता है। अपनी बात को उन्होंने एस्किमों और पालिनेशियन भाषाओं के उदाहरण से स्पष्ट किया है।

सपीर और ब्लूमफील्ड की संरचनात्मकता का फर्क यह है कि सपीर (और उनके अनुयायी) भाषा के संरचनात्मक अध्ययन के परिणाम को भाषा को बोलने वाले संपूर्ण जाति की भौतिक और आधिभौतिक संस्कृति के संरचनात्मक अध्ययन से जोड़ते हैं, जबकि ब्लूमफील्ड (और उनके अनुयायियों) की संरचनात्मकता मात्र भाषा की संरचनात्मकता है। इस तरह भाषाविज्ञान के अमरीकी स्कूल की दो शाखाएँ मिलती हैं जो एक सपीर और दूसरी ब्लूमफील्ड से आरंभ होती हैं।

ब्लूमफील्ड : अमरीकी संरचनात्मकता

अमरीकी संरचनात्मकता (डि सासू के भाव में) का वास्तविक विकास ब्लूमफील्ड से होता है, क्योंकि जैसा कि ऊपर कहा गया, सपीर की संरचनात्मकता में भाषा के संरचनात्मक विश्लेषण के साथ भाषा बोलने वालों की आधिभौतिक संस्कृति का अध्ययन भी निहित है। और इसलिए भी कि भविष्य के अमरीकी भाषाविज्ञान पर ब्लूमफील्ड का महत् प्रभाव पड़ा और ब्लूमफील्डीय सिद्धांतों का ही सामान्य रूप से बाद में विकास हुआ।

ब्लूमफील्ड की पहली पुस्तक 'एन इंट्रोडक्शन टू द स्टडी आव लैंग्वेज' (न्यूयार्क) 1914 में प्रकाशित हुई। उसके बाद उन्होंने अमरीकी इंडियन भाषाओं के साथ सामान्य भाषाविज्ञान पर प्रभावपूर्ण ढंग से कार्य करना आरंभ कर दिया। जिनका प्रकाशन **'लैंग्वेज'** पत्रिका में होता रहा। उनकी सबसे महत्त्वपूर्ण पुस्तक 'लैंग्वेज' (न्यूयार्क) 1933 में प्रकाशित हुई। इस पुस्तक के 28 अनुच्छेद हैं जो लगभग 600 पृष्ठों में

बिखरे हुए हैं। भाषाविज्ञान संबंधी सामान्य विषयों से लेकर पुस्तक के आरंभ के 1 से 4 अनुच्छेद तक हैं, 5 से 8 तक स्वनप्रक्रिया विज्ञान है, व्याकरण तथा शब्दकोश 9 से 16 अनुच्छेदों तक है तथा 17 से 28 अनुच्छेद तक भाषाभूगोल, तुलनात्मक पद्धति, आदान (बारोविंग) तथा भाषा परिवर्तन जैसे विषयों पर लिखा गया है।

निकटस्थ अवयव की अवधारणा ब्लूमफील्ड की देन है, जो वर्षों तक भाषावैज्ञानिकों के अध्ययन और विश्लेषण का विषय रहा। वाक्य विश्लेषण के लिए अति आधुनिक माध्यमों के व्यवहार के पहले तक यह एक प्रमुख माध्यम था।

वाक्यात्मक रचना को ब्लूमफील्ड ने दो भागों में विभाजित किया—अंतःकेंद्रिक रचना (एंडोसेंट्रिक कांस्ट्रक्शन) और बाह्यकेंद्रिक रचना (एक्सोसेंट्रिक कांस्ट्रक्शन)। उदाहरण के लिए जब कोई पदबंध उसी प्ररूप श्रेणी से संबंध रखता है जिससे उसका कोई अवयवरूप तो ऐसी रचना अंतःकेंद्रिक होगी, जैसे 'चालक लड़का' में प्रयुक्त होने वाले दोनों शब्द एक ही रूप श्रेणी से संबंध रखते हैं और 'चालाक लड़का' के स्थान पर केवल 'लड़का' भी व्यवहृत हो सकता है। दूसरी ओर अगर कहें कि 'लड़का गिर गया' तो यह रचना बाह्यकेंद्रिक होगी।

ब्लूमफील्ड ने भाषाविज्ञान के लिए अर्थ के योगदान को बहुत सीमित कर दिया। उन्होंने कहा कि भाषा में अर्थ का अध्ययन भाषाविज्ञान की सीमा के बाहर है। उन्होंने अर्थ को वहीं तक सीमित रखा जहाँ वह दो शब्दों अथवा दो प्रारूपों में व्यवच्छेदन के लिए आता है।

ब्लूमफील्ड की अवधारणाओं से अमरीकी वितरणात्मक भाषाविज्ञान की नींव पड़ी और बाद के अनेक भाषावैज्ञानिकों ने इस पद्धति में अपना योगदान देकर इसे आगे बढ़ाया, जिनमें जेलिंग हैरिस, यूजीन नायडा, जार्ज ट्रैगर, चार्ल्स हाकेट आदि प्रमुख हैं।

वितरणवादियों ने वितरण को प्रस्तुत करते हुए अनेक सिद्धांतों को बताया। उन्होंने कहा कि भाषा की वे इकाइयाँ व्यतिरेकी वितरण में होंगी जो समान परिवेश में आते हुए शब्दों के अर्थ में भेद उत्पन्न करेंगी। व्यतिरेकी वितरण में आने वाली इकाइयाँ भिन्न भाषयिक इकाइयाँ मानी जायेंगी। परन्तु यदि रो इकाइयाँ समान परिवेश में कभी इस्तेमाल नहीं होतीं तो वे आपस में पूरक वितरण में मानी जाएँगी। इसी तरह भाषा की ऐसी इकाइयाँ मुक्त परिवर्त के रूप में मानी जाएँगी जो समान परिवेश में आते हुए भी अर्थ में कोई भेद उत्पन्न नहीं करतीं।

परंतु कुल मिलाकर यह कहा जा सकता है कि भाषाविश्लेषण में वितरण का सिद्धांत काफी त्रुटिपूर्ण है। यही नहीं बल्कि यह विश्लेषण वस्तुपरक भी नहीं हो पाता। एक ही सामग्री के विश्लेषण में एक ही विश्लेषक दो बार विश्लेषण करने पर दो भिन्न परिणामों पर पहुँचता है। हागेन ने इस बारे में रोचक विवरण दिया है। (अप्रैसजान 62) : ट्रेगर ने अमरीकी अंग्रेजी का विश्लेषण करते हुए 1940 में अमरीकी अंग्रेजी

में 6 स्वरस्वनिमों को निर्धारित किया जबकि 1947 में उन्होंने 9 स्वर स्वनिमों को बताया। स्वैडेश ने 1935 में अमरीकी अंग्रेजी में संयुक्त स्वर को एकल स्वनिम के रूप में माना और 1947 में दो स्वनिम के रूप में। हाकेट ने चीनी महाप्राण स्पर्श को 1944 में स्वतंत्र व्यंजन के रूप में माना और 1947 में (ह) के साथ जोड़ दिया। ब्लाख ने जापानी भाषा के स्वन-प्रक्रिया का विश्लेषण करते हुए 1946 में / q / स्वनिम को मान्यता दी और 1950 में जापानी स्वनिमों की तालिका से उसे निकाल दिया।

लेकिन इस सबके बावजूद वितरणात्मक भाषावैज्ञानिकों की देनें भाषाविज्ञान के विकास में अपना महत्त्वपूर्ण स्थान रखती हैं। स्वनिमिक साँचा, खंडेतर तत्त्व-सुर, सुरलहर, बलाघात, विराम औरं संहिता, रूपियों के भेद, आदि अनेक अवधारणाओं को उन्होंने विकसित किया।

ब्लूमफील्डीय अमरीकी भाषाविज्ञान को बाद के रचनांतरणवादियों ने 'टेक्सोनामिक' नाम दिया। अर्थात् जो बोलभाषा के खंडीय विभाजन के द्वारा प्राप्त प्रकरणों के वर्गीकरण से ताल्लुक रखता है।

ब्लूमफील्डीय भाषाविज्ञान की एक बहुत बड़ी कमी यह भी रही कि ये भाषावैज्ञानिक तथ्यता पर इतना ध्यान देने लगे कि विषय का क्षेत्र संकुचित होता गया। उन सभी विषयों को अध्ययन के क्षेत्र से बाहर कर दिया गया जिनकी प्रत्यक्ष प्रमाणता नहीं मिली। अध्ययन आधारसामग्री (डेटा) पर जरूरत से ज्यादा अवलंबित हो गया। विश्लेषक की अंतर्दृष्टि और दूरदर्शिता के लिए अवकाश नहीं रहा

ग्लासेमेटिक्स : कोपेनहागेन स्कूल

संरचनात्मक भाषाविज्ञान के कोपेनहागेन स्कूल—ग्लासेमेटिक्स—के जन्मदाता लुई येम्स्लेव हैं, और उनके सहयोगियों में उल्डाल का नाम प्रमुख है। येम्स्लेव ने ग्लासेमेटिक्स में डि सासू की शास्त्रीय व्यवस्था को आगे बढ़ाया। डि सासू की भाषा को प्ररूप (फार्म) के रूप में परिभाषित करने की धारणा को लेकर येम्स्लेव ने अभिव्यक्ति पहलू (एक्सप्रेशन प्लेन) तथा आशय पहलू (कांटेंट प्लेन) के सिद्धांतों को प्रस्तुत किया। अभिव्यक्ति पहलू भाषा का बाह्य पक्ष है जिसमें उच्चरित या लिखित रूप आते हैं। आशय पहलू भाषा में व्यक्त होने वाला विचारतत्त्व है। और ये दोनों पहलू अंतःसंबंधित हैं।

ग्लासेमेटिक्स के अध्ययन का विषय टेक्स्ट है और उसके अध्ययन विश्लेषण का उद्देश्य भाषयिक व्यवस्था की तलाश है। विश्लेषण का पहला चरण अभिव्यक्ति स्तरण को आशय स्तरण से अलग करता है। फिर प्रत्येक स्तरण को लघुतर इकाइयों में विभाजित करते हैं।

किसी स्तरण पर किन्हीं भाषयिक इकाइयों के मध्य संबंध को येम्स्लेव ने संबसे पहले सुचारु रूप से व्याख्यायित किया। व्यवस्था में श्रेणियों में तत्त्वों के मध्य संबंध,

श्रेणियों और तत्त्वों के मध्य संबंध अथवा व्यवस्था में श्रेणियों के मध्य संबंध को निर्धारित किया। इसी तरह टेक्स्ट में अक्षरों में स्वनिमों के मध्य संबंध, शब्दों में रूपिमों के मध्य संबंध अथवा वाक्यों में शब्दों के मध्य संबंध की व्याख्या की।

1935 में ग्लासेमेटिक्स के आरंभ के पूर्व येम्स्लेव ने अपनी पहली पुस्तक 'principles de grammaire générale' 1928 में प्रकाशित की थी। 1931 में कोपेनहागेन में कार्य कर रहे भाषावैज्ञानिकों ने आपसी सलाह मशविरा के आधार पर स्वनप्रक्रियाविज्ञान और व्याकरण के अध्ययन के लिए दो समितियाँ बनायीं। स्वनप्रक्रियाविज्ञान के अध्ययन के लिए जो समिति बनी उसमें येम्स्लेव, उल्डाव तथा लायर ने मिलकर स्वनप्रक्रियाविज्ञान के क्षेत्र में नवीन पद्धतियों को रखा जिसे 1935 में लंदन में स्वनविज्ञान के दूसरे अंतर्राष्ट्रीय काँग्रेस में पेश किया गया। बाद में येम्सलेव और उल्डाल ने व्याकरण के अध्ययन के लिए भी नवीन पद्धतियों को ग्लासेमेटिक्स के रूप में प्रस्तुत किया, जिसके सिद्धांत पहले के संरचनात्मक भाषाविज्ञान के सिद्धांतों से अलग थे। यह नयी पद्धति येम्स्लेव और उल्डाल द्वारा आरहस में 18 दिसंबर, 1935 में प्रस्तुत की गई।

येम्स्लेव तथा उल्डाल ने 'सिनाप्सिस आव् एन आउटलाईन ऑव ग्लासेमेटिक्स' प्रकाशित की। येम्स्लेव ने दो अन्य पुस्तकों को प्रकाशित कराया। पहली कृति ग्लासेमेटिक्स के पद्धति संबंधी सिद्धांतों को लेकर 1943 में डेनिश भाषा में प्रकाशित हुई। 1953 में यही पुस्तक अंग्रेजी में 'प्रोलेगोमेना टु अ थियरी आव् लैंग्वेज' नाम से प्रकाशित हुई। यह पुस्तक उनके सिद्धांतों के मूल कथ्य को सँजोए हुए है। यद्यपि येम्स्लेव ने बाद में कुछ पारिभाषिक शब्दों और सिद्धांतों में हेरफेर भी किया। दूसरी पुस्तक 1963 में Sproget नाम से प्रकाशित हुई, जिसमें ग्लासेमेटिक्स की शब्दावली में सामान्य और तुलनात्मक भाषाविज्ञान की मुख्य समस्याओं पर विचार है।

ग्लासेमेटिक्स ने दो द्वैध विभाजनों को जोड़ने का काम किया। फार्म बनाम सब्सटेंस तथा एक्सप्रेशन (सिगनिफिएंट) बनाम कांटेंट (सिगनिफाइ)। इस तरह उसमें चार स्तर (स्ट्रेटा) प्राप्त हुए कांटेंट फार्म तथा एक्सप्रेशन फार्म, कांटेंट सब्सटेंस तथा एक्सप्रेशन सब्सटेंस।

येम्स्लेव ने कहा कि वैज्ञानिक विश्लेषण का उद्देश्य संबंध हुआ करते हैं। जिसे उन्होंने डिपेंडेंसेज या फंक्शन्ज कहा। कोई वस्तु स्वयं में कुछ नहीं है वरन् वह डिपेंडेंसेज का कटाव (इंटर सेक्शन्ज) है, प्रकार्यों का टर्मिनल है अर्थात् फंक्टिव्ज है। उन्होंने प्रकार्य के तीन भेद बताए—अन्योन्याश्रय (इंटरडिपेंडेंस) जैसे क द्वारा ख का पूर्वानुमान तथा ख द्वारा क का पूर्वानुमान, निश्चयन (डिटरमिनेशन) जैसे, क द्वारा ख का पूर्वानुमान परंतु ख द्वारा क का पूर्वानुमान नहीं होता तथा राशि (कांस्टेलेशन)—जिसमें न तो क द्वारा ख का पूर्वानुमान होता है और न ही ख द्वारा क का।

प्रकार्य, **दोनों-तथा** (बोथ-एंड) प्रकार्य हो सकता है या **संयोजक या संबंध**

(जब प्रकार्यों के मध्य सहअस्तित्व हो) या **अथवा-या** (ईदर-आर) प्रकार्य या **वियोजन या सहसंबंध** (जब प्रकार्यों के मध्य एकांतरण हो) हो सकता है। यहाँ प्रक्रिया और व्यवस्था का अंतर हो सकता है। प्रक्रिया और व्यवस्था भाषाविज्ञान में क्रमशः टेक्स्ट और भाषा हैं। प्रक्रिया और व्यवस्था प्रकार्य के तीनों भेदों के भिन्न-भिन्न नाम हो जाते हैं।

अंत में यह कहा जा सकता है कि ग्लासेमेटिक्स ने फार्मल लाजिक का जो उपयोग किया वह बहुत संतोषजनक ढंग से नहीं हो पाया। पर यह सही है कि सासू द्वारा दिए गए कुछ द्वैध विभाजनों की कार्यक्षमता में ग्लासेमेटिक्स ने बढ़ोतरी की और इसकी वजह से उनमें अधिक परिष्करण आया।

येम्स्लेव के अध्ययन के अतिरिक्त कोई और उल्लेखनीय कार्य ग्लासेमेटिक्स की प्रायोगिक उपयोगिता को साबित करने के लिए नहीं हुआ। अतः इस सिद्धांत की उपयोगिता पर खुलकर बातचीत नहीं हो सकी। इसकी आलोचना करते हुए मार्टिनेट ने तो यहाँ तक कहा है कि ग्लासेमेटिक्स हाथी दाँत की एक मीनार की तरह है।

प्रकार्यात्मक भाषाविज्ञान : प्राग स्कूल

प्राग स्कूल के भाषावैज्ञानिकों ने भाषा के विभिन्न प्रकार्यात्मक शैलीगत रूपों का वर्णन किया है। उन्होंने बताया कि भाषा का एक ओर शैलीगत प्रकार्य रोजमर्रा की जबान के तौर पर है, दूसरी ओर तकनीकी और वैज्ञानिक तथ्यपरक संचार के साधन के रूप में है तो तीसरी ओर कलात्मक और सौंदर्यात्मक अभिव्यक्ति के साधन के रूप में है।

प्राग स्कूल की आरंभिक उपलब्धियों को सामान्यता तीन वर्गों में रखा जा सकता है, पहला यह है कि उन्होंने भाषा अध्ययन में एककालिक पद्धति का इस्तेमाल किया। जिसकी शुरुआत वी. मेथेसियस ने प्राग सर्किल की स्थापना के पूर्व ही 1911 में की। तब तक डि सासू की पुस्तक (कोर्स...) भी प्रकाशित नहीं हुई थी। मेथेसियस ने ही 1916 में प्राग सर्किल की स्थापना की। वैसे मेथेसियस के पूर्व हम्बोल्ट और कोर्टनाए ने एककालिक पद्धति का जिक्र किया था, पर मेथेसियस ने कुछ विस्तार से इस पर प्रकाश डाला।

दूसरी उपलब्धि थी कि प्रागियों ने भाषा की व्यवस्थित प्रकृति पर बल दिया। इस क्षेत्र में काम करने वालों में मुख्य रोमन जेकोब्सन और एन. एस. ट्रवेत्ज्कोय रहे। तीसरे दशक के अंतिम वर्षों के दौरान जेकोब्सन ने इस बात पर जोर दिया कि भाषा व्यवस्था में कोई भी उसका अंग अलग-थलग व्याख्यायित नहीं हो सकता। प्रत्येक अंग दूसरे अंगों के परिप्रेक्ष्य में ही व्याख्यायित हो सकता है।

तीसरी बात यह थी कि प्राग स्कूल ने भाषा के प्रकार्य पर अधिक ध्यान केंद्रित किया। प्रागियों ने इस तथ्य पर बल दिया कि भाषा आदान-प्रदान के माध्यम के

साथ सौंदर्यात्मक और कलात्मक अभिव्यक्ति का माध्यम भी है। प्राग समूह ने प्रकार्यात्मक शैलीविज्ञान की बात भी कही। उन्होंने बताया कि शैलीवैज्ञानिक अध्ययन भाषावैज्ञानिक अध्ययन विश्लेषण का एक अभिन्न अंग है। प्रागियों ने साहित्यशास्त्र पर भी काम किया, हालाँकि साहित्यशास्त्र संबंधी कार्य रूसी रूपवादियों पर आधारित था। दूसरी बात यह थी कि वे कलात्मक अभिव्यक्ति को भी संचार मूल्य से अलग करके नहीं देख सके।

जैसा कि पहले कहा गया प्राग स्कूल की शुरुआत में पहल करने वाले वी. मेथेसियस थे। इनके अतिरिक्त हैवनारेक, जे. मुकरोवस्की, बी. ट्रंका तथा जे. वाचेक आदि के अलावा रूसी भाषावैज्ञानिक एन. एस. ट्रवेत्स्कोय, रोमन याकोब्सन तथा फार्चेवस्की प्रमुख हैं। इन विद्वान भाषावैज्ञानिकों के अतिरिक्त दूसरे देशों के भी अनेक विख्यात भाषावैज्ञानिक प्राग स्कूल के प्रमुख प्रकाशन Travaux du circle linguistiqe de prague में प्रकाशित होते रहे। इनमें अंग्रेज भाषावैज्ञानिक डेनियल जोन्स, फ्रैंच भाषावैज्ञानिक ए. मार्टिनेट तथा जर्मन मनोवैज्ञानिक और दार्शनिक के. बुह्लर के नाम विशेष रूप से उल्लेखनीय हैं।

प्राग स्कूल ने अपने अध्ययन के लिए मुख्य रूप से स्वनप्रक्रियाविज्ञान को अपनाया। इसका क्लासिक उदाहरण ट्रवेत्स्कोय की Grundzüge der phonologie (TCLP 7, 1939) नामक पुस्तक है। ट्रवेत्स्कोय प्राग स्कूल के सबसे महत्त्वपूर्ण व्यक्ति थे। रूसी क्रांति के समय वे वियना में आ गए थे, जहाँ 1922 से मृत्युपर्यंत 1938 तक स्लाविक भाषाविज्ञान के प्रोफेसर रहे। ऊपर उद्धृत अपनी मशहूर पुस्तक में उन्होंने के. बुह्लर द्वारा दिए गए भाषा के तीन प्रकार्यों के अंतरों को स्वीकार किया है। ये हैं–(1) अभिव्यक्ति–वक्ता द्वारा, (2) अपील–श्रोताओं को, (3) प्रतिनिधित्व–यथास्थिति का।

ट्रवेत्स्कोय ने स्वनप्रक्रियाविज्ञान तथा स्वनविज्ञान (फनेटिक्स) में अंतर निर्धारित किया। उन्होंने स्वनप्रक्रिया तत्त्वों के बारे में बताया है कि इनके तीन मूलभूत प्रकार्य हैं–(1) शिखर विन्यास–जो वाक्य में इकाइयों (=शब्द, फ्रेज) की संख्या निर्धारित करते हैं, (2) सीमांकन–जो इकाइयों के मध्य सीमाओं का रेखांकन करते हैं, तथा (3) अर्थगत पार्थक्य–जो अर्थविशिष्ट इकाइयों के अंतर को प्रगट करते हैं। (अप्रैसजान 76)

इस सिद्धांत का केन्द्रीय महत्त्व का विषय स्वनप्रक्रियात्मक अथवा व्यवच्छेदक अभिस्थापन की अवधारणा है। (अप्रैसजान 76) भाषा के दो शब्दों के मध्य ध्वनि व्यतिरेक उन शब्दों के अर्थ में अंतर उत्पन्न करता है। जैसे खल : खाल, खेल : खोल आदि। स्वनिम की अवधारणा इसी व्यवच्छेदन से निर्धारित होती है। इस तरह स्वनिम व्यवच्छेदक विशेषताओं के समूह के रूप में प्रतिष्ठित हुई।

ट्रवेत्स्कोय ने कहा कि स्वन विज्ञान ल परोल के सिग्निफिएंटस का अध्ययन करता है और स्वनप्रक्रियांविज्ञान प्रतिनिधित्व स्तर पर ल लांग के सिग्निफिएंट्स का

अध्ययन करता है। ट्रवेत्ज्कोय ने यह भी कहा कि विभिन्न भाषाओं में इस्तेमाल होने वाले व्यवच्छेदक ध्वनि लक्षणों को तीन श्रेणियों में वर्गीकृत किया जा सकता है :

(1) स्वरात्मक गुण—जिसे विवर्तन की कोटि, स्थानीकरण तथा अनुनाद की कोटि के रूप में वर्गीकृत किया जा सकता है।

(2) व्यंजनात्मक गुण—जिसका वर्गीकरण स्थानीयकरण, गतिरोध की प्रकृति तथा अनुनाद के अनुसार किया जा सकता है।

(3) अनुतान गुण (प्रासोडिक क्वालिटी)—लयात्मक—सुस्वरात्मक इकाइयों (रिद्मिक मलाडिक यूनिट्स) के अभिस्थापन से संबंधित।

ट्रवेत्ज्कोय का खयाल था कि स्वनप्रक्रियाविज्ञान में स्वनिम की भूमिका इतनी अधिक नहीं है जितनी व्यवच्छेदक अभिस्थापन की है।

रोमन याकोब्सन ने प्राग स्कूल के स्वनप्रक्रियात्मक सिद्धांतों को एक नयी धार दी और उनमें परिष्करण लाया। ट्रवेत्ज्कोय और इनमें एक मूलभूत अन्तर यह है कि इन्होंने ट्रवेत्ज्कोय के विरुद्ध स्वनिम के उच्चारणात्मक लक्षणों के स्थान पर उसके प्रसरणिक लक्षणों पर ध्यान दिया। द्वयात्मक अभिस्थापन की व्यवस्था निर्धारित की। प्रसरणिक लक्षणों तथा द्वयात्मक अभिस्थापन की व्यवस्था के कारण दो महत्त्वपूर्ण सुविधाएँ हुईं। (अप्रैसजान 80)

(1) उच्चारणात्मक दृष्टि से विश्लेषण करने पर स्वरों और व्यजंनों के लिए दो अलग-अलग उच्चारणात्मक प्रणालियों या लक्षणों का वर्णन करना जरूरी था, जबकि प्रसरणिक लक्षणों की दृष्टि से विश्लेषण करने पर स्वरों और व्यंजनों के लिए एक ही व्याख्या की जरूरत पड़ती है। रोमन याकोब्सन और उनके अनुयायियों ने बारह द्वयात्मक व्यवछेदक लक्षणों के आधार पर किसी भी भाषा की स्वनप्रक्रियात्मक व्यवस्था के विश्लेषण में सक्षमता दिखाई।

(2) स्वनिमों के ऐसे युग्मों के मध्य अंतःसंबंध की तलाश भी प्रसरणिक आधार पर संभव हो गई है जो पहले समझे नहीं गए थे। जैसे क : प=आ : अ (दोनों युग्मों में संघनन और प्रसरण का भेद)।

याकोब्सन पहले व्यक्ति थे जिन्होंने बहुकालिक स्वनप्रक्रियाविज्ञान के महत्त्व को निश्चितता के साथ स्थापित किया। उन्होंने 1929 में रूसी स्वनप्रक्रियात्मक विकास पर अपने विचार प्रकाशित किए जो बहुकालिक स्वनप्रक्रियाविज्ञान पर कुछ सामान्य टिप्पणियों के साथ प्रकाशित हुआ (टी. सी. एल. पी. 2, 1929)।

अंत में कहा जा सकता है कि याकोब्सन के कार्य की मुख्य विशेषता भाषयिक तथ्यों की व्याख्या में द्वयात्मक विभाजन के सिद्धांत को प्रस्तुत करना है।

प्राग स्कूल के क्षेत्र को विस्तृत करने में आंद्रे मार्टिनेट का ही प्रमुख हाथ है। उन्होंने निर्विषमीकरण तथा खंडीकरण जैसी समस्याओं पर कार्य किया। पेरिस में अध्यापन के बाद मार्टिनेट कोलम्बिया विश्वविद्यालय में आ गए, जहाँ वे लिंग्विस्टिक

सर्किल आव न्यूयार्क तथा उसकी शोधपत्रिका 'वर्ड' के प्रमुख लोगों में थे। उनके लंदन में 1946 में दिए गए दो व्याख्यानों का संकलन—फनालजी एज फंक्शनल फनेटिक्स (आक्सफोर्ड 1949) स्वनप्रक्रियात्मक समस्याओं से संबंधित उत्कृष्ट रचना है।

मार्टिनेट के स्वनप्रक्रियाविज्ञान संबंधी कार्यों का एक प्रमुख भाग स्वन-प्रक्रियाविज्ञान के बहुकालिक पक्ष पर है। उन्होंने भाषा की व्यवस्था के अंतर्गत भाषा परिवर्तन के आंतरिक कारणों की ओर ध्यान आकृष्ट किया।

1960 में मार्टिनेट ने अपनी प्रकार्यात्मक धारणा को वाक्यविज्ञान पर भी लागू किया। (एलेमेंट्स आव फंक्शनल सिंटैक्स-वर्ड 16, 1960) उन्होंने वाक्यविज्ञान के लिए भी प्रकार्य (प्ररूप के विरुद्ध) को केंद्रीय धारणा के रूप में स्वीकार किया।

रूपप्रक्रियाविज्ञान से संबंधित कुछ मूलभूत प्रश्नों पर प्राग स्कूल के विचार इस प्रकार हैं (अप्रैसजांन 81-82) :

(1) येम्स्लेव (1960) तथा हैरिस (1961) के समानांतर—जिन्होंने रूपिम को क्रमशः आशय स्वरूप (Content figurae) तथा घटकों का योगफल माना—प्राग स्कूल ने भी रूपिम को भाषा की रूप प्रक्रियात्मक व्यवस्था की मूलभूत इकाई के रूप में मानते हुए प्रत्येक रूपिम को काल अभिस्थापन, कारक अभिस्थापन, लिंग अभिस्थापन आदि आरंभिक रूपप्रक्रियात्मक अभिस्थापन के समूह के रूप में माना।

(2) रूपप्रक्रियात्मक अभिस्थापन कुछ स्थितियों में निर्विषमीकृत (न्यूट्रलाइज्ड) हो सकता है। जैसे अंग्रेजी में क्रिया के भूतकाल में पुरुष और वचन का अभिस्थापन निर्विषमीकृत हो जाता है। अमरीकी विवरणात्मक भाषाविज्ञान से संबंधित सोल सपोर्टा ने (मार्फ मार्फीम, आर्कीमार्फीम, वर्ड 121, 1956) कहा कि रूप प्रक्रियात्मक अभिस्थापन में निर्विषमीकरण की अवधारणा में आर्कीरूपिम (आर्कीस्वनिम की समानता पर) की अवधारणा को जोड़ देना चाहिए।

(3) रूपप्रक्रियात्मक अभिस्थापन द्वयात्मक होते हैं। इसके आधार पर रूसी कारक व्यवस्था के तीन द्वयात्मक लक्षणों को लेते हुए विश्लेषित किया गया है।

(4) रूपप्रक्रियात्मक अभिस्थापन अस्तव्यस्त (असिमेट्रिक) (याकोब्सन 1932) होते हैं। प्रत्येक रूपप्रक्रियात्मक अभिस्थापन में सदस्यों में से एक चिन्हित (दृढ़) होता है और दूसरा अचिन्हित (शिथिल)। याकोब्सन ने इसे परिभाषित करते हुए यह हा कि प्रत्येक रूपप्रक्रियात्मक अभिस्थापंन में चिन्हित सदस्य वह होता है जिसके द्वारा कोई अर्थ क अभिव्यक्त होता हो और अचिह्नित सदस्य में यह अर्थ क अनभिव्यक्त रहता है। उन्होंने इस तरह **क अभिव्यक्त—क अनभिव्यक्त=क—क नहीं के लिए दिया।** जैसे 'कवयित्री' का अर्थ होगा—'पेशे द्वारा परिभाषित होने वाला स्त्रीलिंग मानव', जबकि 'कवि' से यह अर्थ अनभिव्यक्त रहता है।

प्राग स्कूल की विचारधारा चेकोस्लोवाकिया तथा अन्य स्थानों में आज भी फल-फूल रही है और उसमें न केवल स्वनप्रक्रियाविज्ञान के क्षेत्र में वरन् काव्यभाषा

और मानकभाषा तथा वाक्यविज्ञान के क्षेत्र में भी महत्त्वपूर्ण कार्य हो रहे हैं।

संरचनात्मकता के इन तीन स्कूलों—विवरणात्मक (अमरीकी) ग्लासेमेटिक्स (कोपेनहागेन) तथा प्रकार्यात्मक (प्राग)—के विश्लेषण, अध्ययन का ध्येय भाषा की संरचना को उजागर करना था। और यह निश्चयपूर्वक कहा जा सकता है कि भाषा की संरचना को इन्होंने काफी हद तक विश्लेषित किया भी। यह भी दावे के साथ कहा जा सकता है कि यदि ये स्कूल मिलकर एक-दूसरे के सहयोग से कार्य करते तो शायद भाषाविज्ञान का नक्शा आज दूसरा होता, जो निश्चित रूप से अधिक वैज्ञानिक, अधिक प्रौढ़, अधिक सुलझा हुआ होता और बाद के भाषावैज्ञानिकों को भी अधिक मार्गदर्शन देता। बाद के भाषावैज्ञानिकों और अध्ययनकर्ताओं को भी हर एक स्कूल और सिद्धांत की पारिभाषिक शब्दावली और शब्दावली की अवधारणाओं की भिन्नता की भूलभुलैया के मध्य गुजरने की मजबूरी से छुटकारा मिल जाता। परंतु ऐसा नहीं हुआ। इन स्कूलों का आपसी विचार-विमर्श और संबंध स्थापित नहीं हो पाया। हर धारा अपनी सीमा में अपने ढंग से विकसित होती रही। इससे एक अव्यवस्था यह हुई कि अनेक बार एक ही सिद्धान्त या वस्तु को अनेक नाम दिए गए और कई बार ऐसा भी हुआ कि परस्पर भिन्न वस्तुओं को एक ही नाम से द्योतित किया गया। उदाहरण के लिए व्यतिरेक वितरण (अमरीकी) कम्यूनिकेशन टेस्ट (ग्लासेमेटिक्स) और व्यवच्छेदक अभिस्थापन (प्राग) में कोई अंतर नहीं है। इसी तरह मुक्त परिवर्त में संस्वन तथा पूरकवितरण में संस्वन की अवधारणा (अमरीकी), मुक्त परिवर्त तथा प्रतिबंध स्वनिम परिवर्त (गलासेमेटिक्स) और वैकल्पिक स्वनिम परिवर्त व संयोजी (कांबिनेटोरियल) स्वनिम परिवर्त (प्राग) से भिन्न नहीं है। दूसरी ओर भेद इस तरह का है कि एक ओर प्राग स्कूल के आधार पर प्रकार्य को प्रत्येक भाषयिक इकाई द्वारा व्यक्त होना चाहिए जबकि ग्लासेमेटिक्स में प्रकार्य का अर्थ एक इकाई का दूसरी पर अवलंबित होना है।

इसी तरह एक बड़ी दिक्कत यह हुई कि बहुत-से शब्द—जैसे फंक्शन, डिस्ट्रिब्यूशन, इनवेरियंट, रिलेशन, कम्प्यूटेशन आदि गणित से ले लिए गए, परंतु उन्हें गणित में व्यवहृत अर्थ न देकर मनमाना अर्थ दे दिया गया (अप्रैसजान 85) जिससे शब्दों का उलझाव बहुत बढ़ गया और अध्ययनकर्ता शब्दों के जाल में फँस कर रह गया। इस तरह शब्दों को दिए जाने वाले विभिन्न स्कूल के विभिन्न अर्थ की जटिलता के साथ ही एक शब्द के ऊपर दूसरा अर्थ थोप देने से स्थिति और जटिल हो गई। इन स्कूलों में आपसी संपर्क के अभाव के पीछे एक यह भी बड़ा कारण रहा है।

इस सबके बावजूद भाषयिक चिंतन की इन सभी विचारधाराओं का प्रयास यह रहा है कि वे भाषा के संरचनात्मक चरित्र को पहचानें और भाषा की रचना के रेशों को उभारें। और कुल मिलाकर यह कहा जा सकता है कि अपने इस प्रयास में संरचनात्मक भाषाविज्ञान को काफी सफलता मिली।

ब्लूमफील्डोत्तर भाषाविज्ञान

ब्लूमफील्ड के सिद्धान्तों पर चलने वाले बाद के भाषाविज्ञान का प्रमुख उद्देश्य उन पद्धतियों की तलाश था जो उच्चारों के विभक्तिकरण के लिए तथा परिणामस्वरूप प्राप्त खंडों के समूहन के लिए तरीके प्रदान करें। खंडीकरण और वर्गीकरण विभिन्न भाषा इकाइयों के वितरण पर, विभिन्न इकाइयों के समान होने और पूरक वितरण में होने पर उनके समूहन पर आधारित है।

यद्यपि ब्लूमफील्ड ने अपनी पुस्तक 'लैंग्वेज' में अर्थ का जिक्र एकाधिक स्थानों और संदर्भों में किया है, जैसे पृष्ठ 78 (1957 संस्करण से उद्धृत) पर उन्होंने लिखा है कि "स्वनप्रक्रियाविज्ञान अर्थ के विचार को समाहित करता है।" इसी तरह पृष्ठ 137-38, 139, 161 पर उन्होंने कहा कि भाषा का सही विश्लेषण वह है जिसमें अर्थ को समुचित स्थान मिले। परंतु स्वयं ब्लूमफील्ड ने भाषा-अध्ययन से अर्थ को बाहर रखा। प्रभावस्वरूप बाद के ब्लूमफील्डीय भाषावैज्ञानिकों ने भाषा विश्लेषण से अर्थ को एक सिरे से निकाल ही दिया और इस तरह अर्थ की जटिल प्रक्रिया से छुटकारा पा लिया।

अर्थ को चाहे वस्तु और शब्द के मध्य संबंध के रूप में ग्रहण किया जाए, या अभिव्यक्ति का कथ्य पक्ष समझा जाए, या अभिव्यक्ति और कथ्य के मध्य संबंध तत्त्व के रूप में समझा जाए, अथवा वस्तु या अवधारणा के रूप में ग्रहण किया जाए या संदर्भों के सेट के रूप में लिया जाए, ये सभी विचार लगभग समान भाव को व्यक्त करते हैं।

जहाँ तक रूपप्रक्रियाविज्ञान का सवाल है नायडा की मार्फालजी (एन आर्वर 1946) पुस्तक उस समय की अमरीकी भाषावैज्ञानिक गतिविधियों का प्रतिनिधित्व करती है। 1947 में हाकेट ने मार्फ शब्द का इस्तेमाल किया (प्राब्लम्ज आव मार्फीमिक एनलिसिस, लैंग्वेज 23, 1947) उनका तर्क यह था कि इससे 'मार्फीम आल्टर्नैंट' तथा 'मार्फीम यूनिट' जैसे बड़े नामों से छुटकारा मिल जाएगा और यह (अलो) फोन : फीनीम के वजन पर (मार्फ : मार्फीम) ठीक भी रहेगा।

नायडा (द आइडेंटिफिकेशन आव मार्फीम्ज लैंग्वेज 24, 1948) ने भी मार्फीम अल्टर्नैट् को अलोमार्फ कहा और उन्होंने भी अलोफोन : फोनीम युग्म के वचन पर अलोमार्फ : मार्फीम रखने का तर्क दिया।

पाइक (लैंग्वेज 19, 1943), वेल्ज (लैंग्वेज 23, 1947), पिट्मैन (लैंग्वेज 24, 1948) तथा अनेक अन्य लोगों ने ब्लूमफील्ड् के निकटतम अवयंव विलेषण को आगे बढ़ाया और उसे प्रौढ़ता प्रदान की।

स्वनिमविज्ञान के क्षेत्र में भी ब्लूमफील्डोत्तर अमरीकी भाषावैज्ञानिकों की विशेष रुचि रही। 1934 में एम. स्वैडेश (द फनेमिक प्रिंसिपल, लैंग्वेज़ 10, 1934) जो वस्तुतः

सपीर के शिष्य थे, ने स्वनिम के मनोवैज्ञानिक पक्ष को लेकर चर्चा की। उन्होंने अपने निबंध में ब्लूमफील्ड और सपीर के साथ डेनियल जोन्स और ट्रवेत्स्कोय के तर्कों का भी समावेश किया। स्वनिम की पहचान के लिए उन्होंने छः मानदंड निर्धारित किए। ये हैं–(1) शब्दों की संगति, (2) अंशतः तादात्म्य, (3) स्थायी साहचर्य, (4) पूरक वितरण, (5) ढाँचा संबद्धता, (6) स्थानापन्नता की परख।

इसके उपरांत डब्ल्यू. एफ. ट्वैडल का 'आन डिफाइनिंग द फनीम', बाल्टिमोर 1935, हाकेट का 'अ सिस्टम आव डिस्क्रिप्टिव फनालजी', लैंग्वेज 18, 1942, बर्नर्ड ब्लाख का 'अ सेट आव पास्चुलेट्स फार फनेमिक अनेलिसिस', लैंग्वेज, 24, 1948 आदि लेख ब्लूमफील्डोत्तर स्वनिमविज्ञान के अध्ययन को आगे बढ़ाते हैं।

ब्लूमफील्डोत्तर अमरीकी भाषाविज्ञान का पूर्ण विकास जेलिग हैरिस की पुस्तक 'मेथड्ज़ इन स्ट्रक्चरल लिंग्विस्टिक्स' (शिकागो 1951) के प्रकाशन के साथ माना जा सकता है। यह पुस्तक ब्लूमफील्डोत्तर अमरीकी भाषाविज्ञान में मील के पत्थर के रूप में है।

हाकेट ब्लूमफील्डोत्तर अमरीकी भाषाविज्ञान के प्रमुख भाषावैज्ञानिक हैं। उनकी दो पुस्तकें 'अ मैनुअल आव फनालजी' (आइ जे ए एल 1955) तथा 'अ कोर्स इन माडर्न लिंग्विस्टिक्स' (न्यूयार्क 1958) पाठ्यपुस्तक के रूप में उच्चकोटि की कृतियाँ हैं। इनके अलावा लैंग्वेज़, एस आई एल, वर्ड, आई जे ए एल तथा अन्य शोधपत्रिकाओं में समय-समय पर उनके शोधनिबंध अमरीकी विवरणात्मक भाषाविज्ञान के विकास के अनिवार्य अंग हैं।

एस. एम. लैम्ब ने भाषा का स्तर विन्यासात्मक विचार पेश किया, जिसके अनुसार भाषयिक संरचना के अंतर्गत अनेक संरचनात्मक सतह या स्तर होते हैं।

केनेथ ली पाइक ब्लूमफील्डोत्तर अमरीकी भाषावैज्ञानिकों में प्रमुख स्थान रखते हैं। ये सपीर के शिष्य थे। ये एक प्रसिद्ध ध्वनिवैज्ञानिक और खंडेतर ध्वनिविज्ञान के अगुआ रहे। बाद में टेग्मीमविज्ञान को इन्होंने प्रस्तुत किया।

टेग्मीम विज्ञान

टेग्मीम विज्ञान की मान्यता यह है कि भाषा का अध्ययन मनुष्य के संपूर्ण व्यवहार के एक अंग के रूप में ही समुचित ढंग से हो सकता है। इस सिद्धांत के प्रणेता कैनेथ ली पाइक बहुधा कहा करते हैं कि भाषा अन्य मानव व्यवहारों से काट कर विश्लेषित नहीं हो सकती। इस तरह इस सिद्धांत की मूल मान्यता यह है कि भाषा को समस्त मानव व्यवहार के परिप्रेक्ष्य में ही देखना चाहिए।

इस सिद्धान्त में तीन उत्तराधरक्रमों (हायरार्की) को बताया गया–व्याकरणिक, स्वनप्रक्रियात्मक और शब्दकोशीय। इन तीनों उत्तराधरक्रमों की अपनी मूलभूत इकाइयाँ हैं–व्याकरणिक की टेग्मीम, स्वनप्रक्रियात्मक की स्वनिम और शब्दकोशीय की रूपिम।

व्याकरण की मूलभूत इकाई टेग्मीम पर ही इस सिद्धान्त का नामकरण हुआ। यह इकाई दूसरी इकाइयों के समानांतर है। टेग्मीम को स्लाट, जो व्याकरणिक प्रकार्य है और श्रेणी (क्लास), जो उस स्लाट की पूर्ति करने वाले प्रकरण हैं, के मध्य सहसंबंध के रूप में बताया गया। जैसे **'लड़का गया'** में एक प्रकार्यात्मक स्लाट है, जो जाने की क्रिया संपन्न करने वाला कर्ता है, और दूसरी पूर्ति करने वाली श्रेणी है जो संज्ञा के रूप में है। तथा एक प्रकार्यात्मक स्लाट क्रिया-विधेयक (एक्शन प्रेडिकेटर) का है जिसकी पूर्ति करने वाली श्रेणी अकर्मक क्रिया के रूप में है।

टेग्मीम के संबंध में एक खास बात यह कही जा सकती है कि यह सिद्धांत आधुनिक भाषाविज्ञान के दूसरे सिद्धान्तों की उपयोगी और संबंधित बातों को खुले दिल-दिमाग से ग्रहण करती है। हालिडे के स्केल और कैटेगरी व्याकरण से तो इसकी काफी निकटता है।

1949 में जहाँ से टेग्मीम विज्ञान का वास्तविक आरम्भ माना जा सकता है—एक प्रश्न उभर कर आया कि क्या स्वनिम (जिसे बाद में कुछ लोगों ने स्वन भी कहा) और रूपिम, जोकि स्वनप्रक्रियाविज्ञान और शब्दकोश (लेक्सिकन) की क्रमशः इकाइयाँ हैं, के समानांतर व्याकरण की भी कोई इकाई हो सकती है? टेग्मीम विज्ञान ने इसके स्वीकारात्मक उत्तर में टेग्मीम इकाई को प्रस्तुत किया।

1950 के पश्चात् अमरीकी संरचनात्मक भाषाविज्ञान की धारा में एक परिवर्तन यह आया कि अमरीकी भाषावैज्ञानिकों का ध्यान प्रागीय संरचनात्मकता की ओर झुक गया; इसका सबसे बड़ा कारण यह था कि प्राग स्कूल के रूसी भाषावैज्ञानिक रोमन याकोब्सन दूसरे विश्वयुद्ध के दौरान अमरीका के हार्वर्ड विश्वविद्यालय में आ गए, और हार्वर्ड अमरीका में प्राग स्कूल का केन्द्र बन गया। अमरीकी वितरण पद्धति और प्राग के व्यवच्छेदक लक्षण में एक तरह की प्रतिद्वंद्विता आ गई। अमरीकी भाषावैज्ञानिक वितरण पद्धति पर जोर देते रहे और प्रागीय व्यवच्छेदक लक्षणों पर। हालाँकि हार्वर्ड के प्राग स्कूल के भाषावैज्ञानिक व्यवच्छेदक लक्षणों के साथ वितरण पद्धति के विश्लेषण की यथायोग्य स्थिति को भी अपनाये हुए थे। परंतु बाद में स्वनप्रक्रियाविज्ञान के क्षेत्र में तो लगभग सभी ने यह स्वीकार कर लिया कि व्यवच्छेदक लक्षण वितरण पद्धति से अधिक वैज्ञानिक है। हाँ रूपप्रक्रियाविज्ञान के अध्ययन में वितरण पद्धति अधिक सफल रही।

नोअम चाम्स्की : रचनांतरण व्याकरण : सृजनात्मक पक्ष

चाम्स्की के प्रकाश में आने के पहले ब्लूमफील्डीय भाषाविज्ञान के केंद्र येल विश्वविद्यालय तथा प्राग स्कूल का अमरीकी केंद्र हार्वर्ड (जिसके प्रमुख रोमन याकोब्सन थे) में आपस में काफी प्रतिद्वंद्विता थी। यह प्रतिद्वंद्विता विश्लेषण की पद्धति को लेकर थी। येल समुदाय का विश्वास था कि भाषा के विलेषण के लिए एकमात्र उपयुक्त साधन

वितरण पद्धति है जबकि हार्वर्ड के लोग व्यवच्छेदक लक्षण की पद्धति को सर्वाधिक उपयुक्त बताते थे। हालाँकि ये लोग वितरण पद्धति का यथावसर उपयोग करने के विरुद्ध नहीं थे। तभी चाम्स्की का प्रादुर्भाव हुआ। और उनके प्रादुर्भाव के साथ इन दोनों पद्धतियों के मतभेद भी खत्म हुए। चाम्स्की ख्याति प्राप्त ब्लूमफील्डीय भाषावैज्ञानिक ज़ेलिंग हैरिस के विद्यार्थी थे और हार्वर्ड समुदाय के कार्यों के प्रति भी आश्वस्त थे। साथ ही पारंपरिक भाषाविज्ञान का समुचित उपयोग करने के पक्ष में थे। यही नहीं बल्कि चाम्स्की बिलर्ड क्विन के तर्कशास्त्र संबंधी विचारों से भी काफी प्रभावित थे। इस तरह चाम्स्की ने अनेक स्रोतों से विचारों को ग्रहण करके रचनांतरण व्याकरण की नींव रखी। यह नींव उनकी पुस्तक 'सिंटेक्टिक स्ट्रक्चर्ज' के रूप में है, जिसका प्रकाशन 1957 में हुआ। यह पुस्तक न केवल अमरीकी बल्कि संपूर्ण भाषाविज्ञान के इतिहास में एक नये युग की शुरुआत करती है।

चाम्स्की ने कहा कि भाषा के इस्तेमाल में यह जरूरी नहीं है कि आप केवल उन्हीं उच्चारों का इस्तेमाल कर सकते हैं जिन्हें पहले कभी सुना हो या जिनकी सूची आप के मस्तिष्क में हो। भाषा का उपयोग करने वाला अनसुने और अनकहे उच्चारों को उत्पन्न कर सकता है। भाषा पर अधिकार चाम्स्की ने उत्पादक क्षमता के रूप में माना है।

विवरणात्मक व्याकरण मुख्यतया वर्गीकरण व्यवस्था के रूप में है जबकि रचनांतरण व्याकरण का उद्देश्य ऐसे नियमों की व्यवस्था को बताना है जो रूपिमों के मान्य अनुक्रमों (सिक्विंस) को उत्पन्न करते हैं।

प्रत्येक भाषा-भाषी के मस्तिष्क में उसकी भाषा का व्याकरण रहता है। चाम्स्की ने व्याकरण को ऐसे साधन (डिवायस) के रूप में माना जो भाषा के सभी व्याकरणिक अनुक्रमों को उत्पन्न करता है। उन्होंने व्याकरण को स्वायत्त और अर्थ से स्वतंत्र कहा है और इसके निम्नलिखित तीन गुण बताए हैं—(1) इसे परिमित (फायनाइट) होना चाहिए, (2) इसे वाक्यों की अपरिमित (इनफिनिट) संख्या का पूर्वानुमेय होना चाहिए, और (3) अर्थ पर आश्रित हुए बगैर शुद्ध औपचारिक शब्दों में इसे वर्णनीय होना चाहिए।

वाक्यविज्ञान को परिभाषित करते हुए चाम्स्की ने उसे उन सिद्धान्तों और प्रक्रियाओं का अध्ययन माना जिनके द्वारा भाषा में वाक्यों का निर्माण होता है। भाषा को उन्होंने वाक्यों के सेट (परिमित या अपरिमित) के रूप में बताते हुए कहा कि प्रत्येक सेट अपने दैर्घ्य में परिमित होता है और तत्त्वों के अपरिमित सेट से निर्मित होता है। चाम्स्की ने भाषा इस्तेमाल के सृजनात्मक पक्ष पर बहुत जोर दिया। उनका कहना है कि भाषा इस्तेमाल में दोहराव नहीं मिलता। जो वाक्य उच्चरित होता है उसे बोलने वाले ने ठीक उसी तरह से पहले कभी उच्चरित नहीं किया होगा। भाषा के प्रत्येक वाक्य में मूलभूत तत्त्वों की परिमित संख्या होती है, परंतु भाषा में वाक्यों

की संख्या अपरिमित होती है। इसी तरह उन्होंने भाषा-भाषा की सामर्थ्य (कंपीटंस) और निष्पादन (पर्फार्मंस) की बात कही। सामर्थ्य भाषा-भाषी का अपनी भाषा का ज्ञान है और निष्पादन ठोस स्थितियों में उसका भाषा का वास्तविक उपयोग है।

रचनांतरण व्याकरण का मूलरूप त्रिपक्षीय था। इसमें पहला फ्रेज संरचना नियमों से अनुक्रम का है जो आधार (कर्नेल) पर लागू होते हैं, दूसरा रचनांतरण नियमों के अनुक्रम का है, जो अनिवार्य और वैकल्पिक योग, विलोप और पुनर्विन्यास के द्वारा भाषा में सभी वाक्यों का अंतिम व्याकरणिक प्रतिनिधित्व प्रस्तुत करते हैं और तीसरा रूपस्वनिमात्मक नियमों के अनुक्रम का है, जो वाक्यों को स्वनिमों के उचित अनुक्रमों में पुनर्लेखन करते हैं। (डिनीन 1967)।

'सिंटैक्टिक स्ट्रक्चर्ज' के प्रकाशन के बाद धीरे-धीरे रचनांतरण व्याकरण में काफी परिवर्तन और विस्तार आता गया। नोअम चाम्स्की की 1965 में दूसरी पुस्तक निकली–'अस्पेक्ट्स ऑव द थियरी ऑव सिंटैक्स' (केंब्रिज मैस, 1965)–जिसमें इन परिवर्तनों को देखा जा सकता है। अपने नये रूप में व्याकरण के तीन घटक बताए गए। पहला वाक्यात्मक घटक जो सृजनात्मक घटक है और किसी वाक्य के स्वनप्रक्रियात्मक, अर्थात्मक व्याख्या से संबंधित सभी सूचनाओं को समाहित करता है, इसके अंतर्गत मूल आता है जो मूलभूत शृंखला के सेट को उत्पन्न करता है। ये नियम वाक्यात्मक संरचनाओं के अपरिमित सेट उत्पन्न करते हैं जिसमें ध्वनि संरचना स्वनप्रक्रियात्मक नियमों द्वारा नियोजित होती है और अर्थ का नियोजन अर्थात्मक नियम द्वारा होता है। दूसरा घटक स्वनप्रक्रिया का है जो वाक्यात्मक नियमों द्वारा उत्पन्न वाक्य के ध्वन्यात्मक प्ररूप का निर्धारण करता है। तीसरा अर्थात्मक घटक है जो वाक्य की अर्थात्मक व्याख्या को निश्चित करता है। इनमें से वाक्यात्मक घटक को मूल (बेस) कहा जा सकता है जो उत्पन्न (जनरेट) करता है और शेष दो को व्याख्या करने वाले घटक के रूप में देखा जा सकता है। ये व्याख्या करने वाले दोनों घटक मूल से भिन्न रूप से और स्वतंत्र रूप से संबंधित हैं। वाक्यात्मक घटक के अंतर्गत रचनांतरण उपघटक भी होता है जो गहन संरचना (डीप स्ट्रक्चर्स) से औपचारिक संकार्य, जिसे रचनांतरण कहते हैं, के द्वारा बहिस्तलीय संरचना (सर्फेस स्ट्रक्चर्स) को उत्पन्न करता है। गहन संरचनाएँ अर्थात्मक घटक की निविष्ट (इनपुट) हैं जो उन्हें व्याख्यायित करता है, बहिस्तलीय संरचनाएँ स्वनप्रक्रियात्मक घटक की निविष्ट हैं जो उन्हे स्वनात्मक प्रतिनिधित्व सौंपता है। इस तरह वाक्यात्मक घटक के अंतर्गत मूल है, जो मूलभूत संरचनाओं को उत्पन्न करता है और रचनांतरण उपघटक है जो उन्हें बहिस्तलीय संरचनाओं में चित्रित करता है।

इस तरह वाक्य विज्ञान के दो स्तरणों–गहन और बहिस्तलीय–की अवधारणा को व्यक्त किया गया। वाक्य स्वनप्रक्रियात्मक व्यूह (मेट्रिक्स) तथा अर्थगत लक्षणों को समाहित करता है। उदाहरण के लिए ध्वनि अनुक्रम जाओ कहा जाए तो इसमें

ध्वनिसंरचना के साथ अर्थसंरचना—वक्ता द्वारा श्रोता को जाने का आदेश—मिली हुई है।

चाम्स्की ने गहन और बहिस्तलीय संरचना की धारणा को हम्बोल्ट की वाक्य का 'इनर फार्म' और वाक्य का 'आउटर फार्म' तथा आधुनिक दर्शन में प्रयुक्त 'डेफ्थ ग्रामर' तथा 'सर्फेस ग्रामर' धारणाओं के समकक्ष बताया।

संरचनात्मक भाषाविज्ञान ने मुख्य रूप से अपना ध्यान स्वनप्रक्रियाविज्ञान पर लगाए रखा। वाक्य की अनेकानेक जटिलताओं को सुलझाने में वे आगे नहीं बढ़ पाए। इस दिशा में आगे बढ़ने का श्रेय रचनांतरण व्याकरण को है। नोअम चाम्स्की ने वाक्यविज्ञान के अध्ययन में नयी जान डाल दी। यही नहीं बल्कि उन्होंने संपूर्ण भाषयिक अध्ययन के लिए बहुत विस्तृत कैनवस प्रदान किया।

इधर हाल में भाषाविज्ञान के अध्ययन का क्षेत्र काफी बढ़ा है। दूसरे कई विषयों के सहयोग से भाषाविज्ञान की सीमा में विस्तृति आई है। विषय की समृद्धता के साथ भाषावैज्ञानिकों का ध्यान इसकी प्रायोगिक उपयोगिता की ओर भी काफी तेजी से गया है। एक ओर समाज भाषाविज्ञान, मनोभाषाविज्ञान, गणितीय भाषाविज्ञान, शैलीविज्ञान आदि विषयों के अध्ययन में तीव्र गति से विकास हुआ है, (वैसे ऐसा भी नहीं है कि इन विषयों का जन्म अभी हुआ ही है। काफी पहले से अनेक भाषा वैज्ञानिकों ने समय-समय पर इस तरह के विषयों के अध्ययन की संभावनाओं पर अपने विचार व्यक्त करते रहे हैं, पर उन विषयों को सुचारु रूप से अध्ययन के लिए अपनाने में अभी बहुत समय नहीं गुजरा है।) दूसरी ओर दूसरी और विदेशी भाषाओं के शिक्षण में इस्तेमाल के लिए पाठों का निर्माण, भाषा और श्रवण के दोषों को दूर करने के उपाय, कंप्यूटर पर कार्य और इसी तरह के अनेक विषयों की शुरुआत और उनमें प्रगति हुई।

समाज-भाषा विज्ञान

एक ही भाषा को बोलने वाले समाज के विभिन्न समूहों, जो व्यवसाय आदि के आधार पर बन जाते हैं, की व्यक्तिगत व्यावसायिक विशिष्टताओं के कारण भाषा की संरचना में भी परिवर्तन आते हैं। या यह कह लीजिए कि विभिन्न सामाजिक प्रकार्यों को संपन्न करने में भाषा की संरचना में सूक्ष्म अंतर आ जाया करता है। यह अंतर कैसे आता है, और किस तरह का है। इस तरह समाज-भाषाविज्ञान के विषय का मूल आधार विभिन्न सामाजिक स्थितियों में भाषा व्यवहार का अध्ययन है। समाज में विभिन्न व्यवसायों और काम-धंधों के लोग रहते हैं। उनके काम-धंधों से संबंधित शब्दावली और भाषा प्रयोग होते हैं जो अनिवार्यतः दूसरे व्यवसाय के लोगों से भिन्न होते हैं। मसलन लुहार के धंधे में बीसियों ऐसे शब्द हैं जो कुम्हार के पास नहीं मिलेंगे। कुम्हार के पास अपने बीसियों शब्द होंगे जो किसी अन्य धंधे के आदमी

के व्यवहार में नहीं होंगे। शब्दावली के अलावा क्रिया प्रयोग की भिन्नता भी दिखाई पड़ती है।

इसी तरह समाज में हम कुछ लोगों को अधिक आदर प्रदान करते हैं। जबकि अन्य कुछ लोगों को छोटा समझ कर उनके प्रति हेय भावना को भाषा द्वारा भी व्यक्त करते हैं। कुछ दूसरे लोगों को अपने समकक्ष समझते हैं। अपने से उच्च, अपने समकक्ष और अपने से निम्न इन तीन स्तरणों का फ़र्क भाषा इस्तेमाल में भी दिखायी पड़ता है। ये स्तरण सामाजिक स्थिति के द्योतक हैं। हिन्दी में अपने से बड़े के लिए अनौपचारिक बातचीत में सामान्यतया आप का प्रयोग होता है। (औपचारिक बैठकों या स्थानों पर सभी के लिये आप का व्यवहार होता है।) अपने समकक्ष के लिये तुम और अपने से नीचे के लिये तू का इस्तेमाल अधिकतर होता है। यह बताना यहाँ ज़रूरी है कि ऐसा प्रयोग नितान्त अनौपचारिक बातचीत में ही होता है। अगर थोड़ी भी औपचारिकता आ जाये तो अपने समकक्ष के लिये भी आपका प्रयोग किया जाता है और अपने से नीचे के लिए तुम। इन प्रयोगों के साथ वाक्य की रचना भी बदल जाया करती है। जैसे आप जा रहे हैं, तुम जा रहे हो और तू जा रहा है। यद्यपि इस स्तरीकरण में अनेक उलझनें भी हैं पर उनमें प्रवेश करना हमारे लिए यहाँ अभिप्रेत नहीं है।

भारत जैसे बहु भाषा-भाषी देश में भाषा से सम्बन्धित अनेक समस्याएं हैं जिनको नज़दीक से देखने में समाज-भाषाविज्ञान मदद कर सकता है। लोक-भाषा के रूप में हिन्दुस्तानी काफ़ी पहले से स्वीकृत हो चुकी है। उत्तर से दक्षिण और पूरब से पश्चिम तक ख़ासतौर पर शहरों में इसके व्यवहार से कोई इंकार नहीं कर सकता। इसे हिन्दुस्तान की पिजिन भाषा भी कहा जा सकता है। पिजिन किसी की मातृभाषा नहीं होती और दो या अधिक भाषाओं का मिश्रित रूप होती है। एलगिन (1973 पृ. 73) ने लिखा है कि पिजिन भाषा का वह प्रकार है जो किसी की स्वभाषा नहीं होती, परन्तु उसका विकास कम से कम एक स्वभाषा से होना व्यक्त होता हो। आगे उन्होंने लिखा है कि जब पिजिन का इस्तेमाल करने वाले लोग किसी वजह से दूसरे भाषा समुदायों से अलग-थलग पड़ जाते हैं तो अगली पीढ़ी की मातृभाषा पिजिन ही होती है। और वह भाषा जो पिजिन रही हो और अब स्वभाषा (मातृभाषा) बन गयी हो उसे क्रेओल (Creole) कहते हैं।

समाज-भाषाविज्ञान में भी व्यक्तिबोली का महत्त्व है किन्तु यहाँ पर यह लक्षित करना अभिप्रेत होता है कि व्यक्तिबोली और उस व्यक्ति की संस्कृति का तालमेल क्या और कैसे है। इसी तरह एक भाषा-भाषी की विभिन्न शैलियाँ होती है। इनमें कुछ शैलियाँ व्यवस्थिति होती हैं, कुछ अव्यवस्थित। व्यवस्थित शैली विभेद को रजिस्टर कहते हैं। उदाहरण के लिये किसी भाषा-भाषी का कार्यस्थल जैसे दफ़्तर या कालिज आदि और घर में इस्तेमाल की जाने वाली शैलियाँ दो भिन्न रजिस्टर होंगी। भावुकता

में या नशे में या इसी तरह की अस्वाभाविक अवस्था में बोलने में जो अन्तर दिखायी पड़ता है वह अव्यवस्थित शैलियों का उदाहरण है। समाज-भाषाविज्ञान की मूलदृष्टि भाषा को समाज और संस्कृति के अवयव के रूप में अध्ययन करने की है।

शैली विज्ञान

शैलीविज्ञान के अन्तर्गत साहित्य का अध्ययन किया जाता है। वर्णनात्मक भाषाविज्ञान के विद्वानों (विशेष रूप से ब्लूमफ़ील्ड और उनके अनुयायियों) का यह ख़याल था कि भाषाविज्ञान के अध्ययन की सीमा में बोलचाल की भाषा ही आती है। साहित्य की भाषा से उसका कोई सरोकार नहीं है। यह स्थिति एक अरसे तक बनी रही परन्तु अभी हाल में इसमें परिवर्तन आया है। और अब भाषाविज्ञान के अध्ययन के क्षेत्र में साहित्य भी सिमट आया है। शैलीविज्ञान से संबंधित इधर हिन्दी में भी अनेक पुस्तकें और निबंध प्रकाशित हुये हैं। इस विषय पर हमने अन्यत्र (आलोचना त्रैमासिक 31, 39, 41) लिखा है।

इस अनुभाग में आधुनिक भाषाविज्ञान के विकास की मात्र रूपरेखा प्रस्तुत की गयी है। इस रूपरेखा में भी अनेक विषयों के विकास की चर्चा नहीं हो पायी। मसलन ध्वनिविज्ञान, स्वनिमविज्ञान या फिर इधर हाल के अनेक भाषयिक सिद्धान्त जैसे मनोभाषाविज्ञान, अर्थविज्ञान की नयी प्रवृत्तियाँ, स्तरविन्यासात्मक व्याकरण, स्केल और कैटेगरी व्याकरण, भाषाशिक्षण के सिद्धान्त आदि।

पारिभाषिक शब्दावली

अनावर्ती/nonperiodic
अनुनाद/resonance
अंत्य शृंखला/terminal string
अक्षर/syllable
अक्षर कटाव/syllable cut
अक्षर ढाँचा/syllable pattern
अलिजिह्वा/uvula
अवधि-मात्रा/duration
अणु/particle
अवस्थितित्व का गुण/property of intertia
अनुदैर्घ्य तरंग/longitudinal wave
अनुप्रस्थ तरंग/transverse wave
अवरोह/code
अधोमुखी/down turn
अंडाकार झरोखा/oval window
अपरिमित/infinite
अर्थात्मक घटक/semantic component
अस्पष्टता/ambiguity
अवियोजक/nondisjunctive
अवमंदन/dampness
अल्पतम युग्म/minimal pair
अवधारणा/concept
अवयव रूप/constituent
अभिव्यक्ति पहलू/expression plane
अन्योन्याश्रय/interdependence
अर्थविशिष्ट इकाई/significative unit
अनुतान गुण/prosodic quality
आवर्ती/periodic
आधार/kernel
आवेग या परिबल/momentum
आयाम/amplitude
आवृत्ति/frequency
आवयविक हिस्से/contituent parts
आरोह/on set
आभ्यंतर विप्रकृष्ट संहिता/internal open juncture
आधारिक किनारा/basal end
आकार/shape
आंतरिक केंद्रिक/endocentric
आशय पहलू/content plane
आशय स्वरूप/content figurae
आर्की स्वनिम/archiphoneme
आर्की रूपिम/archimorpheme
आर्थी इकाई/semantic unit
आंशिक ध्वनि-अर्थगत समानता/partial phonetic semantic resemblance
आधानित/embedded
उच्चार/utterance

उच्चारण स्थान/point of articulation
उत्तेजन/excitation
उच्चरित/vocal
उतार-चढ़ाव/fluctuation
उपालिजिह्वा/pharynx
उपरिमुखी/up turn
उत्तराधरक्रम/hierarchy
उत्तराधरक्रम की संरचना/hierarchical structure
उपस्वर/overtones
ऊर्जा/energy
एककालिक/synchronic
एंडोलिंफ द्रव/endolymph fluid
एक्स विकिरण/x-radiation
एकांतरण/alternation
कंपन/vibration
करण/articulation
क्रेओल/creole
क्रिया/verb
कान का बाहरी हिस्सा/pinna
कानपटह या पर्दा/eardrum
कान, बाहरी/outer ear
कान, मध्य/middle ear
कान, भीतरी/inner ear
कान नली/meatus-tube
केंद्रीय तंत्रिकीय व्यवस्था/central nervous system
कटाव/intersections
कथ्य पक्ष/content aspect
केंद्रक/nucleus
कोकलिया/cochlea
कोशगत अर्थ/lexical meaning
खंड/segment
खंडीकरण/segmentation
खंडेतर/supra segmental
गुण/property, quality
गणितीय भाषाविज्ञान/mathematical linguistics
गतिमूलक ऊर्जा/kinetic energy
गामा विकिरण/y-radiation
गर्त/trough
गतिशील लहर/progressive wave
गुच्छ/cluster
गुहा/cavity
ग्लासेमेटिक्स/glossematics
गोल झरोखा/round window
गणितिक तर्कशास्त्र/mathematical logic
गहन संरचना/deep structure
घर्षणात्मक प्रतिरोध/frictional resistence
जुंग ग्रामेटिकेर/Junggrammatiker
टेग्मीम विज्ञान/Tagmemics
ठोस पदार्थ/solids
तरंग/wave
तरंग गति/wave motion
तरंग मात्रा/wave length
तरंग वक्र/wave curve
तनाव/strain
तंत्रिका/nerve
तंत्रिका-आवेग/nerve impulse
तंत्रिका कोशिका/neuron
ताप/heat
दबाव भिन्नता/pressure variation
दबाव तरंग/pressure waves
द्रव/fluid
दीर्घता/length
द्वयात्मक/binary

द्वैध विभाजन/dichotomy
ध्वनि/sound
ध्वनि इकाई/phonetic unit
ध्वनि-विज्ञान/phonetics
नकारात्मक/negative
नाद/musical sound
नासिका विवर/nasal cavity
निकटस्थ अवयव/immediate constituent
नियंत्रित/conditioned
निश्चयन/determination
निहाई/incus, anvil
निर्विषमीकरण/neutralization
पद/inflected word
पदबंध/phrase
पदबंध संरचनात्मक नियम/phrase structure rule
पूरक वितरण/complementary distribution
प्रतीक/sign, symbol
प्रक्रिया/process
प्रसरणिक बिंब/acoustic image
परिमित/finite
पेंग/swing
प्रत्यास्थता या लोच/elasticity
प्रसरण/diffuse
प्रसारण/transmission
पहचान/identity
प्रबलता/loudness
प्रदोलन क्रिया/oscillatory movement
परस्पर तीव्रता/relative intensities
परस्पर विकल्प/alternation
प्रतिमान/norm
पृथक् अनियमित गति/diverse irregular movement
प्रकार्यात्मक भाषाविज्ञान/functional linguistics
प्रभावात्मक/impressionistic
प्रतिबंधित/conditioned
पिजिन/pidgin
पूरकवितरण/complementation
पेरिलिम्फ द्रव/perilymph fluid
प्ररूप/form
प्ररूप श्रेणी/form class
प्रातिपदिक/stem
प्रातिपदिक बनाने वाले प्रत्यय/stem formative afixes
प्रत्यय/afix
प्रतिस्थापन/substitution
प्रतिज्ञप्ति/proposition
फलकीय किनारा/apical end
फुट प्लेट/foot plate
फंक्टिव्ज/functives
बलाघात/stress
बाहरी कान/outer ear
बाह्य केंद्रिक/exocentric
बहुकालिक स्वनप्रक्रियाविज्ञान/diachronic phonology
बहिस्तरीय संरचना/surface structure
बेसिलर झिल्ली/basilar membrane
बिंब/image
भाषा समुदाय/speech community
भाषयिक सापेक्षता/linguistic relativity
भीतरी कान/inner ear
भौतिक विज्ञान/physics

मध्य कान/middle ear
मूल/base
मूलांश/root
मुक्त परिवर्त या मुक्त रूपांतरण/free variation
मूल्य/value
मूलभूत स्वर/fundamental tone
मूलवक्र/original curve
मुखविवर/oral cavity
महाप्राणता/aspiration
मानवशास्त्र/anthropology
मार्फ/morph
मुख्य वाक्य/matrix sentence
माध्यम/medium
मनोभाषाविज्ञान/psycholinguistics
यादृच्छिक/arbitrary
रफ्तार/speed
रजिस्टर/register
राशि/constellation
रिक्त रूप/empty form
रिकाब/stapes, stirrup
रूप प्रक्रियात्मक शब्दवर्ग/morphological form classes
रूप प्रक्रियात्मक्र व्यवस्था / morphological system
रूपस्वनिम/morphophoneme
रूपिम/morphoneme
रूप/morph
रेसनर झिल्ली/ressner's membrane
रूपिमों/formatives
ल परोल/la parole
ल लांग/la langue
लंबवत्/perpendicular
लोच गुण/elastic property
लयात्मक सुस्वरात्मक इकाई/rhythmic melodic unit
लोक भाषा/lingua franca
लिखित/graphic
वाकपथ/vocal track
वर्णनात्मक या वितरणात्मक भाषा विज्ञान/descriptive or distibutional linguistics
व्याख्यात्मक रचना/syntactic construction
वाक्यात्मक घटन/syntactic component
वाक्य संरचनात्मक शब्दवर्ग/syntactic form classes
विस्तीर्ण/amplify
वियोजन/disjunction
वागिन्द्रिय/organs of speech
व्यतिरेक/contrast
व्यतिरेकी वितरण/contrastive distribution
व्यवच्छेदक अभिस्थापन/distinctive apposition
व्यवच्छेदक लक्षण/distinctive feature
व्यंजनात्मक गुण/consonantal quality
विचलन/deviation
विकल्पन/variation
विस्थापन/displacement
विरलन/rarefaction
विरलन का क्षेत्र/region of rarefaction
विकल्प/alternant
वर्ग/class
वायुकण/air molecule

वेग/velocity
व्यवधान/disturbance
व्याकरणिक अर्थ/grammatical meaning
शरीर विज्ञान/physiology
शरीर रचना विज्ञान/anatomy
शिखर/crest
शिखर विन्यास/crest formation or culmination
शून्य उपरूप/zero allomorph
शैली विज्ञान/stylistics
श्रवण/audition
श्रवण ग्राही केंद्र/auditory receptive centres
श्रेणी/class
शोर/noise
श्वसन पेशी/respiratary muscles
स्वरित्र/tunning fork
सदिश/vector
संघनन/condensation
स्वराघात/pitch
सुर/pitch
संपीडन/compression
संपीडन का क्षेत्र/region of compression
सरल आवर्त गति/simple hormonic motion
संभाव्य ऊर्जा/potential energy
स्पंदन/motion
समभाग/proprtional
स्वभाषा/native language
स्तर विन्यासात्मक/stratificational
सरल क्रम/linear order
सरल संरचना/linear structure
संरचनात्मक अर्थ/structural meaning
साधारण वर्गीकरण/broad classification
स्तरण/level
स्वतंत्र/independent
संपृक्त रूप/portmanteau
संयोजित वाक्य/copula sentence
सन्निवेश/embedding
स्थानीयकरण/localization
संयोजन/conjoining
संघनन/compact
स्तर/stratum
स्थिर लहर/stationary wave
स्वीकारात्मक/positive
समय मात्र/duration or quantity
स्वरयंत्र/larynx
स्वरतंत्रियाँ/vocal Cords
स्वरयंत्रमुख/glottis
स्वरयंत्र मुखी स्पर्श/glottal stop
सांस नली/trachea or wind pipe
स्वनप्रक्रिया/phonology
स्वनप्रक्रियात्मक तत्व/phonological element
स्वनप्रक्रियात्मक घटक/phonological compoment
स्वन/phone
स्वनविज्ञान, ध्वनिविज्ञान/phonetics
संस्वन/allophone
स्वनिम/phoneme
स्वनिम पहचान/phoneme identification
संहिता/juncture
संहिता, आभ्यंतर विप्रकृष्ट/internal open juncture
सम/level

स्केला टिंपेनी/scala tympani
स्केला वेस्टीबुली/scala vestibuli
संवेदी अवयव/sensory organs
समाजभाषाविज्ञान/sociolinguistics
स्पंदन/pulse
संचार मूल्य/communicative value
सिगनिफिएंट/signifiant
सिगनिफाई/signifie
साँचा/pattern
संयोजक/conjunction
सीमांकन/demarcation
स्वरात्मक गुण/vocalic quality
हथौड़ी/malleus, hammer
हेलिकोड्रेमा/helicodrema

□□□